国家社科基金重大项目（批准号：08&ZD040）资助

张丹宁　著

沈阳汽车产业网络 AARS范式实证研究
——基于复杂网络视角

Empirical Research on Shenyang Automobile Industrial Network AARS Model based on Complex Network

中国社会科学出版社

图书在版编目（CIP）数据

沈阳汽车产业网络 AARS 范式实证研究/张丹宁著．—北京：中国社会科学出版社，2009.6

ISBN 978 - 7 - 5004 - 7825 - 6

Ⅰ．沈…　　Ⅱ．张…　　Ⅲ．汽车工业—经济发展—研究—沈阳市　Ⅳ．F426.471

中国版本图书馆 CIP 数据核字（2009）第 082274 号

策划编辑　卢小生（E - mail：georgelu@ vip. sina. com）
责任编辑　卢小生
责任校对　王兰馨
封面设计　杨　蕾
技术编辑　李　建

出版发行	中国社会科学出版社		
社　　址	北京鼓楼西大街甲 158 号	邮　编	100720
电　　话	010 - 84029450（邮购）		
网　　址	http：//www. csspw. cn		
经　　销	新华书店		
印　　刷	新魏印刷厂	装　订	丰华装订厂
版　　次	2009 年 6 月第 1 版	印　次	2009 年 6 月第 1 次印刷
开　　本	710×1000　1/16	插　页	2
印　　张	13.5	印　数	1 - 6000 册
字　　数	225 千字		
定　　价	28.00 元		

目　　录

序

汽车产业是沈阳市的重要支柱产业。当前，在全球金融风暴的冲击下，沈阳汽车产业如何在国际和国内较为复杂的环境下抓住有利的发展契机，加速产业振兴和发展是摆在学者面前的一项重要而紧迫的研究课题。

20 世纪 90 年代以来，产业网络理论，从网络角度对产业内部及产业之间关系进行的研究，业已成为产业组织领域中重要的研究内容。由于产业网络理论的研究起步较晚，所以至今尚未形成系统而完善的分析框架，因而，如何选择一个崭新而科学的研究视角就具有非常深远的意义和价值。著名物理学家霍金认为：21 世纪是复杂性的世纪。近年来，复杂网络研究方兴未艾，使得诸多学者开始广泛关注网络结构复杂性及其与网络行为之间的关系，产业网络自身所具备的"复杂性"使得二者之间形成了一个有机的结合点，为产业网络的系统性分析提供了一个拓展性的研究视角。从产业特性来看，汽车产业的战略地位不仅体现在对一国国民经济的拉动之上，更体现为其所具有的强大的产业联动效应和高新技术吸附性，这些特性决定汽车产业的产业组织必将向网络化趋势发展。

张丹宁博士的《沈阳汽车产业网络 AARS 范式的实证研究——基于复杂网络视角》一书，从复杂网络理论切入，独辟蹊径地对产业网络的分析范式进行了探讨，是近年来汽车产业领域和产业组织前沿问题的又一部新作。该书在清晰的分析思路和独特的研究视角引导下，按照科学、严谨的逻辑路线，进行了具有创新性和前沿性的以实证分析为主的应用研究，在融合了产业组织 SCP 范式和网络三要素理论的基础上，提出了基于复杂网络理论的产业网络 AARS 分析范式，即主体（Actors）—行为（Activities）—资源（Resources）—安全（Securities）的分析框架，并将其应用到沈阳汽车产业的实证研究之中。

从总体上看，该书在以下几个方面做了大胆的尝试或创新：

第一，研究视角的创新。由于与现实世界的紧密联系以及鲜明的跨学科特征，复杂网络理论已经成为 21 世纪最具影响力的新兴研究热点之一。产业网络是产业经济学领域的前沿问题，在产业网络复杂性研究的基础上引入了复杂网络视角，对产业网络的系统性分析提供了有效的理论支撑。

第二，分析框架的创新。采用了"合项思维理论创新"，在融合了产业组织"SCP 范式"和"网络三要素"理论精髓的基础上，构建了产业网络 AARS 分析范式，形成了产业网络系统的研究框架，丰富和完善了产业网络研究的相关理论。

第三，研究方法的创新。针对产业网络 AARS 分析范式提出的"四个要素"和"五个问题"，科学而有针对性地选取了复杂网络中的相关分析方法，运用复杂网络的统计特性、社团结构、传播动力学和鲁棒性以及脆弱性等理论分别对产业网络的主体、行为、资源和安全进行了研究，特别是借鉴了复杂网络的系统动力学思想，分析了产业网络模式的演化机制。

第四，研究观点的创新。作者经过深入的理论和实证研究，提出了一些具有创新性的观点。比如，通过"度分布判定"和"比较判定"，验证沈阳汽车产业网络的拓扑模型最趋近于"BA（m = 2）无标度网络"，即具有"增长特性"和"优先连接特性"，这说明沈阳汽车产业网络的规模将不断扩大，随着交互活动的增加，产业网络内的"信任机制"也将得到不断强化；在求得网络的传播临界值基础上，做出了重要的判断，即虽然存在资源的传播与扩散，但是沈阳汽车产业网络资源的传播效率并不高，通过对"整体度增量"和"局部度增量"策略采用效果的比较，循序渐进地采用"局部度提升—整体度提升"的螺旋式发展策略是提升沈阳汽车产业网络资源传播效率的有效路径；采用系统动力学分析，得出的一个有价值的结论是，产业网络的演化同产业网络竞争力的螺旋式上升是同程的，即沈阳汽车产业网络将沿着"FLSG 式—ELSG 式—ELHG 式—ELHY 式—ELHG 式"转化路径进行演化，在这个转化过程中，沈阳汽车产业的竞争力将得到进一步提升。

总之，该书尝试性地突破了国内外关于汽车产业研究的既存路径，以全新的复杂网络视角切入，在理论层面上，开拓性地提出了融合产业组织和网络经济学思想的产业网络分析范式；在实践层面上，运用该分析框架对沈阳汽车产业的发展现状进行了深入的剖析和研究，因而，有着重要的理论探索价值和实践引导价值。

希望该书能够给从事这一领域研究的同仁有所启示，有所借鉴。我作为张丹宁攻读博士学位期间的导师，期望她在今后的学术征途上矢志不渝，期待着她有更好更多的学术成果问世。

唐晓华

2009 年 5 月 8 日于沈阳

前　　言

　　近年来，复杂网络理论的研究方兴未艾，正渗透到数理学科、生命学科和工程学科等众多不同的领域，由于其与现实世界的紧密联系以及鲜明的跨学科特征，复杂网络理论已经成为 21 世纪最具影响力的新兴研究热点之一。产业网络———一种复杂的社会网络系统，是产业经济学领域的前沿问题，但是由于研究起步较晚，所以尚未形成完整而成熟的理论体系。产业网络自身所具备的系统复杂性使得将复杂网络视角引入产业网络的研究中成为可能，复杂网络科学而丰富的理论体系能够为产业网络的系统性分析提供有效的理论承托与支持。

　　汽车产业的战略地位不仅体现在对一国国民经济的拉动之上，更体现在其所具有的强大产业联动效应和高新技术吸附性。沈阳是辽宁省汽车产业发展的核心力量，汽车产业也是沈阳未来发展的第一支柱产业，但是在金融危机和发展相对滞后的复杂背景下，沈阳汽车产业如何抓住发展契机，不断提升产业竞争力，加速产业振兴和发展是一个重要而紧迫的研究命题。汽车产业的产业特性决定其产业组织必将向网络化趋势发展，笔者在产业组织 SCP 范式和网络三要素理论的基础上，构建了复杂网络视角下的产业网络的"AARS"分析框架，即主体（actors）—行为（activities）—资源（resources）—安全（securities）的分析体系，并将其应用到沈阳汽车产业的实证研究之中。

　　针对产业网络 AARS 分析范式提出的"四个要素"和"五个问题"，科学而又有针对性地选取了复杂网络中的相关理论，比如运用复杂网络的统计特性对产业网络的密度和节点影响力进行研究；利用复杂网络社团结构对产业网络主体的行为进行研究；运用复杂网络传播动力学的思想对产业网络的资源进行研究；运用复杂网络的鲁棒性和脆弱性理论对产业网络的安全进行研究。最后，以"AA—R—S"为逻辑思路，构建了包括24种产业网络模式的动态分类体系，同时利用复杂网络的动力学理论，对基于 AARS 范式的产业网络演化机制进行了研究，并提出了演化的经济学模型，在此基础上对沈阳汽车产业网络模式的动态演化路径进行了预测。

通过深入的理论探讨和实证研究，得到的主要创新性论断有：

（1）沈阳汽车产业网络的密度处于较低水平，这主要体现在"产业网络宏观密度"和"产业网络微观密度"两个层面。这说明，沈阳汽车企业之间的合作程度不高，网络关系比较松散，尚未形成合力；同时，包括政府、教育和科研机构、中介组织以及金融机构在内的产业生态主体对汽车企业提供的外部支持不足，良好的产业共生关系还亟待发展。

（2）沈阳汽车产业网络存在一批"集线器企业"，包括汽配市场、华晨金杯、金杯车辆、一汽和沈阳航天三菱发动机等，尤其是汽配市场，节点度是最高的，对沈阳汽车产业网络的影响力最强。所以针对当前存在的"是否应该限制汽配市场发展"的争论，提出了明确的态度，即汽配市场是适合当前经济发展水平和汽车市场需求的，有着不可替代的作用，应该放松对汽配市场的行业管制，降低门槛，提供方便。

（3）通过度分布判定和比较判定得出结论，沈阳汽车产业网络的拓扑结构最趋近于"BA（m=2）无标度网络"，这种网络拓扑模型具备的两个显著特征是增长性和择优性。增长性，即沈阳汽车产业网络的规模将随着产业网络的不断进化而不断扩大；择优性，即表现为那些具有网络影响力的汽车企业将进入一种正反馈的发展通道中，拥有更多的资源和网络控制力，就是所谓"贫者越贫、富者越富"的马太效应。

（4）沈阳汽车产业网络可以聚类为零部件企业社团、整车企业社团、发动机企业社团和汽配市场社团四个社团结构。通过"群内"、"群间"和"网络间行为"分析，可以发现：沈阳汽车零部件企业的发展"散"、"乱"、"弱"，产品附加值低，市场竞争力较差，除了掌握先进技术的发动机中外合资企业外，大部分本土化的零部件企业地位比较低，在网络中处于依附整车企业存在的附属地位；整车企业在沈阳汽车产业网络中处于"领导地位"，拥有众多网络资源，但自主研发能力不强，产品交叉比较严重；沈阳目前尚未形成和谐的"整零关系"，本土零部件企业的弱小成为制约自主品牌汽车发展的"瓶颈"；沈阳市专用车企业虽然拥有较高的

"市内配套率"，在沈阳汽车产业网络中拥有一定的影响力，但是彼此之间缺少合作，难以形成合力；以民营企业为主的"小作坊"式生产模式更加阻碍了专用车高端产品的开发，技术研发能力不强；汽配市场在沈阳汽车产业发展中的重要作用不容忽视，要大力推动沈阳汽配市场承担汽配流通领域的主要服务渠道作用和责任。

（5）沈阳汽车产业资源传播效率的临界值为 0.0634，由此可以得出结论：沈阳汽车产业网络虽然存在资源的传播与扩散，但是传播效率不高。通过对"整体度增量"和"局部度增量"的策略采用效果的比较，循序渐进地采用"局部度提升—整体度提升"的螺旋发展式提升策略是提升沈阳汽车产业网络资源传播效率的有效路径，而且这个结论是符合网络化组织发展进程的。

（6）针对全球化背景下产业安全的争论问题，本书提出，对于汽车这种具有重要战略作用的关键产业，未雨绸缪地认识到汽车产业安全是必要的。通过 INC 方法分析得出，沈阳汽车产业网络目前尚处于"安全状态"，针对该现状，提出了"战术"和"战略"两个层面的产业安全维护。从战术层面看，随着产业活动开放度的不断增大，必须树立危机意识，在现阶段，客观选择和重点扶持那些已经具有相当竞争实力或者潜在竞争能力的关键企业，通过提升它们的企业核心竞争力来抵御现有的或即将出现的外部竞争冲击；从长远来看，必须以提升实现沈阳汽车产业整体的国际竞争力作为长远目标以确保汽车产业持续稳健的发展。

（7）根据 AA—R—S 逻辑思路提出的分类标准，在对沈阳汽车产业进行实证研究的基础上得出结论：沈阳汽车产业网络属"FLSG 式"产业网络模式，即兼具"浮游式"、"主导式"、"滞流式"和"安全式"等特征的产业网络模式。利用复杂网络的动力学理论，本书对沈阳汽车产业网络模式的演化路径进行了预测，即"FLSG 式—ELSG 式—ELHG 式—EL-HY 式—ELHG 式"的转化路径。在这个转化过程中，沈阳汽车产业的竞争力将得到进一步提升。

绪　　论

汽车产业对一个国家的实力增长具有战略作用，它是国家制造业整体水平和科技创新能力的象征。沈阳是辽宁省汽车产业发展的核心力量，汽车产业作为沈阳市第一支柱产业已经成为沈阳未来发展的重中之重。但是，在全球金融危机对世界各国汽车产业造成重创的宏观环境下，沈阳市汽车产业如何在发展相对滞后的逆境中实现振兴，是摆在业界和学界面前的一个亟须解决的重要课题。

一、问题的提出

（一）产业背景

1. 汽车产业的战略地位

汽车产业的战略地位不仅体现在对一国国民经济的拉动之上，更体现在其所具有的强大产业联动效应和高新技术吸附性。汽车产业不仅对上游产业的需求有所拉动，比如提供原材料的钢铁、有色金属、橡胶、塑料、纺织、皮革和玻璃等产业，同时也促进了主要包括交通运输业、销售业、服务业和路桥建设业等下游产业的发展，如图0-1所示。

国家统计局发布的汽车产业研究报告指出："汽车工业是产业关联度很高的产业，是一个国家综合经济实力的标志，也是欧美发达国家除高技术产业以外仍牢牢掌控的少数产业之一。汽车工业对机械、冶金、电子、橡胶、石化等行业都有很强的拉动作用，据测算，汽车工业产值与相关产业的直接关联度是1：2，间接关联度则达到1：5，当前我国汽车产业链的

```
┌─────────────────────────┐      ┌─────────────────────────┐
│       前向关联产业        │      │       后向关联产业        │
│ □原材料工业：钢铁、橡      │      │ □交通运输业：汽车客货      │
│  胶、塑料、玻璃、有色      │      │  运输、城市公交、汽车      │
│  金属等                  │      │  租赁等                  │
│                         │      │                         │
│ □设备制造业：煅、压、      │  汽   │ □销售业：汽车及零部件      │
│  热、焊、油漆、电镀等      │→ 车 → │  销售                    │
│                         │  工   │                         │
│ □产品工业：机械、电子、    │  业   │ □服务业：广告、保险、      │
│  化工、建材、轻纺等配      │      │  加油站、维修、汽车美      │
│  套产品及零部件           │      │  容等                    │
│                         │      │                         │
│ □能源工业：石油及开采      │      │ □路桥建设业：公路桥梁      │
│  加工                    │      │  建设及维护               │
└─────────────────────────┘      └─────────────────────────┘
```

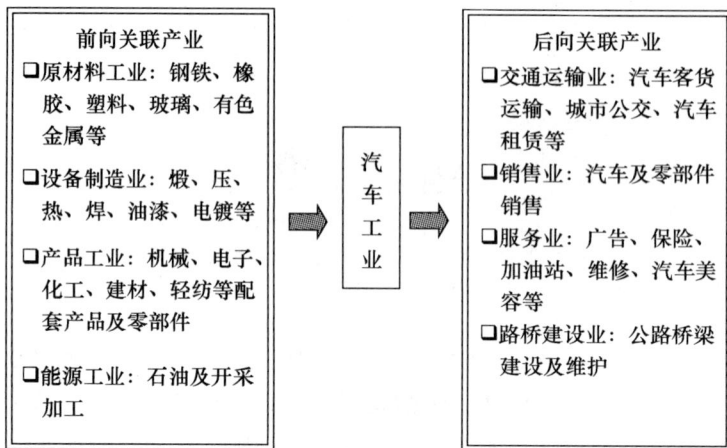

图 0−1 汽车工业的前后产业关联[①]

产值已占规模以上工业产值的 20% 左右。随着信息电子技术在汽车中的大量采用，电子系统已可以占到一辆高级轿车总成本的 70%，普通轿车的 30%，信息技术与汽车工业的结合，将促进我国信息产业和汽车工业的共同发展，是我国新型工业化的重要标志。报告还指出，汽车产业的快速发展，将使得汽车销售、汽车维修、汽车金融等汽车服务业出现爆炸式的增长。"[②] 因而，汽车产业这种综合性强、关联度高的产业属性决定了汽车产业组织结构的网络化趋势必将不断增强。

党的十六大提出了建设新型工业化的要求，汽车产业成为众望所归的最有影响力的产业。汽车产业牵动着整个中国新型工业化过程，最有希望成为 21 世纪中国经济快速成长的"领头羊"。汽车作为工业化过程中最具有代表性的产业之一，其生产和消费关系到中国新型工业化道路的几乎所有方面。从汽车产业的发展可以洞观中国新型工业化过程的全局和战略。在未来 20 年，中国汽车工业将是一个高速增长的行业，在全面建设

[①] 黄体鸿、胡树华：《汽车产业的关联性分析》，《科技进步与对策》2008 年第 5 期。

[②] 江源：《汽车产业链已成为我国最具有发展潜力的产业群》，《中国经贸导刊》2003 年第 12 期。

小康社会和支撑中国翻两番的目标中将发挥更加重要的作用①。

2. 汽车产业发展的国际环境

从当前国际环境来看，金融危机席卷全球，给全球汽车产业带来了巨大冲击。2008 年是全球汽车产业遭受沉重打击的一年，各国汽车产品的销售数据充分证明全球车市遭遇寒冬②。

在美国，随着金融危机进一步侵蚀实体经济，以底特律三巨头（通用、福特和克莱斯勒）为代表的美国汽车业濒临破产，寻求政府救援③。从统计数据来看，通用汽车、福特汽车、本田美国和丰田美国在 2008 年 12 月的汽车销量都下降了 31% 以上，美国汽车工业已经达到 1992 年以来的最低谷。通用汽车 2008 年全年销量下滑的窘境是 1959 年以来都没发生过的，福特的全年销量也创下了 1961 年来的最低。本田美国和丰田美国都在 2008 年 11—12 月内直线下滑 30% 以上，日产北美已经连续在 2008 年出现从 9—12 月份连续四个月销量下降，克莱斯勒更是下降了 53.1%。

日本汽车销售协会联合会公布的数据显示，受经济和就业形势恶化的影响，2008 年日本国内新车（不含微型车）销量为 321.23 万辆，是连续第五年出现下降，并创下自 1974 年销售 313.3 万辆以来的最低水平。面对两位数的销售下滑，日本丰田公司取消 2009 年经销商会议，为的是更好地节约成本。

英国 2008 年 11 月的汽车销量为 10.03 万辆，连续七个月下跌，同比降幅为 36.8%，其中私车注册量同比减少 45.1%。英国汽车制造商及经销商协会（SMMT）网站公布统计数据，由于经济衰退导致国内市场和海外需求锐减。该协会预测，2008 年英国汽车产量可能从 2007 年的 153 万辆下降至 148 万辆，2009 年可能跌至 135 万辆。SMMT 相关负责人认为，目前英国汽车业面临前所未有的挑战，主要表现为汽车需求锐减，越来越

---

① 张占斌：《比较优势：中国汽车产业的政策模式战略》，篇首语，清华大学出版社 2004 年版。

② 资料来源于搜狐汽车网（http：//auto.sohu.com），文章题目为：《各国 08 年销量数据汇总，全球车市遭遇寒冬》。

③ 美国汽车三巨头其中任何一个企业破产的影响都可能是灾难性的。美国汽车及相关产业共有雇用工人约 400 万人，在当前就业压倒一切的情况下，大量失业对美国政府来说，将是难以承受之重。更重要的是，曾是美国制造工业象征的汽车产业若破产，将造成市场信心的进一步崩溃，使美国经济和社会陷入全面的危机。

多的工厂关闭。为应对市场低迷状况，汽车厂家纷纷削减产量，有的厂家甚至推出 1973—1974 年经济不景气时实行过的"每周三天工作制"。

2008 年前 11 个月，德国汽车市场销售量仅为 286 万辆，比两德统一后汽车市场形势最糟糕的 2007 年还要低 1.5%。德国盖斯林根汽车经济学院院长威力·迪兹曾做出预测，到 2009 年年底，德国汽车业的 76 万就业大军中将有 5 万名失业；在目前的 9500 家汽车经销商中，将有 1500 家倒闭或被兼并。最近，VDA（verband der automobilindustry，VDA）方面预计，德国 2008 年新车销量将跌破 310 万辆，2009 年跌至 290 万辆。协会主席魏斯曼表示，德国汽车市场已处于跌势，跌速和影响前所未有。德国大众汽车集团财务机构请求德国政府提供 100 亿欧元的贷款，加强大众销售方面的财务开支；继而，世界上最大的豪华车品牌德国宝马汽车公司也正在寻求申请政府对其贷款的担保。

法国两大汽车制造商雷诺和标致雪铁龙近日相继宣布，第四季度将大幅度减产。雷诺和标致雪铁龙均预计，2008 年全年欧洲市场新车销量将比上年减少 8%，第四季度同比降幅更将达到 17%。为此，两大集团相继宣布削减第四季度产量，以应对汽车市场的萎缩，降低新车库存带来的压力①；金融危机已经对全球汽车产业造成了重击，车市恐慌在全球开始蔓延。

3. 汽车产业发展的国内环境

金融危机同样对中国汽车产业的发展带来了不小的冲击。截至 2008 年 11 月，我国汽车产量为 870 万辆，销量为 860 万辆；而 2008 年 12 月，又有很多厂家放假、停产，该月销量肯定不会超过 60 万辆，应该在 50 万辆左右，2008 年中国汽车销量超过 1000 万辆的目标成为泡影②。但是，机遇与挑战并存，中国汽车产业受金融风暴的影响绝不仅仅是负面的，此次金融危机也给中国汽车产业的发展提供了机遇。

（1）中国经济保持了强劲的增长势头，中国汽车产业成为金融危机中的"避风港"。经济危机给全球汽车企业带来的影响，将使中国市场更

---

① 两大车商的减产主要是采取"部分停工"的做法，即在不同的工厂让员工休息一定的工作日，以此达到将第四季度欧洲汽车产量减少 20% 的目标。两集团减产措施将主要集中在本土和西欧地区。

② 2009 年 1 月 8 日，中国汽车工业咨询发展公司首席分析师贾新光在接受"网易会客室"的采访中做出的数据预测。

受重视，这将成为未来5—10年中国汽车赶超老牌汽车企业的一个机会。数据表明①，2008年1—9月，宝马中国公司共销售47342辆BMW和MINI汽车，同比增长30.4%，创造了新的销售纪录，这与其在美国、欧洲市场销量不断下滑有所不同，宝马集团在中国将继续保持强劲的增长。来自奔驰的销售数据更令人惊叹，2008年9月，梅赛德斯—奔驰在中国内地市场单月销量达4400辆，与2007年同期相比增长超过60%，奔驰2008年前三季度的销量总和达到32400辆，超越了上年全年的销量。虽然中国市场也受到经济危机的影响，但现在所受的影响只不过是增速比原来放缓，并不会出现市场规模的严重萎缩，有关汽车产业专家预测：如果2009年经济的增长能达到8%以上的话，整体车市应该会呈现3%—5%的增速，主要来自于经济整体发展对汽车市场的拉动。

（2）自主品牌获得生存和发展的空间。一方面，由于中国的金融市场相对封闭，所以中国经济受到冲击较小。同时源于中国经济保持强劲的增长势头，中国的汽车市场也吸引了大批外资注入②。另一方面，相对合资品牌而言，自主品牌所受影响要小。这是由于合资品牌占据大部分市场份额，其受到的冲击显然要大一些，而自主品牌由于具备价格优势，所以在金融危机中的生存能力更强。因而在强势资金、先进管理经验和相对宽松的市场空间的条件下，中国自主品牌将迎来跨越式发展。

（3）促进中国汽车产业的兼并与重组，优胜劣汰速度加快。从世界汽车发展史看，兼并重组已经成为汽车产业发展并走向成熟的必经之路。同时，随着中国国内汽车消费总量的收缩，必将加剧企业间的竞争，也必将使中国汽车行业间的兼并重组趋势更加明朗。而且，市场机制将在今后

---

① 数据来源于"中国汽车工业信息网" http：//www. autoinfo. gov. cn。

② 自从金融危机爆发后，大量外资注入中国自主品牌汽车。9月26日，在全球金融危机不断加剧、股市大幅度下挫之际，有"股神"之称的巴菲特旗下的公司，目前在中国香港与比亚迪股份有限公司签署战略投资及股份认购协议，购入比亚迪2.25亿香港H股，交易总价为18亿港元。美国得克萨斯州的著名商人麦克库姆斯，日前向华晨汽车中国控股公司注资，并将成为未来华晨汽车的进口经销商。麦克库姆斯拥有一家位于圣安东尼奥市的汽车销售集团，掌管着数家福特、雷克萨斯和丰田特许经销店。据悉，麦克库姆斯购买了华晨价值1亿美元（约合人民币6.8亿元）的汽车股。除此之外，美国国际集团AIG此前也向力帆注入约9000万美元投资，已认购力帆集团13.5%股份，正式成为第二大股东。AIG是一家国际性保险服务机构，业务遍及全球130多个国家及地区，在最新的世界500强企业中位居第35位。

中国汽车产业重组中发挥更加明显的作用，促使汽车并购重组行为更加趋于理性，即要将"遵循市场化原则、以企业利益最大化"确立为我国汽车企业追求可持续发展的重要目标。当前，我国汽车产业的并购还处于较低层次，此次金融危机的蔓延与带来的冲击必将促使我国的并购向竞购过渡，并推动我国汽车产业的并购向更高层次即基于核心技术和核心竞争力的并购重组方面发展。能够在这轮汽车产业洗牌中经过洗礼而重生的企业必然具备强劲的核心竞争力。

4. 沈阳汽车的发展现状

辽宁省汽车产业发展的战略规划布局是形成以沈阳为核心，以大连、丹东、锦州和朝阳等为支撑的产业发展格局。虽然沈阳市是辽宁省汽车产业发展的中坚力量，但是，同广东、上海、吉林、湖北等省市相比，包括沈阳市在内的辽宁省汽车工业发展水平相对滞缓，如表 0 - 1 所示。

表 0 - 1   2007 年 15 个省市汽车工业总产值、销售产值和增加值排序

单位：万元

地区	工业总产值（当年价）	排序	工业销售产值（当年价）	排序	工业增加值（生产法）	排序
广东	19314254	1	19384829	1	5472430	1
上海	18007759	2	17664719	2	4473367	2
吉林	16176819	3	15733875	3	3789580	3
山东	13763365	4	14062505	4	2960910	6
湖北	13114697	5	13068068	5	3365585	4
重庆	12714644	6	12632637	6	2697647	7
江苏	11118731	7	10930859	7	3311103	5
北京	7971586	8	7901856	8	1548670	12
浙江	7892720	9	7763533	10	1837998	10
天津	7785555	10	7864317	9	2220835	8
辽宁	7262312	11	7071438	11	1903089	9
安徽	6527896	12	6392168	12	1646033	11
广西	4870154	13	4737489	13	1058704	13
河南	4087849	14	4055072	14	924856	14
陕西	3283593	15	3196744	15	613281	16

资料来源：根据《汽车工业统计年鉴》（2008）整理得出。

　　沈阳是辽宁省汽车产业发展的核心力量，汽车产业也是沈阳市的支柱产业之一。经过从"七五"到"十五"期间的改革、改组、改造、合资合作，沈阳市已形成了以轻型车为基础，以轿车及 MPV 等乘用车为发展重点，以大中型客车、专用车、发动机等为骨干产品，具有一定的主机制造和零部件配套能力的生产体系。2006 年是沈阳市"十一五"计划的开端，汽车产业作为沈阳市第一支柱产业，已经成为沈阳市市委和市政府"十一五"规划的重中之重。沈阳市汽车及零部件产业调整改造与振兴的指导思想是：紧紧抓住沈阳老工业基地振兴的历史机遇，以大型企业集团为龙头，以优势产品为重点，通过有效的资源整合，推动汽车产业结构的优化升级，推动制度创新、管理创新、技术创新，提高在国内及国际市场上的竞争能力，以实现汽车及零部件产业的全面振兴。沈阳将力争建设全国最具影响力的区域性汽车生产基地。到 2010 年，沈阳市汽车整车产量要达到 80 万—100 万辆，汽车、零部件及相关产业的工业总产值突破1500 亿元，力争达到 1800 亿—2000 亿元。2015 年汽车及相关产业的工业总产值达到 3200 亿—3500 亿元①。

　　因而，沈阳市汽车产业如何在国际和国内较为复杂的环境下有力抓住发展契机，不断提升产业竞争力，加速产业振兴和发展是摆在业界和学者面前一个重要而紧迫的研究命题。

（二）理论背景

　　众多学者从产业组织视角对汽车产业展开的研究和分析多是基于传统的 SCP 范式。产业组织理论最早源于阿尔弗雷德·马歇尔的经济理论，马歇尔在 1890 年出版的《经济学原理》一书中，第一次把"组织"作为第四个独立的生产要素提出来，他指出，"生产要素通常分为土地、劳动和资本三类"，而"资本大部分是由知识和组织构成的"，"知识是我们最有力的生产动力"，"组织则有助于知识"②。

---

　　①　数据引自由辽宁省汽车工业办公室、辽宁省汽车工业协会和辽宁省装备行业发展推进小组联合发布的《辽宁汽车工业年鉴》2007 年首刊。

　　②　［英］马歇尔：《经济学原理》上，朱志泰译，商务印书馆 1964 年版，第 157—158 页。

传统的产业组织理论属于应用价格理论的范畴，它研究市场经济的状态，而这种状态是通过梅森、贝恩为代表的哈佛学派提出的 SCP 范式来进行研究的，即市场结构（S）—市场行为（C）—市场绩效（P）。传统观点认为，市场结构决定企业行为进而决定市场绩效，即存在的单向关系；后来的产业组织理论将单向的 S—C—P 修正为双向关系，从而在一定程度上解决了传统产业组织理论研究的不足①。虽然在产业组织理论发展过程中，芝加哥学派、新奥地利学派以及其他产业组织理论的研究者运用交易费用理论、可竞争市场理论以及博弈论等现代经济学中最新的研究成果对产业组织理论进行拓展和完善，但是都没有超越 SCP 所建立的基本框架。

20 世纪 70 年代以来，伴随着全球经济一体化和网络经济的深入发展，企业的外部环境和生产的组织形式发生了若干重大变化：

第一，快速多变的客户和市场需求促使企业之间纵向和横向非一体化有序地发展起来。为了快速响应客户的多样化和个性化需求，企业必须不断地深化生产的专业化和社会化，传统的刚性纵向一体化的组织方式就很难适应瞬息万变的市场条件。

第二，在产品和要素自由流动的时代背景下，如何整合外部资源是企业获得持续竞争力的重要条件。企业为保障核心竞争力，专注核心业务，就必须通过资源的外部整合而将非核心业务放松、分立、剥离、外包，对供应链相关企业的优势资源进行梳理和整合，以求低成本、高效益、高技术一致性的核心优势支持保障体系重组，并实现速度经济和敏捷制造。

第三，经济全球化引发的产业分工的深化使得经济系统的共振性日趋加强。在信息网络技术的广泛应用条件下，企业之间的交易关系随着战略联盟、供应链管理和外包等方式的日益发展而变得更加复杂化。如果其中一个分工链条出现故障，则会引起整个经济系统的运行受阻和震荡，比如

① 唐晓华：《产业经济学教程》，经济管理出版社 2007 年版，第 3 页。

美国的"次贷"危机①引起了"多米诺骨牌效应"，不仅给美国本土经济带来重大打击，继而导致欧洲及日本经济增速明显放缓甚至停滞，最终引发全球经济危机。

　　原有的产业组织理论分析框架是以一国国内相对封闭的市场分析为基础，并以市场规模和企业竞争范围不变为前提假设。在新的经济发展背景下，原有产业组织理论的局限性越发明显，因而需要根据新的经济条件对产业组织的发展变化进行分析和研究，并对原有理论进行修正和补充。

　　20世纪90年代起，从网络角度研究产业内部及产业之间的关系及其对经济主体的影响成为产业组织理论重要的研究内容。产业内部不同的行为主体之间或者不同产业主体之间形成的网络统称为"产业网络"，它是一种新型的组织协调方式，是一种产业组织的创新，是介于市场和企业层级组织之间的一种企业合作组织形态，具有市场和企业双重性质。任何一个产业内部都会形成反映商品从生产到运输、销售再到顾客消费的产业价值链。纵向的产业网络体现了嵌入这种链式结构中的制造商、运输商、批发商、零售商之间进行产品和服务的交换以及产品的增值过程。而在每一个纵向链环之上的企业都会通过竞争和合作的行为来促使产业网络的横向发展，所以，不管产品、发展阶段等诸多因素有何差异，任何一个产业都会由行为主体之间的互动而形成一个紧密联系的产业网络，即使不同产业或者不同区域的网络在成熟度、紧密度等方面存在众多差别性的特征。关于产业网络的研究兴起于20世纪90年代，虽然很多学者从不同的角度对其展开研究，但至今尚未形成系统而完整的分析框架，所以如何选择一个成熟而科学的研究视角对产业网络进行分析就成为产业组织理论发展的一

────────────

　　①　2006年，美国的"次贷危机"是一场因次级抵押贷款机构破产，投资基金被迫关闭，股市剧烈震荡引起的风暴，到2007年8月，这次危机席卷美国、欧盟和日本等世界主要金融市场。美国的次贷危机尽管没有直接和我国企业发生关系，但美国企业资金链由此发生的巨大变化，让我国企业敏锐地觉察到这场金融风暴的威力。据商务部研究院的保守估计，我国企业被拖欠的海外商账已经达到1000亿美元，并且每年以150亿美元左右的速度增加。根据我国出口信用保险公司的数据，仅浙江一省就有近千家企业遭到美国企业的拖欠，浙江省4%遭到拖欠贷款的企业在2008年上半年申请追偿的货款就高达12亿元人民币。

个重要的理论课题。

在产业网络这个产业经济学前沿问题受到学者们关注的同时，研究复杂性和复杂性系统的交叉学科——"复杂性科学"成为当前世界科学发展的热点问题，受到众多学科领域科学家的关注。著名的物理学家霍金认为：21世纪是复杂性的世纪。复杂网络的研究是复杂性研究的一个重要组成部分，是复杂性科学和复杂系统研究的有力工具。复杂网络是复杂性科学研究的核心问题之一。近年来，复杂网络研究的兴起，使得人们开始广泛关注网络结构复杂性及其与网络行为之间的关系。产业网络自身所具备的"复杂性"使得两者之间形成了一个有机的结合点，为产业网络的系统性分析提供了一个科学和崭新的研究视角，即通过从复杂网络视角出发对产业网络进行系统性的分析和探讨。

综上所述，汽车产业的产业特性决定其产业组织必将向网络化趋势发展，因而产业网络是研究汽车产业的一个很好的切入点；同时，由于汽车产业自身是一个复杂的巨系统，所以以复杂网络理论为研究视角，将会为汽车产业网络的系统性分析提供一个科学的理论支撑。

二、基本概念界定和说明

基于本书的研究对象，下面将对基本概念进行界定和说明。

1. 产业网络

产业网络是网络化的产业组织形态，是一个产业内部的企业和非企业组织机构之间通过长期的互动而形成各种正式和非正式的网络关系。

威廉姆森的交易成本学说认为，经济组织关系可以分为组织内部的行政等级关系和组织与组织之间的市场关系，其中前者是市场关系，而后者是竞争关系①。但是，自20世纪70年代以来，生产组织方式发生了某种

---

① Williamson. Olive E. Markets and Hierarchies, Analysis and Antitrust Implications: A Study in the Economics of Internal Organization [M], New York: Free Press, 1975.

根本性变革，即从福特制①向后福特制②的转变。而与这一过程相伴随的是经济组织形式的创新过程，一系列新的组织形式开始涌现，诸如企业内部流行的企业中心制度、学习型组织、战略联盟、外包、虚拟企业等，这一切都与产业组织的网络化存在着密切的联系，即在等级制企业组织和完全市场竞争的市场各组织之间，存在着一个宽广的中间地带，处在这个地带的经济组织被称为"中间性产业组织"。所以，从本质上讲，产业网络组织就是一种对企业科层和纯市场效率的补充，其本质上是一种介于市场和科层之间，比市场稳定，比科层组织灵活，既竞争又合作，既相互独立又相互依存的中间性组织。

　　"网络"这个概念目前被广泛应用，但实际上其内涵是有差别的。根据对网络研究的角度不同，网络大体可以分为三类③：（1）互联网是一组全球信息资源的总汇，是由许多小的网络（子网）互联而成的一个逻辑网，以相互交流信息资源为目的，基于一些共同的协议，并通过许多路由器和公共互联网而形成的一个包括信息等资源共享的集合。（2）实体网络，即由物质网络作为实体的社会基础设施，包括交通运输、电力、邮电、供水、供气等。（3）虚拟网络，包括信息、管理、组织、关系、营销、资金网等，虽然并没有实体性的网络，但却在社会经济生活以及企业经营中发挥了至关重要的作用。

　　产业网络属于"虚拟网络"的一种，是市场中企业和其他组织机构之间的关系网络。

　　2. 复杂网络

　　20 世纪科学的发展揭示出某些简单系统会展现复杂行为，比如混沌

---

　　①　福特制是由美国汽车大王亨利·福特首先在自己的工厂中推行的，这种制度以自动化生产线为技术条件，它通过提高流水线的运转速度，来提高和控制工人的劳动强度。

　　②　福特制向后福特制生产方式的转变首先出现在汽车工业。与福特制根本不同，后福特制的典型特征是柔性生产与个性化和多样化消费需求之间的对应。柔性生产的基础不再是通过减少员工之间的交流为代价的规模和范围经济，而是强调利用信息技术、劳动者的人力资本和广泛的信息交流实现低成本满足客户的个性化和多样化的需求。

　　③　黄守坤：《产业网络的组织结构分析》，山东大学，2006 年。

现象①、复杂适应系统（Complex Adaptive System，CAS）② 等。以"复杂性"为主流的研究表明，系统科学的发展经历了从元素数量较少、关系比较单纯的系统过程，发展到元素个数较多、研究系统自身处于演化与发展的过程并能与外界交流且会根据经验改变自身的动态系统的过程。"非线性关系所呈现出的复杂行为"以及"复杂系统由某些简单规则自组织演化而形成"是系统复杂性的重要范式，描述这种范式的关键工具之一就是网络。复杂网络是用来描述从技术到生物直至社会各类开放复杂系统的工具，系统的拓扑结构和动力学性质是其主要研究内容。

　　复杂网络即呈现高度复杂性的网络。其复杂性主要表现在以下几个方面③：（1）结构复杂。表现在节点数目巨大，网络结构呈现多种不同特征。（2）网络进化。表现在节点或连接的产生与消失。（3）连接多样性。节点之间的连接权重存在差异，而且有可能存在方向性。（4）动力学复杂性。节点集可能属于非线性动力学系统，例如节点状态随时间发生复杂变化。（5）节点多样性。复杂网络中的节点可以代表任何事物，例如人际关系构成的复杂网络节点代表独立的社会人个体，万维网组成的复杂网络节点可以表示不同的网页。（6）多重复杂性融合。即以上多重复杂性相互影响，导致更为难以预料的结果。例如，设计一个电力供应网络需要考虑此网络的进化过程，其进化过程决定网络的拓扑结构。当两个节点之间频繁地进行能量传输时，它们之间的连接权重也会随之增加，通过不断的学习与记忆逐步改善网络性能。

　　当前，对复杂网络的研究已经从信息交换网络（如万维网、互联网、电话网）扩展至生物网络（细胞网络、食物链网络）和社会网络（科研合作网、电影演员合作网络、引文网、语言学网）。研究表明，现实世界

---

①　混沌现象是指发生在确定性系统中的貌似随机的不规则运动。一个确定性理论描述的系统，其行为却表现为不确定性、不可重复、不可预测，这就是混沌现象。进一步研究表明，混沌是非线性动力系统的固有特性，是非线性系统普遍存在的现象。牛顿确定性理论能够充分处理的多为线性系统，而线性系统大多是由非线性系统简化来的。因此，在现实生活和实际工程技术问题中，混沌是无处不在的。

②　所谓复杂适应系统，是指由大量的按一定规则或模式进行非线性相互作用的行为主体所组成的动态系统。行为主体通过"学习"产生适应性生存和发展策略，导致复杂适应系统进行创造性演化。复杂适应系统有别于一般系统和复杂系统，关键在于"适应"。

③　资料引自百度百科。

的网络大多都具有复杂网络系统的一般特征，这使得复杂网络不仅可以描述许多网络系统的结构形态，而且还可以作为系统结构拓扑特征的模型①。

3. 产业网络的复杂性

产业网络所具备的高度复杂性使得产业网络的研究可以从原有的研究视角拓展至"复杂网络"层面。产业网络的复杂性体现在以下六个方面：

第一，结构复杂。产业网络上的节点既包括处于同一产业内大小规模各不相同的企业，也包括政府、教育和科研机构、中介组织以及金融机构等非企业节点。这些企业和非企业组织结构数量众多，彼此之间形成了错综复杂的网络联系。从纵向看，它包括了产品从生产、运输、销售直至消费者手中的链式结构，其中嵌入了制造商、运输商、批发商和零售商等大量的企业群体；从横向看，产业网络的同一生产链之上也存在着大量的同行业竞争者以及基于共同利益而存在的合作者。企业群体同大量的非企业群体之间也进行着频繁而复杂的交互活动，所以产业网络具有高度的结构复杂性。

第二，网络进化。产业网络具有"开放性"和"动态性"特征，它的网络系统时时地同外界环境进行不断的资源交换。同时，大量的企业和机构会随着产业网络吸引力的增强而同原有的节点发生各种交互活动而进入网络成为新的节点，生成网络中新的边。相反，也会有大量的节点随着交互活动的终止而断裂同某些节点的联系而成为孤立的点，甚至于完全从产业网络中退出。总之，产业网络的进化过程与新兴产业的产生与发展息息相关。

第三，连接多样性。产业网络的连接性主要是指企业和企业之间、非企业和非企业组织之间以及企业和非企业组织之间的网络关系，这种联系呈现了多样性的特征。不同性质节点之间形成的"边"在连接权重之间存在很大的差异，而且方向也有变化。产业网络中每一个节点的重要程度各不相同，而且对于同一节点来讲，每一条边的重要性也是迥异不同的，

---

① 车宏安、顾基发：《无标度网络及其系统科学意义》，《系统工程理论与实践》2004 年第 4 期。

即产业网络具备有权网络（weighted network）特征①，就如每一个企业都有自己的 VIP 客户，而且一个长期合作的老客户要比偶然合作的新客户要重要得多。除了权重的差异性，产业网络也存在着"边"的方向性，比如母公司对子公司的注资行为就可以形成一个输出方为"母公司"，接收方为"子公司"的有向网络联系（directed network）②。

第四，动力学复杂性。产业网络中的企业和非企业节点都是非线性动力学系统。首先，产业网络中存在很多反馈回路，同时产业网络的运行过程中存在人员、资金、物资、设备和信息的流动过程，这些"流"相互连锁，反复放大而引起企业行为的变化。产业网络也存在"时间滞后"的性质，这是系统动力学从控制论引入的一个基本概念，对理解系统的复杂性至关重要，因为延时反馈是动态系统产生复杂性的重要内在根源。产业网络的振荡现象多数是由反馈加时延所造成的。

第五，节点多样性。产业网络的节点既包括处于不同生产链之上的企业，同时还包括政府、教育和科研机构等众多非企业群体。不同企业节点的经营性质、规模等都各自迥异，而且企业之间也形成了竞争与合作等不同特征的网络关系。不同性质的非企业群体也同企业之间不断地发生交互行为，为企业提供各种资源，所以不同的网络节点以及节点之间形成的不同的网络关系使得产业网络呈现了迥异的特征。

第六，多重复杂性融合。产业网络所具备的上述复杂性特征相互影响，即同一网络的节点之间，以及不同的复杂网络之间相互连接起来，以复杂的耦合方式进行互动并影响各自的行为模式，必将导致更加难以预料的结果。

三、研究视角与方法

本书的研究立足于推动沈阳汽车产业的振兴与发展，结合汽车产业的

---

① 与有权网络相对应的是无权网络（unweighted network），即节点之间每一条边的重要程度都是相同的。

② 与有向网络相对应的是无向网络（undirected network），即节点之间不存在方向的走势。

产业特性，并以产业组织理论为基石，从产业经济学的发展前沿问题"产业网络"入手构建了一个系统性的分析范式。由于产业网络的研究刚刚兴起，尚未形成科学和完善的研究体系，所以本书在对产业网络进行复杂性分析的基础上引入了一个全新的分析视角——复杂网络理论，作为产业网络的研究强有力的理论支撑，这不仅为沈阳汽车产业研究提供了一个新的思路，也推动了产业组织理论的不断创新和发展。

本书以产业经济学理论为基础，广泛借鉴了社会学、复杂性科学、系统科学、制度经济学、管理学等理论和原理，采用定性与定量分析、规范与实证分析相结合等综合方法对沈阳汽车产业网络进行了系统而深入的探讨。

第一，网络分析方法。网络分析方法是本书的主要分析方法之一。复杂网络和产业网络是研究的重点，通过对产业网络的复杂统计特性、社团结构、传播动力学以及鲁棒性和脆弱性进行研究，本书构建了复杂网络视角下的产业网络 AARS 分析范式。

第二，复杂系统分析方法。产业网络本身就是复杂系统，企业之间、企业和非企业组织之间形成了各种错综复杂的网络关系。复杂性体现在产业网络研究中所不断出现的突现性、不稳性、非线性、不确定性和不可预测性等特征；系统性则体现在，即使是对产业网络进行局部分析也必须以系统和全局的思想来进行研究，一个企业的行为决策不仅取决于其自身的发展态势，也必须要受到它所处的网络环境的制约，因而复杂系统性分析方法是本书的一个重要的研究方法。

第三，规范分析方法。在产业组织 SCP 范式和网络三要素分析的基础上，本书构建了产业网络 AARS 分析框架，对产业网络的主体、行为、资源和安全性进行了深入的探讨和分析，构建了产业网络研究的系统性框架。

第四，实证分析方法。推动沈阳汽车产业的振兴与发展是本书研究的重要目标，所以丰富的实证研究是本书的一大特点。本书以沈阳市汽车产业为研究的实证背景，对沈阳市各大汽车企业以及相关的非企业机构都进行了深入的实地调研，获取了丰富和珍贵的一手资料，为本书的深入研究奠定了坚实的基础。

第五，计算机仿真方法。本书运用了大量的计算机仿真方法，通过网络分析工具 UCINET 软件对产业网络的某些性质进行了计算，同时运用 matlab 软件对多种常见的复杂网络拓扑模型进行计算机模拟，在此基础上对沈阳汽车产业网络的网络拓扑模型进行了判定。

第六，模糊综合评价方法。产业网络中生态主体包括了各种性质不同的组织机构，同产业价值链关系相比，这些主体同企业之间的网络关系极度复杂，既包括资金往来，也包括知识技术支撑、信息提供和政策扶植等，而且这种网络关系是很难进行具体数值量化的，因此本书借助了模糊综合评价的思想，对产业生态网络同企业之间的网络密度进行了测度与评价。

第一章　文献述评

本章分别对中国和沈阳的汽车产业研究、产业网络研究和复杂网络研究的相关文献进行了梳理和评述。这些领域前期丰硕的研究成果不仅为本书的创作奠定了一个坚实的理论基础，更为本书的创新提供了契机。

第一节　汽车产业

一、中国汽车产业研究

汽车产业被看做是国家制造业整体水平和科技创新能力的象征，也是一国综合竞争力的体现。自新中国成立以来，国家就大力扶植汽车产业的发展，众多的业界人士和专家学者也都高度关注中国汽车产业的不断成长和壮大，并对此进行了大量的研究和分析。随着中国汽车产业的不断发展，对其进行的研究成果无论在数量上还是质量上都有质的飞跃，主要表现在研究成果的数量趋于不断激增的趋势，研究的视角和领域也不断趋于多样化。本书对中国汽车产业网络的相关研究文献进行了简要的统计，如图 1－1 所示。在 1990—1999 年间，相关的研究文献仅为 57 篇；在 2000—2002 年间，共有相关文献 155 篇；在 2003—2005 年间，共有相关文献 741 篇；在 2006—2008 年间，共有相关文献 1857 篇。

在 2000—2002 年间，中国汽车产业的研究主要集中于"世界贸易组织对中国汽车产业的影响"之上。张明（2000）、叶东辉和宣国良（2000）、钟胜光和朱华（2000）、拓东梅（2001）和张洪（2002）等以中国汽车产业为研究对象，重点分析了加入世界贸易组织将对我国汽车产

文献数量（篇）

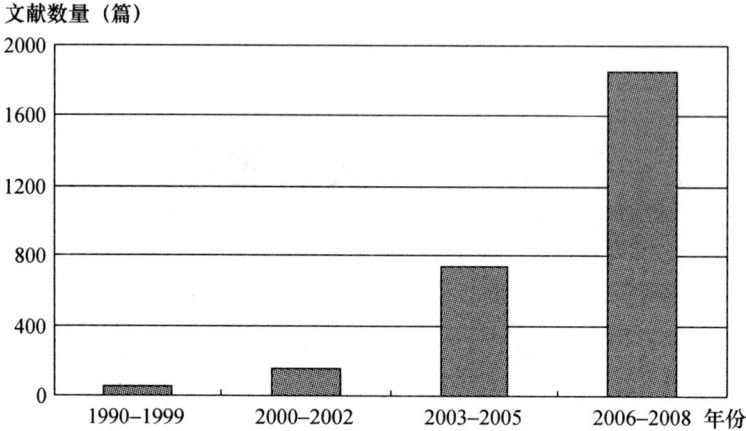

图 1－1　中国汽车产业研究文献统计

业带来的影响，并提出了相应的应对措施。一些学者选择从区域的视角出发，比如，詹乔和陈静宇（2000）、蔡金汉（2001）、邓永进和范叶（2001）、薛芳锦（2002）分别分析了世界贸易组织对重庆、武汉、湖南和湖北省汽车产业的影响并提出了具有针对性的对策。

在 2003—2005 年间，从"产业组织"和"全球化背景"对中国汽车产业进行分析成为主要的研究热点。余小华和魏晓宁（2003）通过建立误差修正模型，对 1992 年以来我国汽车产业集中度的决定因素进行了实证分析；程贵孙和叶燕（2003）基于传统的 SCP 框架对中国汽车产业组织现状进行了分析；刘洪德（2004）从规模经济、产品差异化、进入与退出壁垒及生产集中度等角度出发，对中国汽车产业市场结构进行了全方位的研究，揭示了其特征与成因，并在与发达国家比较的基础上，明确了我国汽车产业市场结构发展趋势。李作奎（2005）在对中国汽车产业组织的分析中，对中国汽车产业与汽车强国进行了比较分析，指出我国汽车产业存在问题的根源就是整个产业缺乏产业组织能力、企业缺乏核心竞争力的现状，并提出，良好的产业组织形态是提高产业经营活动效率、培育竞争优势的保证。曹建海（2003）以如何推动中国成为世界重要的汽车制造基地之一为研究目标，从创造竞争环境、产业链配置等方面提出了适应中国汽车产业发展趋势的政策取向。张湛彬（2003）对全球化背景下国际汽车产业的经济技术特征进行了分析，并针对跨国汽车集团全球化竞争的偏好及发展趋势提出了我国汽车产业发展的相应策略。侯铁珊和王新波（2004）分析了跨国投资后向联系的作用机制，并根据全球汽车产业发展状况，结合美国、日本、巴西各国汽车产业集群的发展道路，提出了针对我国目前汽车产业现状的发展建议。

在 2006—2008 年间，业界专家和学者对中国汽车产业的"产业集群发展"、"自主创新"、"可持续发展"的研究倍加关注。张丽莉（2006）以长春汽车产业为研究对象，以全球价值链为研究工具，构建了长春汽车产业集群的发展框架。郑君君和柯辉（2007）提出，利用供应链思想来提高我国汽车产业集群。戴福祥和晏敬东（2008）剖析了广州、吉林在汽车产业集群发展方面的土地、税收、科技、规划、品牌战略等一系列政策法规，并总结了两地在汽车产业集群发展方面的经验。李兴文（2006）对我国汽车产业的自主创新进行了 SWOT 分析。冷菊芳和吴秀波（2006）提出我国政府必须采取包括关税政策在内的多种税收政策工具来激励汽车企业增强自主创新能力，并同时提出了直接激励政策与间接激励两种政策。杨莹和张莉（2007）在研究中指出，由于汽车产业技术密集型特征，要想打造自主品牌，必须首先获取自主知识产权，进而通过知识产权所形成的差异化优势来赢得市场，提升品牌价值。田硕（2007）对合资企业的创新模式、民族汽车企业的集成创新和反向 FDI 创新模式进行了论述，并对自主创新模式的选择进行了探讨。李强（2008）以全球范围内汽车工业的发展趋势和研发管理的演变为对照，分析了国内汽车工业的研发管理发展情况，同时侧重分析国内汽车行业在集团公司背景下研发模式的选择，并探讨了研发管理的发展方向——自主研发模式。方海锋等（2007）从安全、环保、节能和自主创新四个方面分析探讨了我国汽车产业可持续发展所面临的主要问题，并提出相关措施和对策建议。孙东升（2007）研究了可持续发展对汽车产业的重要性，并提出了我国汽车产业可持续发展的对策和建议。郭淑清（2008）在研究中指出，汽车产业循环经济是关于汽车社会可持续发展研究的中心问题之一，其本质特征是汽车产业生态经济，同时还分析了汽车产业如何在循环经济下取得竞争力。

对中国汽车产业研究成果进行梳理发现，大部分研究都是定性分析，定量分析以及对其他学科成果的借鉴较少。同时，对中国汽车的产业组织分析也多是基于传统的 SCP 范式, 鲜有对产业组织范式的创新性研究。

二、沈阳汽车产业研究

本书对沈阳汽车产业现有的研究文献进行整理, 如图 1 - 2 和图 1 - 3 所示①。从图 1 - 2 可以看出, 1990—1999 年, 关于沈阳汽车产业研究的文献仅有 54 篇, 2000—2005 年的相关文献是 57 篇; 2006—2008 年的相关文献为 58 篇。从图 1 - 3 来看, 在 1990—2008 年间, 关于沈阳汽车产业的研究文献共 169 篇, 其中年鉴 90 篇、报纸报道 59 篇、期刊 18 篇、学位论文 2 篇。

文献数量（篇）

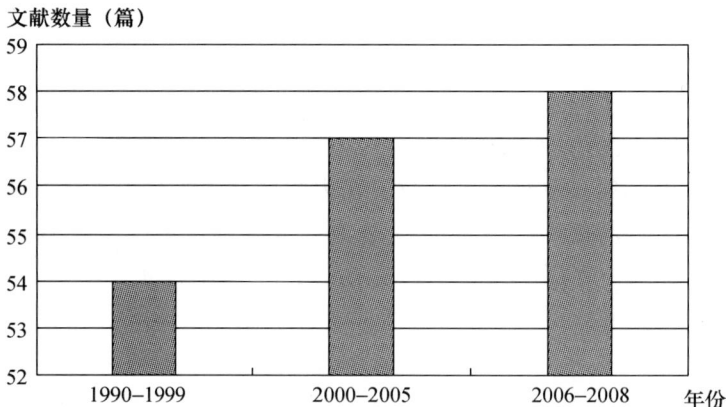

图 1 - 2 沈阳汽车产业研究文献统计

其中, 杨磊 (2002) 运用 SWOT 分析和波特的钻石模型, 系统地探讨了沈阳汽车产业内外部环境以及优势和劣势, 总结出沈阳市汽车产业存在的问题, 并对沈阳市汽车发展战略的实施提出了对策措施。其他专家或是学者则多是以沈阳市的某个汽车企业作为研究对象而进行的微观研究。熊文 (2002) 对航天三菱汽车发动机制造有限公司通过运用企业 ERP 系统而实现信息化进程进行了阐述。唐春晖 (2006) 以沈阳华晨金杯为例分析了中国汽车企业技术创新模式中存在的问题, 并提出了未来中国汽车

---

① 该统计数据来自于中国知网。笔者以"题名"为文献工作特征; 以"沈阳"和"汽车"为并列关键词的搜索, 以"工业经济"为学科领域进行"精确"搜索得到以上数据。

文献数量（篇）

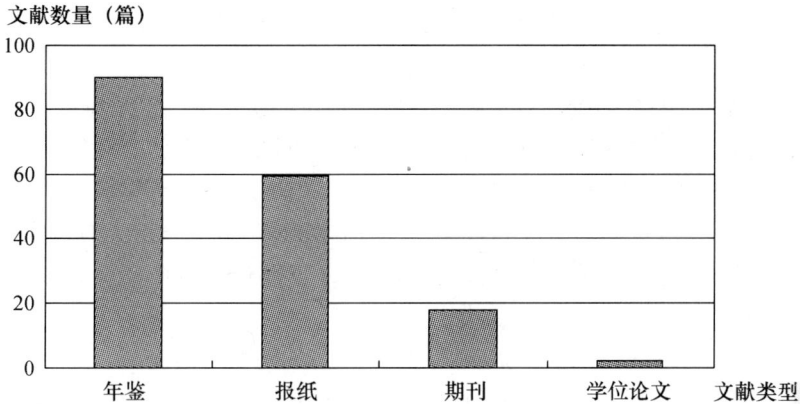

图1-3 沈阳汽车产业研究文献结构

企业技术创新模式的选择与实施应当建立在技术能力基础上的观点。张日峰（2006）分析了沈阳机床在和汽车产业携手振兴民族工业中的重要战略作用。王永恩（2007）以沈阳新光华晨汽车发动机有限公司为对象进行研究，强调了现代物流作为一种先进的组织方式和管理技术在企业发展中发挥的重要作用。

总之，业界专家及学者对沈阳汽车产业研究关注度不高，这主要表现在两个方面：一是相关文献的数量较少；二是对沈阳汽车产业内在的运行机理等系统性和本质性的学术研究太少。所以，为了推动沈阳汽车产业的振兴和发展，就需要通过构建科学的分析框架和采用系统性的研究方法对沈阳汽车产业进行体系性和深层次研究。

第二节 产业网络

产业组织形态和企业生产方式的变革与企业内部及企业之间合作方式及水平的变化有着紧密的内在联系。产业组织形式的演进是与生产力发展的水平和状况相适应的，不同时期的生产力水平决定了劳动分工和专业化的水平，进而决定了产业组织的形态。产业组织的演进形式历经了三个发展阶段：单体企业—垂直一体化—网络化。

19 世纪 70 年代以前，制造业中占统治地位的是工场手工作坊的单件生产方式，这时的产业组织形态基本上属于钱德勒所说的"单体企业"①，一些学者也将这种产业组织形态定义为"原子式自由竞争的产业组织"形态②。

一系列技术革命引起了从手工劳动向动力机器生产转变的重大飞跃，资本主义生产完成了从工场手工业向机器大工业过渡的阶段，即以机器生产逐步取代手工劳动，以大规模工厂化生产取代个体工场手工生产的一场生产与科技革命，后来又扩展到其他行业。在资源供给充裕、市场需求旺盛的情况下，生产规模的大小成为企业竞争力强弱的重要决定性因素。随着 19 世纪末 20 世纪初的兼并浪潮，生产和企业规模的大型化和集中化成为产业组织发展的主要趋势。从 19 世纪末期到 20 世纪 80 年代，"纵向一体化"（vertical integration）的产业组织形式是经济发展的主流趋势，成为主导美国、英国、德国等西方发达国家关键产业的主要产业组织形式③。纵向一体化的产业组织形式是与"大批量、少品种"为特征的福特制④生产方式相适应的，产业组织垂直一体化的发展中始终伴随着企业不断追求市场垄断地位、增强垄断优势、获取高额垄断利润的成长过程。

自 20 世纪 80 年代特别是 90 年代以来，在经济全球化和信息化的共同推动下，"模块化"成为一种重要的生产方式，奠定了大规模定制式（mass customization，MC⑤）生产的基石。"大规模定制"的核心是产品品

---

① 戴魁早：《产业组织模块化研究前沿探析》，《外国经济与管理》2008 年第 1 期。

② 王建军：《分工和产业组织演进与优化的经济学分析》，复旦大学，2006 年。该文作者认为，这一时期的劳动分工主要体现为个人、家庭和手工业工场等市场主体的分工生产，工场手工业内部分工已经达到以"操作"为基本单位的程度，专业化则基本处于产品专业化的阶段。这一时期的产业组织表现为市场机制自发调节下的众多企业之间的古典竞争，即"原子式"自由竞争，不存在垄断因素。

③ 张燕、姚慧琴：《企业边界变动与产业组织演化》，《西北大学学报》（哲学社会科学版）2006 年第 4 期。

④ 1913 年，福特在底特律汽车工厂中采用了生产装备线，即在众多的生产装配车间中，装配线上的工人在严格的管理下，快速地、无休止地、机械地重复着高度专业化的、大批量的生产任务。福特制的高度专业化以及大批量生产的特点，使得包括汽车在内的众多商品纷纷普及，与那个时代较低的消费水平、较统一的消费结构相适应。

⑤ ［美］派恩：《大规模定制：企业竞争的新前沿》，中国人民大学出版社 2007 年版。

种的多样化和定制化急剧增加，而不相应地增加成本；范畴是个性化定制产品的大规模生产；其最大优点是提供战略优势和经济价值[①]。在以大规模定制为特点的新市场环境下，纵向一体化的层级制组织结构无法对市场的多样化需求作出快速响应，多元化经营的企业转而将其业务集中到其资源和能力具有竞争优势的领域，采取"归核化战略[②]"（focus strategy），产业组织因此出现了纵向分离的趋势（vertical disintegration）。但是，产业组织的纵向分离并不意味着从一体化的科层组织简单地回归市场，而是形成了一种企业之间为实现彼此互利共赢而开展大量交易和合作的网络组织结构，Sturgeon（2002）将这种产业组织的网络化称为生产网络范式（production network paradigm）[③]。目前，对产业网络理论的研究主要集中于产业网络的"定义"、"组织结构"和"类型"之上。

一、定义

罗杰斯和金凯德（Rogers & Kincaid, 1981）将产业网络界定为由网络支援关系的公司所组成，其中隐含了专业分工的概念，且彼此间的沟通、协调甚至于整合，都是通过网络上的各种互动行为来完成。塞里利（Therelli, 1986）认为，产业网络是介于市场与层级制之间的一种中间组织。约翰逊和马特森（Johnson & Matson, 1987）则把产业网络看成是企业间相互关系复杂的组合，它是一种相互适应的中间组织协调机制。贾里洛（Jarillo, 1988）认为产业网络是有目的的组织安排，以使企业获得长期竞争优势的中间组织。

中国的很多学者也对产业网络的内涵进行界定。吴思华（2002）认为，任何一个企业均无法由组织内部提供生产所需的全部资源，也无法以一己的力量对抗环境的压力。因此，企业间基于本身的专业形成自然分工，同时又互相依赖、共同发展，形成一个祸福与共的事业共同体。其对

---

① ［美］派恩：《大规模定制：企业竞争的新前沿》，中国人民大学出版社 2007 年版。

② 归核化，是指多元化经营的企业将其业务集中到其资源和能力具有竞争优势的领域。归核化不等于专业化，也不等于简单地否定多元化，而是强调企业的业务与企业核心能力的相关性，强调业务向企业的核心能力靠拢，资源向核心业务集中。归核化后的企业仍是多元化的，但业务间的关联度较高，企业的经营绩效较好，竞争优势明显，竞争力增强。归核化战略思想的提出，提高了企业能力理论的实用性。

③ 戴魁早：《产业组织模块化研究前沿探析》，《外国经济与管理》2008 年第 1 期。

网络相关名词的定义为：网络是一群企业基于专业分工、资源互补的理念所形成长期共存共荣的某一特定的事业共同体，产业网络是泛指产业中交错复杂的关系。陈守明（2002）认为，企业网络可定义为由一组自主独立而又相互关联的企业，依据专业化分工和协作建立起来的具有长期性的、有指向的、企业间的组织联合体。该定义有以下几个要点：（1）企业网络是由一定数量规模的成员企业或组织构成，一般要 3 家以上；（2）联合体企业之间围绕某一共同的目标进行合作，是有指向的；（3）是长期性的契约联合，不同于虚拟企业的临时性契约特性。盖翊中（2004）认为，产业网络为一群各自拥有独特资源，也相互依赖对方资源的企业组织以及学术机构、中介机构、政府组织等，通过血缘、地缘、人际互信关系以及资本往来等社会关系，凭借专业分工和资源互补等合作关系，在要素投入、生产制造和销售管理等方面进行互动，长期所形成的正式或非正式的互惠性往来关系。郭南芸和隋广军（2008）认为，产业网络是由同一产业或相关产业内相互竞争或合作的企业，以及与企业活动相关的各类机构构成的动态组织。

二、组织结构

"组织结构的研究"是产业网络理论分析的重点。哈坎森（Hakansson，1989）提出了产业网络的三个组成要素，包含行动者、资源与活动，如图 1-4 所示。

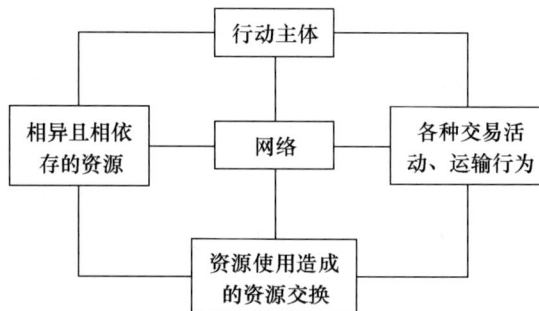

图 1-4 产业网络的组织结构图

资料来源：Hakansson, H. & J. Johanson（1992），*A Model of Industrial Networks, Industrial Networks: A New View of Reality* [M]，London：Routledge Press，1992。

后期的研究也多是以产业网络的三要素为基础和出发点的[①]，路易斯、杰夫和伊恩（Luis、Geoff & Ian，1997）提出了产业网络的演化模型。在此基础上，威尔金森（Wilkinson，2000）将时间维度引入产业网络的研究之中，提出了产业网络变化的动态结构模型。卡洛斯（Carlos，2001）提出了产业网络的动态组织结构理论，克里斯特（Christer，2003）则从管理学角度出发对产业网络的发展进行了研究。我国学者黄守坤（2006）则构建了产业网络组织结构的定量分析框架，对产业网络的纵向组织结构、横向组织结构、产业网络的集聚以及产业网络的演进进行了分析。

在对产业网络组织结构的分析中，基于"合作"而形成的关系资源成为研究的热点。加德（Gadde，1987）从更广泛的意义上将行动者之间的关系界定为一种资源。蒂奇、塔什曼和福姆布伦（Tichy、Tushman & Fombrun，1979）分析了产业网络互动的三个层次：第一层次是交易内容，即网络间流动的资源；第二层次是连接强度，即网络关系的持久性；第三个层次是结构特性，即规模、密度、集群、稳定性、集中度等。伯格斯、希尔和金（Burgers、Hill & King，1993）则分析了产业网络关系形成的决定性因素，即认为通过竞争者之间的彼此合作，可以降低环境的不确定性[②]。郑如霞（2006）则从交易成本的衡量、企业特性的不同、企业扩张战略的不同以及企业开放程度的不同等角度对产业网络合作关系的决定性因素进行了分析。

三、类型

从构成要素来看，产业网络的概念描述了处于产业链上下游以及同一生产链环之上的企业、提供知识与技术的教育和科研机构以及银行和其他中介机构之间的关系；从组织形态来看，产业网络是一种介于市场与企业科层之间的广泛区域内的一种中间组织关系，这就意味着产业网络研究的范畴相当的广泛。基于此，许多学者对产业网络进行了分类研究，以期更好地分析和探索产业网络的结构和机理。

刘易斯（Lewis，1990）认为，策略型产业网络的概念是一群独立的厂商基于多重联结所构成的联盟形式以追求共同目标的组织，产业网络可

---

① 黄守坤：《产业网络组织结构分析》，山东大学，2006 年。

② 郑如霞、杨燚：《产业网络合作关系决定因素研究》，《生产力研究》2006 年第 10 期。

以分为垂直型网络、技术型网络、发展型网络和所有权型网络。

迈尔斯和斯诺（Miles & Snow，1992）则在网络连接强度的基础上提出了产业网络的三种类型：稳定型网络、内部型网络和动态型网络。

茅宁（1996）按照产业网络形成动机划分，将产业网络分为人际核心型网络、产品核心型网络、顾客核心型网络、区域核心型网络、活动核心型网络和产业核心型网络六类。

吴思华（2002）将产业网络的类型归类为产品核心型、网络核心型、地域核心型、活动核心型和顾客核心型。

欧志明（2002）将产业网络分为领导型产业网络和平行型产业网络。

张建华（2003）将产业网络归纳为日本产业分包制网络、中国台湾弱组织网络和美国联合企业网络。

关于产业网络的类型研究如表 1 – 1[①] 所示。

从已有文献来看，产业网络的研究刚刚起步，主要集中于定义、分类等基础的规范性研究，很少触及对产业网络的分析框架和运行机理等体系性的研究。因而，产业网络，作为产业经济学中的一个前沿问题，尚未形成完整的研究体系，有许多可以进行拓展和深入研究的领域空间。

目前，产业网络领域的研究又兴起了一个新的热点，即把复杂性科学研究的思想引入产业网络的研究中来。李守伟和钱省三（2006）提出了产业网络的三个层次的复杂性水平：要素、联系和系统动力学，给出了产业网络的宏观和微观系统动力学模型，同时应用中国半导体产业网络对复杂性进行了实证分析。罗一鸣和毛利平（2006）从复杂适应系统（complex adaptive system，CAS）的定义和特点出发，论证了产业网络也是一种 CAS，并从复杂适应系统的角度，建立了产业网络的 CAS 模型。姚灿中和杨建梅（2008）运用极大似然估计和 KS 统计量拟合幂律分布 α 指数和 Xmin 值的研究方法对广州软件产业、佛山陶瓷产业和中国家电产业竞争关系网络以及百度百科词条生产网络的分布进行研究，并与用最小二乘法的估计进行比较，得出了一些新结论。

---

① 此表是在 2005 年暨南大学盖翊中博士论文《IT 业空间集聚、产业网络与厂商行为的关联性研究》第 29 页表 2 – 2 基础上整理所得。

表 1-1   产业网络类型研究表

时间	学者	产业网络类型
1990	刘易斯	❑ 垂直型网络 ❑ 技术型网络 ❑ 发展型网络 ❑ 所有权型网络
1992	迈尔斯和斯诺	❑ 稳定型网络 ❑ 内部型网络 ❑ 动态型网络
1996	茅宁	❑ 人际核心型网络 ❑ 产品核心型网络 ❑ 顾客核心型网络 ❑ 区域核心型网络 ❑ 活动核心型网络 ❑ 产业核心型网络
2002	吴思华	❑ 产品核心型网络 ❑ 网络核心型网络 ❑ 地域核心型网络 ❑ 活动核心型网络 ❑ 顾客核心型网络
2002	欧志明	❑ 领导型产业网络 ❑ 平行型产业网络
2003	张建华	❑ 日本产业分包制网络 ❑ 中国台湾弱组织网络 ❑ 美国联合企业网络

　　由此可以看出，从复杂性和系统论的角度对产业网络进行研究已经成为产业网络研究的一个新视角和新趋势，这种跨学科研究的交叉不仅能够为产业网络的研究拓展出一个新的思路，同时更能够推动产业网络的综合性和深入性研究的发展。

第三节　复杂网络

任何一个时期的科学研究都是在一定的思维模式指导和支持下进行的，对科学研究思维的发展脉络进行梳理，可以发现经历了三个阶段：还原论—整体论—复杂性。

首先提出"还原论"（reductionism）一词的是美国著名的哲学家、逻辑学家蒯因（W. V. O. Quine）[1]。对还原论的含义表述比较经典和权威的要数美国的分析哲学家埃内斯特·内格尔（Ernest Nagel）。他认为，所谓"还原"指的是两个理论之间的关系，而所谓"理论"必须包括基本理论规律和特有的理论词项和观察词项，且已作了明确的表述和界定[2]。美国科学哲学家瓦托夫斯基（Wartofsky，M. W.）认为[3]，还原论有两种含义：一是在考虑经验意义时，指的是"所谓的理论术语还原为观察术语的问题"；二是在考虑不同学科之间的关系时，指的是"不同的科学还原为某种理想化的统一体的方法论论据"。中国学者李建会认为，"还原论"包括三种意义上的还原[4]：一是组成的还原论：在自然系统中，高层次事物是由低层次的事物构成的；二是解释的还原论：可以根据较低水平上的事物的性质解释和预言较高层次事物的性质；三是理论的还原论：不同科学分支描述的是实在的不同水平，但最终都可建立在关于实在的最基本水平的科学——物理学之上。总体而言，还原论的思想是建立在世界的"可分解性"和"叠加性"之上的，即通过揭示和研究单元或个体等基本组成部分或是基本的规律来分析整体事物的性质、特点和发展规律。还原论一个重要的原则是，整体等于部分之和，各个部分之间是相互孤立的，可

---

① 《从逻辑的观点看》是美国哲学家蒯因的一本著名的论文集，里面最著名的文章是"经验论的两个教条"，蒯因在这篇文章中正式提出了"还原论"一词。

② 沈健：《还原概念内涵与演化之梳正》，《河南师范大学学报》（哲学社会科学版）2008年第1期。

③ 黄欣荣：《科学还原论及其历史功过》，《江西财经大学学报》2008年第4期。

④ 李建会：《还原论、突现论与世界的统一性》，《科学技术与辩证法》1995年第5期。

以不考虑与其余部分复杂的相互联系和相互作用，即把复杂的事物简化为部分之和，把宏观的衔接归结为微观现象的简单组合。还原论在近现代科学的发展中起到了重要的作用，在整个科学研究领域中取得了长达 200 年的统治地位，但是随着科学的进一步发展，还原论的不足和缺陷日益受到人们的批判，这些不足主要体现在以下几个方面①：（1）还原论所持的不同运动形式间高级运动形式归结为低级运动形式，以及同一运动形式内的高级层次归结为低级层次的观点无疑是错误的，或者至少说是极端片面的。（2）还原论认为整个科学最终将统一为物理学，或者说任何其他运动形式将最终被还原为物理运动形式，且还原是实现科学统一的唯一途径。（3）还原论认为通过简单认识事物的各个部分就可以达到正确认识事物整体的方法，即局部之和就等于整体，而且是以孤立的观点来分析局部，忽略局部之间复杂的相互联系和相互作用。因而，还原论的极端与不足亟须新的科学研究方法来予以补充和完善，"整体论"的思想受到了关注，很多学者认为，建立一种以方法论还原论为基础的"综合整体论"将是科学认识与研究的必要。

　　"整体论"的成长和发展是与还原论的分庭抗礼紧密相连的。学界一般认为，整体论（holism）是由南非国务活动家和哲学家斯穆茨（Smuts, J. C.）提出的②。英国著名的数学家、过程哲学创始人怀特海（Alfred North Whitehead）指出，近代科学虽然极大地改变了人类世界，但是这种科学过分倚重"物质"和"局部化"，只认定单纯的物质而忽略了价值的假定；假如变通一下，开始考虑价值和整体性，科学就不会终结。美国生物学家迈尔（Mayr, E. W.）也明确反对还原论，提倡整体论，迈尔认为，还原论主张，要认识了解整体就必须将之分解为部分，而且要进一步将这些组成部分再分解为更微小的组成部分，直到等级的最低层次。与此相反，整体论强调较高等级层次的单位大于其部分之和，因此将整体分解为组成部分总会遗留下尚未分解的残存物，即整体具有不可还原性。金吾伦（2004）将整体论的形式归结为机体论、能体论、系统整体论、生态

---

① 〔美〕罗森堡著，刘华杰译：《科学哲学：当代进阶教程》，上海科技教育出版社 2006 年版。

② 斯穆茨于 1926 年在《整体论和进化》（*Holism and Evolution*）中首次提出的。

整体论、全息整体论、纠结整体论、关系整体论和辩证整体论八种。巴姆（Bahm, A.L.）将整体论区分了三类整体，分析了七种关于整体与部分关系本质的理论，提出了一种更彻底的整体论——能体论。总而言之，整体论的本质观点是"整体大于部分之和"，即由各个部分所构成的整体具备构成部分所不具备的性质和特点，因而通过对组成部分进行简单的性质和功能的分析以期解释和推断整体的思想是错误的。而且，组成整体的部分之间是有机联系和互动的，正是这种相互作用才产生了整体本身所具有的独特属性和运动规律，这些是部分所不具备的。

　　从 20 世纪开始，科学研究的对象才从简单性和简单系统转向复杂性和复杂系统，要求在方法论上实现根本的转变。很多学者认为，"还原论"和"整体论"都是科学探索工作中的有力方法，两者各有侧重，只有将两者结合起来研究才是最有效的。钱学森的系统论思想和方法就是建立在还原论与整体论相结合的基础上，他认为系统论不是整体论和还原论的简单加和，而是二者的辩证统一，是更高一层次的东西[1]。复杂性科学的研究对象是复杂系统，是还原论和整体论的有机融贯。复杂性科学既要还原论，又要超越还原论；既要整体论，又要超越整体论，即把"整体论"和"还原论"两种方法论结合起来，形成新的适合复杂性科学的方法论[2]。成思危在论述复杂性科学方法论时也明确提出要还原方法和整体方法相结合的原则。黄欣荣则分析了复杂系统研究的两种研究路径[3]：一种是还原论的路径，即把复杂系统逐渐分解，层层拨开，直到找出认为是组成或影响复杂系统本质的子系统或要素；二是整体论的路径，它首先找到认为是组成复杂系统的要素或子系统，逐渐组装整合，看能否最后得到我们所需要的复杂性系统。钱学森、于景元和戴汝为（1990）率先提出了复杂性科学的新方法论问题，即从定性到定量的综合集成方法，论述如下[4]：（1）根据开放的复杂巨系统的复杂机制和变量众多的特点，把定性

　　① 苗东升：《系统科学大讲稿》，中国人民大学出版社 2007 年版。
　　② 金吾伦、郭元林：《复杂性科学及其演变》，《复杂性系统与复杂性科学》2004 年第 1 期。
　　③ 黄欣荣：《复杂性科学的方法论研究》，重庆大学出版社 2006 年版。
　　④ 钱学森、于景元、戴汝为：《一个科学新领域——开放的复杂巨系统及其方法论》，《自然杂志》1990 年第 1 期。

研究和定量研究有机地结合起来，从多方面的定性认识上升到定量认识。（2）由于系统的复杂性，要把科学理论和经验知识结合起来，把人对客观事物的星星点点知识集中起来，解决问题。（3）根据系统思想，把多种学科结合起来进行研究。（4）根据复杂巨系统的层次结构，把宏观研究和微观研究统一起来。

经济学作为社会科学的重要分支，其主流经济学理论一直是建立在还原论思维模式的基础上的。21世纪的经济学正面临着一种革命性的变化，而演化经济学则是这种变化的主导力量，而复杂性科学革命本质上是演化科学的革命，所以复杂性科学的思想及方法将从经济实在的复杂性出发，为经济学的发展提供丰富的灵感来源。

综上所述，还原论、整体论及复杂论的核心思想可以表示如下[①]：

还原论：$1+1 \leqslant 2$。

整体论：$1+0=1$。

复杂性科学：$1+1>2$。

复杂网络是复杂系统中一个重要的理论分支，是将研究对象，即网络关系视为复杂性系统的科学。在模糊系统、灰色系统、自组织理论、复杂性适应系统、开放复杂巨系统等理论中，大多数研究已经进入平稳发展期，有的甚至处于停顿和困惑之中，唯一正处在研究热潮之中的就是复杂网络理论了[②]。

复杂网络理论始于"七桥问题"，其发展经历了规则网络、随机网络和复杂网络的三个阶段，目前的主要理论旗帜是小世界网络和无标度网络。

1. 七桥问题（seven bridges problem）

复杂网络的研究首先需要一种能够描述网络的统一工具，这个工具在数学上被称为"图"（graph）。网络就是用抽象的点来表示实际网络中的节点，并用节点之间的连线来表示实际网络中节点和节点之间的连接关系。

---

① 黄欣荣：《复杂性科学的方法论研究》，重庆大学出版社2006年版。

② 苗东升：《系统科学大讲稿》，中国人民大学出版社2007年版。

欧拉被公认为图论之父,通过对"七桥问题"的抽象和论证思想,开创了数学中的分支——图论。18 世纪初,普鲁士的柯尼斯堡,普雷格尔河流经此镇,奈发夫岛位于河中,共有七座桥横跨河上,把全镇连接起来。当地居民热衷于一个难题:是否存在一条路线,可不重复地走遍七座桥。这就是"柯尼斯堡七桥问题"。欧拉用点表示岛和陆地,两点之间的连线表示连接它们的桥,进而将河流、小岛和桥简化为一个网络,把"七桥问题"简化成"判断连通网络能否'一笔画'的问题",如图 1-5 所示。

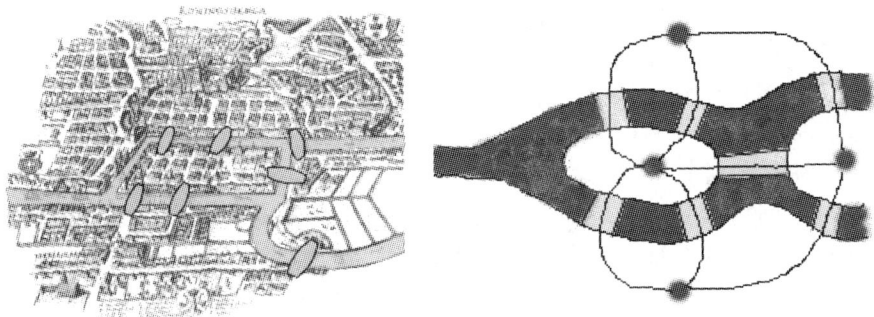

图 1-5 七桥问题

欧拉考虑非常巧妙,它证明了数学家处理实际问题的独特之处——把一个实际问题抽象成合适的"数学模型",这种研究方法就是"数学模型方法"。同时,欧拉通过对"七桥问题"的研究,不仅圆满地回答了柯尼斯堡居民提出的问题,而且得到并证明了更为广泛的有关"一笔画"的三条结论,人们通常称为欧拉定理。对于一个连通图,通常把从某节点出发一笔画成所经过的路线叫做欧拉路。人们又通常把一笔画成回到出发点的欧拉路叫做欧拉回路。具有欧拉回路的图叫做欧拉图。

学者们对于复杂网络的研究也与欧拉对"七桥问题"的研究在某种程度上有共通之点,即网络结构与网络性质密切相关。

2. 规则网络（regular networks）

一维链、二维平面上的欧几里得格网等都是一些规则网络，即在很长一段时间内，人们认为真实系统各要素之间是可以用规则网络表示的。在规则网络中，每个节点都具有相同的度和集聚系数。节点的度分布为 δ 函数，即 $P(k) = \delta(k - K)$；节点聚类系数为 $C = 3(K - 2d)/4(K - d)$（d 为网络维数）。比较常见的规则网络主要包括全局耦合网络、最近邻耦合网络和星形网络等。

3. 随机图论（random graph theory）

20 世纪 60 年代，由两位匈牙利数学家 Erdōs 和 Renyi 建立的随机图理论（ER 随机图）被公认为是在数学上开创了复杂网络理论的系统性研究。在随机图中，边的出现成为概率事件。随机图和经典图之间最大的区别在于引入了随机的方法，使得图的空间变得更大，其数学性质也发生了巨大的变化，在随机图的经典数学模型中，随机图上的节点度数分布服从泊松分布。Erdōs 和 Renyi 得出最重要的结论是：ER 随机图的许多重要性质是突然涌现的，也就是说，对于任意一个给定的概率，要么几乎每一个图都具有某个性质（比如说连通性），要么几乎每一个图都不具备这个性质。

经过长达 60 多年的研究，最近由圣塔非的纽曼（M. E. J. Newman）等人将随机图中的度数分布扩展到任意度数分布，称为"广义随机图"，这使得对复杂网络的研究有了进一步的深入。

4. 小小世界理论（Small World Theory）

20 世纪后半叶，随机图理论一直是研究复杂网络的基本理论，在此期间，人们也作了试图解释社会网络特征的一些实验和研究。

直到 20 世纪 60 年代才开始出现针对"小小世界"理论的实验及研究。美国哈佛大学的社会心理学家斯坦利·米尔格兰姆（Stanley Milgram）选定了两个目标对象：一位是美国马萨诸塞州沙朗的一位神学院研究生妻子，另一位是波士顿的一个证券经纪人。米尔格兰姆教授在遥远的堪萨斯州和内布拉斯加招募志愿者，他要求志愿者通过自己所认识的人用自己认为尽可能少的传递次数，设法把一封信最终转交到一个给定的目标对象手中。经过社会调查，米尔格兰姆得出了重要的推断：地球上任意两个人之间的平均距离是 6，即是说，平均中间只要通过 5 个人，你就能与地球上任何一个角落的任何一个人发生联系，这就是著名的"六度分离"（six degrees of saparation）推断①。1990 年，John Guare 的剧本《六度分离》使得这个推断进一步得到传播，其中有一段非常经典的话：

> 这星球上的每一个人都不过是被其他六个人分割开来。也就是在我们与这个星球上的另外任何一个人之间的六度分离关系。美利坚合众国的总统、威尼斯的船夫……这不仅仅对那些大人物成立，而是对任何人都成立：雨林中的土著人、火地岛的居民、爱斯基摩人，等等。一根六人藤蔓把我和这世界上的所有人绑在了一起。这是深奥的思想……每个人都是一扇门，打开它就可以进入其他人的世界！

Ithiel de Sola Pool 和 Manfred Kochen（1978）用公式表达了小世界现象并进行了初步的数学分析。他们估计了人们拥有的熟人的平均数量以及随机选择的两个社会成员由一个或两个中间人组成的"相识关系链"连接的概率。他们的这些估算都基于有关社会结构层次的假设以及总体中存在分层的假设，并得出结论：即使结构化很高人群中的人是关系链的特征路径长度也不比完全无组织人群中的特征路径长度长很多。根据对美国总人口以及对一千人中每个人的熟人数目的均值估计，Ithiel de Sola Pool 和 Manfred Kochen 认为，总人口中的任何成员都可以由至多两个中间人组成的关系链与任何其他成员相连接，因而称为"三度分离"②。

1998 年 6 月，美国康奈尔大学理论和应用力学系博士生沃茨（Watts）及其导师、非线性动力学专家 Strogatz 教授在《自然》上发表了题为《"小世界"网络的集体动力学》，提出了 WS 小世界模型，通过以某个很小的概率切断规则网络中原始的边，并随机选择新的端点重新连接，构造出了一种介于规则网络和随机网络之间的网络，它同时具有大的

---

① 米尔格兰姆的小世界试验在社会网络分析中具有重要影响，在他于 1967 年 5 月美国出版的《今日心理学》杂志上发表的论文中描述了一份信件是如何从堪萨斯州的一位农场主手中转交到马萨诸塞州的那位神学院研究生的妻子手中：农场主将信件寄给一个圣公会教父，教父将其转寄给住在沙朗的一位同事，然后信件就到了神学院研究生妻子的手中，中间仅用了 3 步。

② 邓肯·J. 小瓦茨著，陈禹译：《小小世界》，中国人民大学出版社 2006 年版。

聚类系数和小的平均路径长度，称为具有小世界效应的小世界网络。另一个研究较多的小世界模型是纽曼和沃茨稍后提出的，称为 NW 小世界模型，该模型是通过用"随机化加边"取代 WS 小世界模型构造中的"随机化重连"而得到的。在理论分析上，NW 小世界模型要比 WS 小世界模型简单一些。

5. 无标度网络（scale – free network）

在小小世界网络的研究兴起之后，越来越多的科学家投入复杂网络的研究中去。大家发现其实更多的其他几何量的特征也具有很大程度上的普适性和特定的结构功能关系。无标度网络就是其中的一个重要方面。无标度网络指的是网络的度分布符合幂律分布，由于其缺乏一个描述问题的特征尺度而被称为无标度网络。

1999 年，巴拉巴西和艾伯特（Barabasi & Albert）在《科学》上发表文章指出，许多实际的复杂网络的节点度分布具有幂律函数形式，由于幂律分布没有明显的特征长度，故称这种节点度的幂律分布为无标度特性，该类网络称为无标度网络。无标度网络生成主要依靠两个规则：一是网络大小随时间一步步生长，规模不断扩大；二是凡是节点度高的节点具有优先连接倾向。具有无标度网络特性的例子有：演员合作网、万维网和电力网等。BA 模型提出后，国内外提出了一系列改进，多属于广义随机网络模型。目前，复杂网络理论已经用来描述和研究现实世界中的许多系统，比如社会网络中的科研合作网①、公司董事网②、信息网络中的万维网③、科研引用网④、语

---

① Newman M E J. The Structure of Scientific Collaboration Networks. Proc. Natl. Acad. Sci. USA, 2001, 98: 404 – 409.

② Davis、Battistion 和 Caldarellia 分别对公司董事网进行了研究，这三篇文章分别是：Davis G F, Greve H R. Corporate Elite Networks and Governance Changes in the 1980s, Amer. J. Sociol. , 1997, 103: 1 – 37. Battistion S, Catanzaro M. Statistical Properties of Corporate Board and Director Networks [J]. *European Physical Journal* B, 2004（438）: 345 – 352. Caldarellia G, Gatanzarob M. The Corporate Boards Networks. Physica A, 2004（338）: 98 – 106.

③ Albert R, Jeong H, Barabasi A – L. Diameter of the World Wide Web [J], *Nature*, 1999（401）: 130 – 131.

④ Render S. How Popular is Your Paper? An Empirical Study of the Citation Distribution [J], *The European Physical Journal* B, 1998（4）: 131 – 134.

言网①、技术网络中的互联网②、电力网③、航空网④以及生物网络中的代谢网和蛋白质网络⑤等。从这些已有的研究成果看，复杂网络研究具有很强的跨学科特色，并且新的问题和研究成果不断涌现。

综上所述，通过对汽车产业、产业网络和复杂网络的研究文献进行梳理后发现：（1）汽车产业的研究，尤其是对沈阳汽车产业进行的研究，在理论和实践两大层面同时出现了严重的滞后性：既缺少沈阳汽车产业内在的运行机理等系统性和本质性的学术研究，又缺少对传统研究模式和方法的创新性探讨。（2）产业网络的研究尚处于初步探索阶段，还尚未成熟：这不仅体现在产业网络的基本含义还尚未统一（比如很多研究将产业网络、企业网络和产业集群等同起来）；同时产业网络的研究还缺乏完善而系统的研究体系。（3）虽然复杂网络已经渗透到数理学科、生命学科和工程学科等众多不同的领域，但是却鲜有复杂网络理论与产业经济学

---

① Sigman、Motter 和 Dorogovtsev 分别对语言网络进行了研究，这三篇文章分别是：Sigman M, Cecchi GA. Global Organization of the Wordnet Lexicon. Proc. Natl. Acad. Sci. USA, 2002, 99 (3): 1742 – 1747. Motter A E, Moura A P S, Lai Y C, et al. Topology of the Conceptual Network of Languge [J], *Physical Review* E, 2002 (65): 065102 (R). Dorogovtsev S N, Mendes J FF. Language as an evolving word web. Proceedings of the Royal Society of London Series B: Biological Science. 2001 (268): 2603 – 2606.

② Faloutsos M, Faloutsos P, Faloutsos C, On Power – law Relationships of the Internet Topology. Comput. Commun. Rec. 1999 (29): 251 – 260.

③ 三位学者对中国和北美的电力网络进行了研究，这三篇文章分别是：Xu T., Chen R., He Y., et al. Complex Network Properties of Chinese Power Grid [J], International Journal of Modern Physics B., 2004 (18): 2599 – 2603. Albert R, Albert I., Nakarado G. L.. Structural Vulnerability of the North American Power Grid [J], *Physical Review* E., 2004, 69: 025103 (R). Kinney R., Crucitti P., Albert R., et al. Modeling Cascading Failures in the North American Power Grid [J], *The European Physical Journal* B., 2005 (46): 101 – 107.

④ Guimera 对航空网络进行了深入的研究，相关的两篇文献是 Guimera R., Mossa S, Turtschi A., et al. The Worldwide Air Transportation Network: Anomalous Centrality, Community Structure, and Cities' Global Roles. Proc. Natl. Acad. Sci. USA, 2005, 102 (22): 7794 – 7799. Guimera R, Amaral LAN. Modeling the World – wide Airport Network [J]. *The European Physical Journal* B., 2004, 38: 381 – 385.

⑤ Jeong H 对生物网络中的代谢网和蛋白质网络进行了研究，这两篇文献分别是：Jeong H., Tombor B., Albert R. et al. The Largescale Organization of Metabolic Networks [J]. Nature, 2000 (407): 651 – 654. Jeong H., Mason S., Barabasdi A – L et al. Lethality and Centrality in Protein Networks [J], *Nature*, 2001 (411): 41 – 42.

的结合性研究，尤其是实证分析，因此这也为将复杂网络理论视角引入产业经济学领域，特别是产业组织网络化分析提供了创新研究的可能。

　　鉴于此，本书将复杂网络理论引入产业网络的研究中，并将构建的产业网络分析框架应用到沈阳汽车产业的实证研究中来，这样，既能推动复杂科学和产业经济学交叉研究成果的涌现，又能对产业网络理论体系进行一定程度的拓展与补充；同时为沈阳汽车产业的振兴和发展提供理论和实践层面的借鉴。

第二章 产业网络 AARS 范式
——基于复杂网络视角

运用"合项思维"理论创新方法，融合产业组织"SCP 范式"和网络经济学中的"网络三要素"理论，本章构建了产业网络 AARS 分析范式，即主体（A）—行为（A）—资源（R）—安全（S）的"四要素和五问题"分析框架，以"提出问题—分析问题—解决问题"为逻辑路线，运用复杂网络理论中的统计特性、社团结构、传播动力学和鲁棒性及脆弱性等相关方法为产业网络 AARS 范式的研究提供了科学和系统的理论承托和支撑。

第一节 产业网络 AARS 范式的基本思想

一、基本假设

"产业"可以被视为一个复杂的系统，这是因为任何一个产业内部都会包括企业和政府、教育和科研机构、中介组织和金融机构等非企业组织机构。同时，产业内部也会形成反映商品从生产、运输、销售再到顾客消费的产业价值链，纵向的产业关联体现了嵌入这种链式结构中的制造商、运输商、批发商、零售商之间进行产品和服务的交换以及产品的增值过程；而在每一个纵向链环之上的企业都会通过竞争和合作的行为来促进产业网络的横向发展，以形成共同对抗风险而实现多赢式发展的横向结构。这种基于强化核心能力和比较优势而实现的纵横关联关系是企业和非企业之间存在的网状的多维空间联系，这种网络特征是由产业内部的企业以及产业之间的分工与交易所形成的，因此只要存在这种分工和交易，就必然存在这种网络化的联系。

因此，本书提出一个基本假设：即产业网络存在于任何一个产业内部。不管产业之间的产品、发展阶段等因素有何差异，任何一个产业都会由行为主体之间的互动而形成一个紧密联系的产业网络，即使这些网络在成熟度、紧密度等方面存在众多差别性的特征。从产业网络视角研究产业经济学问题与其他研究视角最本质的区别在于对产业网络中的节点以及节点之间关系的研究，因为产业网络上遍布着性质不同、规模差异的众多行动主体，这些主体之间又形成了错综复杂的网络联系，没有节点和节点之间的相互关系，也就没有了产业网络。

二、逻辑框架

（一）产业组织 SCP 范式和网络三要素理论

1. SCP 范式

传统的产业组织理论以新古典学派的价格理论为基础，在承袭了一系列理论研究成果的同时，以实证研究为主要手段把产业分解成特定的市场，按结构、行为和绩效三个方面，即所谓的产业组织研究的"三分法"对其进行了分析，构造了一个具有系统逻辑体系的市场结构（structure）—市场行为（conduct）—市场绩效（performance）的分析框架——SCP 范式，即市场结构决定企业在市场中的行为，而企业行为又决定了市场运行的经济绩效，因此，为了获得理想的市场绩效，最终需要通过公共政策（产业组织政策）来调整和直接改善不合理的市场结构，从而构建一个包括市场结构、市场行为、市场绩效和产业组织政策的分析框架①。

2. 网络三要素理论

哈坎森和约翰森（Johansson，1992）对产业网络三要素②，即主体、行为和资源进行了描述。主体具备五个主要特性：（1）主体完成和控制着行为；（2）彼此之间发展关系；（3）根据对其他主体直接或间接的控制来确定自身的行动；（4）主体之间合作的目的是控制整个网络、利用网络中有价值的资源来决定重大行为；（5）不同的主体拥有不同的关于

---

① 苏东水：《产业经济学》，高等教育出版社 2000 年版。

② 对于网络三要素也可以译作行动者、活动和资源。

网络中资源、行为以及其他主体的不同信息，网络的组织越紧密，信息就越多。行为是主体用不同的方式将一种资源变换成另外一些资源的行为，是主体交换资源的表现形式，当几个主体之间联合、发展、交换及产生新资源时，行为就会随之出现。进一步讲，行为分为两类：一类是将一种资源转变成另一种资源；另一类是在主体之间传递资源。而资源则是主体完成行为的媒介，主体行为的目的就是转换或转移资源。

（二）产业网络 AARS 范式的研究脉络

从本质上看，"产业网络"既是产业组织的网络化发展模式，同时又是一个具备复杂性的网络系统，这种"双重性"的本质特征使得新兴的产业网络研究可以从产业组织学和网络经济学的研究中汲取理论精华和理论支撑，实现两种经济科学的兼容并济。因此，基于产业组织的经典分析范式——SCP 范式的分析思想，结合哈坎森等提出的网络三要素理论，本书构建了产业网络的"AARS"分析范式，即主体（actors）—行为（activities）—资源（resources）—安全性（securities）的分析范式。该分析范式与产业组织的 SCP 框架具有一脉相承的逻辑内涵，同时又对网络经济学中的三要素理论进行了创新和拓展，如表 2-1 所示。

表 2-1　　AARS 范式对网络三要素理论和 SCP 范式的继承和拓展

	AARS 与网络三要素理论的比较	AARS 与 SCP 范式的比较
继承	形式：主体（A）—行为（A）—资源（R）	逻辑思路：结构（S）—行为（C）—绩效（P）
拓展	➤要素内涵更加丰富 ➤增加了网络结构的安全（S）分析	➤网络化组织分析范式：产业网络组织结构—产业网络主体行为—产业网络运行绩效 ➤融入全球价值链的开放式研究，加入产业组织安全研究（S）

产业网络 AARS 分析范式中的"主体分析"主要是对产业网络主体之间网络维系的"密度"以及"产业网络中主体影响力"两个层面进行分析，进而对产业网络的组织结构进行类型判定，从而对产业网络中主体

之间的市场和非市场关系以及不同企业的网络控制力进行准确的判定。SCP 分析范式中的市场结构也是通过对卖方集中度和买方集中度、产品差别化程度和进入的条件等项指标的分析，来考察买者之间、卖者之间、卖者和买者之间以及现有卖者和潜在进入者之间四种基本的市场关系，所以产业网络 AARS 分析范式中的主体分析是同产业组织 SCP 分析范式中的市场结构分析具有逻辑一致性的。

产业网络 AARS 分析范式中的"行为分析"强调，在特定的产业网络中，每一个行为主体的决策等行为都不能仅仅从自身情况出发，而是必然受到其所处的网络环境的影响，而同其形成的网络关系越紧密的网络环境对于该企业的影响力就越大。所以，产业网络 AARS 分析范式认为，每一个企业主体都势必隶属于某一个子网络群体，从事不同层面的战略性行为。因而产业网络 AARS 分析范式中的"行为分析"利用分级聚类的思想对产业网络的网络层次进行分解，从而对企业主体的网络子环境归属进行界定，并在此基础上研究产业网络主体的"群内"、"群间"和"网络间"层面的行为策略。SCP 范式中的市场行为则主要考虑买卖双方关于价格、产量、销售等各种市场行为，而在产业网络中，企业各种市场行为也必然受到网络环境的影响，因此，产业网络 AARS 分析范式中的行为分析是同产业组织 SCP 分析范式中的市场行为分析具有逻辑一致性的。

产业网络 AARS 分析范式中的"资源分析"的一个重要前提是，产业网络的主要功能是实现资源在网络中的传播与共享。产业网络组织结构的差异以及不同主体之间通过不同的行为而形成的差异化网络关系也必然决定着资源传播与共享效率的不同，因而，本书提出的产业网络 AARS 分析范式中的"资源分析"主要是对产业网络资源传播与共享效率进行测算，并进一步提出促进资源传播与共享效率提升的策略分析。SCP 范式中的市场绩效考察主要涉及六个方面[1]：（1）受产量、企业规模和过剩生产能力所影响的相对技术效率；（2）相对于长期边际成本和平均成本的价格水平以及价格—成本差额；（3）长期边际成本和价格相等条件下最大可能产出规模与实际产出水平的比较；（4）生产成本与促销费用的比较；

---

[1]　Bain, Joe S. 1968: *Industrial Organization*, second editon, John Wiley & Sons, Inc., pp. 7-11, 303.

（5）生产或产品的特点，如设计、质量和多样性等；（6）产业在产品和生产工艺方面的进步状况及其与可达到的最优成本水平的比较。SCP 范式分析的市场效率即包括产业层面的中观效率和企业层面的微观效率；而本书提出的 AARS 分析范式则主要侧重于对整个网络系统功能运行效率的分析，而且同 SCP 分析范式相同的是，不同的产业网络主体通过不同的行为而形成不同的产业网络组织结构都必将会对资源在产业网络中的传播和共享的效率产生重要影响，所以，产业网络 AARS 分析范式中的资源分析是同产业组织 SCP 分析范式中的市场绩效分析具有逻辑一致性的。

产业网络 AARS 分析范式中的"安全分析"是对产业组织 SCP 范式和网络三要素理论的创新与拓展。网络三要素理论并没有考虑到"网络安全性"问题，而原有的 SCP 产业组织理论分析框架是根据对美国产业组织的分析建立和发展起来的，其前提条件是在一个相对封闭的市场环境下，假设市场规模和企业的竞争范围是固定不变为前提的，即以一国国内市场分析为基础的。但是，20 世纪 80 年代中期开始的经济全球化趋势已经使世界各国、各地区的经济活动超出本国或本地区的范围，相互联系、相互依存，由此带来了市场和生产的全球化。随着经济全球化趋势的不断发展，中国经济对外开放程度的不断加深，中国产业融入全球价值链（GVC，global value chain）的速度也正在不断地加快，所以根据现实经济条件的变化，对原有的 SCP 范式理论进行修整和拓展就具有客观必然性。因此，本书提出产业网络 AARS 分析范式中的"安全分析"就是在中国融入全球价值链背景下以开放性的视角来对"产业网络安全问题"展开研究，即如何通过规避恶意并购等蓄意性的进攻行为来保证产业网络的连通性和安全性。因此，产业网络 AARS 分析范式在继承 SCP 范式和网络三要素理论的基础上，实现了拓展与创新，如图 2-1 所示。

总之，本书提出的产业网络 AARS 范式不仅汲取了产业组织经典分析范式 SCP 框架和网络三要素理论的精髓，同时又结合时代特征，根据现实经济条件的变化实现了对原有理论的创新与拓展，保证该分析范式既有坚实的理论基础，又具有较强的科学性和时代特征。

产业网络是一个多维度的复杂网络系统，正是由于其自身的复杂性才使得复杂网络理论可以为产业网络的研究提供一个新的视角和理论支持。因

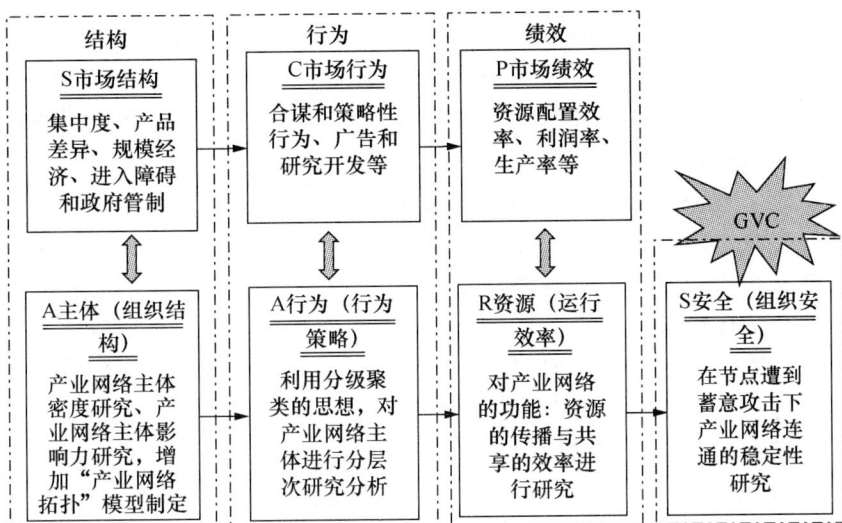

图 2-1 SCP 与产业网络 AARS 分析范式思路对比

此，本书将在产业网络 AARS 分析框架的基础上，针对该框架研究提出的"四要素和五问题"，从复杂网络理论体系中选择科学的方法，对此进行理论支持，以确保产业网络研究的科学性和系统性。

第二节 主体要素

产业网络主体包括单个企业或一个企业群，而在更广泛的范围上还包括政府、教育和科研机构、中介组织以及金融机构等。因而本书将产业网络的主体划分为两大类：一类是基于价值链而紧密联系的具有一定产业关联的企业群，称为"价值链主体[①]"；另一类是对企业提供各种服务和支持的组织和机构，称为"产业生态主体"。

---

① "价值链主体"在某种意义上等同于"企业网络"，很多学者将企业网络就等同于产业网络，但是本书将企业网络视为产业网络的一个组成部分，即产业网络是企业网络与产业环境的有机融合。

　　根据产品实体在价值链中各个环节的流转程序，企业的价值活动可以被分为"上游环节"和"下游环节"两大类。在企业的基本价值活动中，材料供应、产品开发、生产运行可以被称为"上游环节"；成品储运、市场营销和售后服务可以被称为"下游环节"①。在一个企业众多的"价值活动"中，并不是每一个环节都能创造价值，即企业所创造的价值实际上来自企业价值链上的某些特定的价值活动；这些真正创造价值的经营活动，就是企业价值链的"战略环节"。企业在竞争中的优势，尤其是能够长期保持的优势，说到底，是企业在价值链中某些特定战略价值环节上的优势②。因此，本书将产业网络的"价值链主体"界定为既包括处于不同生产链之上的紧密合作的上下游企业，即纵向的"价值链主体网络"；同时还包括处于同一生产链之上的同业竞争企业，即横向的"价值链主体网络"，由纵向和横向交互融合而形成的"价值链主体网络"可被视为产业的生产系统。

　　借鉴"生态学"③的思想，生物的生存、活动、繁殖需要一定的空间、物质与能量。企业的生存与发展也同样需要从外界环境中汲取各种物质流、能量流及信息流，即企业的生存也存在一个外部的产业生态系统，这个系统由众多非企业主体构成，不断实现企业与外部环境的物质流动及能量交换。本书将产业网络的"产业生态主体"界定为：为协助生产企业，不断为其提供各种资源以提升企业竞争力的组织机构系统。产业生态主体包括：提供政策支持的政府；提供知识技术和人力资源教育和培训的教育和科研机构；提供资金的金融机构以及提供各种信息和技术的行业协会和科技中介等，比如生产力促进中心、科技咨询机构、创业中心等。产业生态主体是企业生存外在环境的重要组成部分，产业生态主体越健全、越完善，就越能够为企业提供有力的支持和服务。因此，在某种意义上，

---

　　①　陈伟、刘希：《基于价值链管理的成本竞争优势研究》，《经济师》2002 年第 4 期。

　　②　［美］迈克尔·波特著，陈小悦译：《竞争优势》，华夏出版社 2006 年版。

　　③　生态学（Ecology）是研究有机体及其周围环境相互关系的科学。"生态学"一词是德国生物学家海克尔 1866 年提出的。海克尔在其动物学著作中定义生态学是：研究动物与其有机及无机环境之间相互关系的科学，特别是动物与其他生物之间的有益和有害关系。后来，在生态学定义中又增加了生态系统的观点，把生物与环境的关系归纳为物质流动及能量交换；20 世纪 70 年代以来则进一步概括为物质流、能量流及信息流。

产业网络可以被视为是一个产业生产系统与产业生态系统的有机融合，如图 2 - 2 所示。

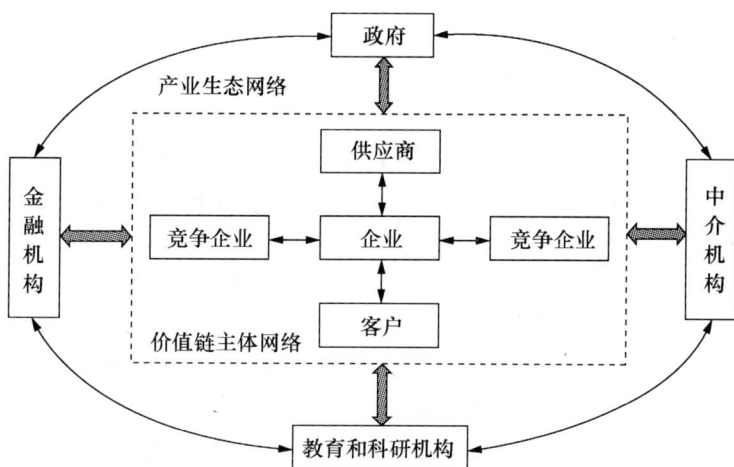

图 2 - 2　产业网络主体耦合图

基于上述分析，本书提出了产业网络主体研究的两个维度：一是产业网络的密度研究；二是产业网络主体的影响力分析。

一、产业网络密度

产业网络内的不同节点之间，即企业和企业之间、企业同各种产业生态主体之间在交互过程中形成了各种性质不同、紧密度不同的网络关系，在此过程中实现了各种资源在产业网络个体与组织之中的传播与共享。这些资源不仅包括企业生产与经营所需的各种硬资源，比如机器、设备、原材料和资金等，同时还包括信息和知识等软性资源，特别是这些稀缺性的关键资源，通过正常渠道获取，不但成本高，而且缺乏成功的保障，所以与资源所有者形成紧密的网络联系，就可以拥有优先获得的可能。因而产业网络的一个主要的功能就在于资源的获取。产业网络的功能发挥取决于产业网络组织结构的密度，即不同产业网络主体之间的融合度，也可以理解为产业网络主体之间网络关系的强弱程度。密度不同的产业网络，资源获取的功能也不尽相同，紧密的产业网络有助于企业获取更多稀缺资源。

本书提出了两个层次的产业网络密度：一是"产业网络微观密度"，即以企业为主体的"价值链网络"的密度分析；二是"产业网络宏观密度"，即产业网络中的"价值链网络"和"产业生态网络"之间融合性的强弱。

二、产业网络主体影响力

哈坎森和约翰森的网络三要素模型提出，产业网络参与人是实施行动和控制资源的组织（即企业）。因而，由于占有的资源以及网络强弱关系的差异，产业网络主体势必会凭借其对网络控制力的大小而产生"差异性"，即企业之间会产生"优劣"的等级之分，从而导致拥有不同网络地位的企业拥有不同的网络影响力。在产业网络中拥有控制力优势的企业往往是网络中的中心节点（hub），本书称其为"集线器企业"①，具体表现为：（1）拥有众多的网络关系，成为网络中不可或缺的关键节点，即去掉该节点会影响整个产业网络的连通性。（2）拥有制定网络规则的权力，凭借自身的网络影响力，"集线器企业"可以凭借其在经济、技术以及信用等方面拥有更多的谈判话语权，从而主导产业网络各种规则的制定与遵循。（3）资源的主要溢出者。由于"集线器企业"较其他节点拥有更多的网络关系和其他各类资源，比如灵通的市场消息、雄厚的资本和技术实力等，所以"集线器企业"往往会在资源传播与共享的过程中起到一个"溢出者"的作用，比如引领产业网络的技术创新、领导市场趋势等。相反，如果是弱势企业，就会拥有较少的网络资源，甚至是高度依附于一个产业网络中的中心节点，从而成为网络规则的遵从者和资源的接收者。

综上所述，产业网络 AARS 分析范式对产业网络主体的研究主要是对这两个维度的问题进行研究，并在此基础上对产业网络的网络拓扑结构进行判定。所以，在产业网络 AARS 分析范式的第一个要素"主体"中提出待解决的第一和第二个问题：

第一个问题：产业网络主体的密度研究；

第二个问题：产业网络主体的影响力研究。

三、复杂网络统计特性和模糊信息集结——产业网络主体分析

一个具体网络可抽象为一个由点集 V 和边集 E 组成的图 $G = (V,E)$，

---

① 集线器就是电脑术语中的 hub，是一个多端口的转发器。产业网络中的集散器企业就是指拥有众多网络关系，即节点度非常大的企业。

节点数记为 $N = |V|$，边数记为 $M = |E|$。E 中每条边都有一对点与之相对应。如果任一点对 (i,j) 与 (j,i) 对应同一条边，则称该网络为无向网络（undirected network），否则称为有向网络（directed network）；如果给每条边赋予相应的权值，那么该网络就成为加权网络（weighted network），否则成为无权网络（unweighted network）。

在对某一产业进行调研和资料整理后，就可以确定该产业网络内的"节点"以及节点和节点之间的"网络关系"，进而构建出产业网络图①。

在绘制产业网络图的基础上，就可以引入复杂网络统计特性的分析方法对产业网络进行一系列的研究。复杂网络的统计特性包括以下几个方面：

（1）节点总数 N，即描绘产业网络中一共有多少个节点。

（2）边的总数 M，即描绘产业网络中一共有多少条边。

（3）平均度数 $\langle k \rangle$，"度"是一个重要的节点属性。节点 i 的度 k_i 定义为与该节点连接的其他节点的数目，一个节点的度越大就意味着这个节点在网络上的影响力越大。网络中所有节点 i 的度 k_i 的平均值称为网络的（节点）平均度，记为 $\langle k \rangle$。

（4）平均路径长度 L。网络中两个节点 i 和 j 之间的距离 d_{ij} 定义为连接这两个节点的最短路径上的边数。网络中任意两个节点之间的距离的最大值称为网络的直径，记为 D，即网络的平均路径长度 L 定义为任意两个节点之间的距离的平均值，即

$$L = \frac{1}{\frac{1}{2}N(N+1)} \sum_{i \geqslant j} d_{ij}$$

（5）聚类系数 C。如果一个网络节点有数个直接的紧邻节点，那么这些紧邻节点之间有可能也是紧邻的。网络的"聚集性"用于描述这种可能性程度，实际表达了网络连接的聚集程度，可以用聚类系数 C_i（cluster coefficient）来进行表达。

---

① 由于企业同产业生态主体之间的联系错综复杂，很难进行具体网络联系的界定和分类，所以本书绘制的产业网络图实质上描绘了该产业内企业之间所形成的产业联系，在后续的研究中，本书力争将产业生态主体纳入产业网络图的绘制中来。同时，在初期的研究中，本书暂将产业网络描述为无向无权的网络。

$$C_i = \frac{2E_i}{(k_i(k_i-1))}$$

整个网络的聚类系数 C 就是所有节点 i 的聚类系数 C_i 的平均值，$0 \leqslant C \leqslant 1$。当 $C = 0$ 时，所有节点均为孤立节点，即没有任何连接边；当 $C = 1$ 时，网络是全局耦合的，即网络中任意两个节点都直接相连。

（一）复杂网络统计特性 L、C 和模糊信息集结——产业网络密度分析

产业网络 AARS 研究框架中"主体"研究提出了两个问题，本书将借鉴复杂网络统计特性理论和模糊信息集结的方法对这两个问题进行研究和分析。

针对第一个问题：产业网络主体的密度研究，本书将从两个层面展开分析。

产业网络的密度包含两个层次：一个层次为"产业网络微观密度"，即"价值链主体网络"的融合性分析；另一个层次为"产业网络宏观密度"，即产业网络中的"价值链主体网络"和"产业生态网络"融合性的强弱。

1. 产业网络微观密度

在已经构建的产业网络图基础上，运用计算得出的平均路径长度 L 和聚类系数 C 就可以衡量产业网络微观密度。这是因为，网络平均路径长度 L 代表的是任意两个节点之间距离的平均值，这个值越大，说明节点之间的网络关系就越松散，紧密性越小；相反，平均路径长度 L 越小，说明网络紧密性越大。聚类系数 C 是从紧邻节点的紧密性来衡量的，C 越趋近于 0，产业网络的密度就越小；相反，C 越趋近于 1，产业网络的密度就越大。

2. 产业网络宏观密度①

从本质上分析，对"价值链网络"和"产业生态网络"之间相互融合而形成的产业网络宏观密度的研究，就是对企业网络中众多的企业节点和产业生态主体之间在产业网络系统运行和发展过程中所形成的交互关系

① 由于尚未将产业生态主体绘制到产业网络图中，所以对于产业网络宏观密度研究就不能够采用复杂网络的计算方法，同时，考虑到产业生态主体同价值链主体之间的网络关系存在诸多不确定性因素，以及难以采用技术方法进行准确的定量分析，所以本书借助于模糊信息集结的方法对产业网络宏观密度进行研究。

的研究和探讨。所以本书将利用模糊信息集结的思想提出了基于自然语言变量的产业网络宏观密度的模糊测度方法。

（1）建立指标。首先，本书提出了两大类指标，分别是"频度"指标（F 类指标①）和"深度"指标（D 类指标②）。"频度"指标是指描述交互关系是否存在或者是存在多少的指标；"深度"指标是指在存在的基础上，描述交互关系深浅程度的指标。

根据评价指标选择的原则以及产业网络的组织特性，本书提出了包含 8 个指标的产业网络宏观密度的"频度"和"深度"指标体系。

EG_F 指标：企业主体和政府之间交互关系的频度指标，记为 E_1，主要是指企业与政府之间是否存在各种交互行为，即这种交互行为主要集中于政府是否为企业的发展提供各种必需的软件和硬件服务。

EG_D 指标：企业主体和政府之间交互关系的深度指标，记为 E_2，主要是指企业与政府在形成了一定的交互关系后，政府能否为企业提供最为核心的支撑和服务，本书将其界定为政府能否通过提供"软服务"来营造和优化企业发展所必需的软环境，比如打造宽松配套的政策环境、公正文明的法制环境、高效廉洁的政务环境等。

EK_F 指标：企业主体和教育与科研机构之间交互关系的频度指标，记为 E_3，主要是指企业是否与教育和科研机构之间建立了"产、学、研"联盟，即是否在人才输入、培训进修、技术项目合作、科研攻关等众多领域形成了较为紧密的交互关系，企业能否获得知识与技术的支撑和辅助。

EK_D 指标：企业主体和教育与科研机构之间交互关系的深度指标，记为 E_4，主要是指企业与教育和科研机构之间建立了较为紧密的交互关系后，彼此之间的合作中涉及企业核心技术、能够切实解决企业发展"瓶颈"的关键知识与技术的比重。

EB_F 指标：企业主体和金融机构之间交互关系的频度指标，记为 E_5，主要是指企业是否与金融机构之间建立了较为紧密的交互关系，即能否根据企业的特点，通过采取务实、高效、灵活的扶植策略为企业的发展提供必备的融资渠道和充足的资金来源。

---

① F 是英语单词 frequency 的第一个字母。
② D 是英语单词 depth 的第一个字母。

EB$_D$ 指标：企业主体和金融机构之间交互关系的深度指标，记为 E$_6$，主要是指企业与金融机构之间在建立了较为紧密的交互关系后，金融机构提供的金融资产的质量如何，即企业外部是否形成了良性的金融生态环境，其中包括地区经济基础、企业诚信、地方金融发展、法治环境、诚信文化、社会保障程度、地方政府公共服务、金融部门独立性等诸多因素。

EM$_F$ 指标：企业主体和中介机构之间交互关系的频度指标，记为 E$_7$，主要是指企业是否与中介机构之间建立了较为紧密的交互关系，即企业外部是否具有完整的中介组织服务网络，企业能否获得诸如信息咨询、培训、经纪、评估、检验、仲裁等各种服务。

EM$_D$ 指标：企业主体和中介机构之间交互关系的深度指标，记为 E$_8$，主要是指企业在与中介机构之间建立了较为紧密的交互关系后，中介组织在多大程度上体现出民间性①、市场性、自律性②和规范性的特征。

（2）基准选择。对产业网络宏观密度强弱进行衡量是一个相对意义的测度，即同一测度对象在一组待测对象群中可能会得出产业网络宏观密度强的结论，而在另一组待测对象群中会得出产业网络宏观密度弱的结论，不同的测度对象的选择会形成迥然差异的测度结果，所以在进行产业网络宏观密度测度之前，必须对参与测度的产业网络选取合适的基准。

产业网络宏观密度的测度需要借鉴测度者的知识进行经验性基准选取③，本书提出"差异度基准选取法"，方法如下：

首先，测度者根据自己的专业知识和经验选取现实经济活动中的两类"基准产业网络"：一类是发展比较成熟、产业网络宏观密度强的样本，记为 N_{max}；另一类是发展成熟度不高、产业网络宏观密度弱的样本，记为

---

① 所谓中介组织的民间性，在中国目前也可以说主要是"非政府性"。因为中介组织最大的意义就在于它的"中介性"。对政府而言，它不是附属部门，而是独立的，是社会各经济人利益的代表；而对企业而言，它是服务者，是社会利益的维护者，所以民间性是中国当前中介组织发展最显著的特点。

② 所谓自律性主要体现在两个方面：一是中介组织本身要加强自律，如实施事务、财务公开，全面彻底接受公众监督和质询；对越权、违规行为进行及时纠正并对相关责任人进行有效惩处等方面都需大力加强。二是在中介组织行业内部加强自律。如在实施市场准入和资质认定，对行业内会员进行资格审查和中介行为的监察评估，对违规机构的惩处等方面，也需大力加强。

③ 由于产业网络密度的研究刚刚进入研究者的视野，所以尚没有形成完善的数理标准来进行基准判断，因此在很大程度上需要借鉴测度者的专业知识和经验判断。

N_{min}，然后将这两个样本纳入其他待测度的产业网络中形成测度的对象群。

其次，运用下文给出的模糊测度方法对不同的产业网络宏观密度进行测算，但是，需要通过对指标值的设定和调整来确保两类"基准产业网络"形成所有待测度产业网络宏观密度的"上限"和"下限"，即 N_{max} 的产业密度 R_{max} 是最高的；N_{min} 的产业密度 R_{min} 是最低的。

最后，在得出所有的产业网络宏观密度值的基础上，进行"排序"和"聚类"。排序即根据所得密度的大小对产业网络进行排序。聚类即对这些产业网络的密度进行强弱的判断，判断的标准即其所获得的密度值同基准产业网络宏观密度的差异度。设 Z_i 表示差异度，则定义 $Z_i = |R_i - R_{max}| - |R_i - R_{min}|(i = 1, 2, \cdots, n)$。如果 $Z_i < 0$，则 N_i 的产业网络宏观密度是偏强的；如果 $Z_i > 0$，则 N_i 的产业网络宏观密度是偏弱的；如果 $Z_i = 0$，则 N_i 的产业网络宏观密度是中度的。

（3）模糊测度方法。设集合 $N = \{N_1, N_2, \cdots, N_m\}$ [①] 表示待测度的产业网络，集合 $E = \{E_1, E_2, \cdots, E_m\}$ 来表示测度的指标集合，则对不同产业网络宏观密度测度就转化为指标 E 对不同 N 中待测度的产业网络进行信息集结与排序问题。因此，需要专家给出指标因素的相对权重和对待测度产业网络宏观密度的评价矩阵，权重用向量表示为 $\omega = (\omega_1, \omega_2, \cdots, \omega_m)$，其中 $\omega_j (j = 1, 2, \cdots, m)$ 代表指标因素 E_j 的重要程度；评价矩阵表示为 $X = [x_{ij}]_{n \times m}$，其中 x_{ij} 代表专家给出的第 i 个产业网络针对于第 j 个指标因素的评价值。鉴于对指标因素的分析，针对指标因素的权重和评价矩阵，需要专家给出主观模糊信息。采用自然语言价值变量来对权重和评价矩阵赋值，并将语言价值变量转化为对应的三角模糊数来表示（见表 2 - 2），然后采用模糊信息集结方法对主观信息进行集成与排序。

假定邀请了 l 位专家 $D = \{D_1, D_2, \cdots, D_l\}$ 共同参与测度，每位专家给出了指标权重向量与评价矩阵，分别为 $\tilde{\omega}^{(k)} = (\tilde{\omega}_1^{(k)}, \tilde{\omega}_2^{(k)}, \cdots, \tilde{\omega}_m^{(k)})$ 与 $\tilde{X}^{(k)} = [\tilde{x}_{ij}^{(k)}]_{n \times m}$，$k = 1, 2, \cdots, l$，其中，$\tilde{\omega}_j^{(k)}$ 表示第 k 位专家给出的关于第 j 个指标的权重，$\tilde{x}_{ij}^{(k)}$ 表示第 k 位专家给出的第 i 个

———

① N 的集合中包含有测度者选取出来的两类基准产业网络。

表 2 - 2   语言价值变量以及对应三角模糊数

权重的语言价值变量	评价值的语言价值变量	对应三角模糊数
非常不重要（FI）	非常差（FB）	(0, 0, 0.1)
不重要（I）	差（B）	(0, 0.1, 0.3)
不太重要（JI）	较差（JB）	(0.1, 0.3, 0.5)
一般（M）	一般（A）	(0.3, 0.5, 0.7)
比较重要（JZ）	较好（JG）	(0.5, 0.7, 0.9)
重要（Z）	好（G）	(0.7, 0.9, 1.0)
非常重要（FZ）	非常好（FG）	(0.9, 1.0, 1.0)

候选者关于第 j 个指标的评价值。假定 $\tilde{\omega}_j^{(k)}$ 和 $\tilde{x}_{ij}^{(k)}$ 用模糊数表示，则有：$\tilde{\omega}_j^{(k)} = (\tilde{d}_j^{(k)}, \tilde{e}_j^{(k)}, \tilde{f}_j^{(k)})$，$\tilde{x}_{ij}^{(k)} = (\tilde{a}_{ij}^{(k)}, \tilde{b}_{ij}^{(k)}, \tilde{c}_{ij}^{(k)})$，$j = 1, 2, \cdots, l$，需要对 l 位专家给出的信息集成。假定每位专家的重要程度是一样的，则根据模糊集合理论的扩展原理，可以得到信息集成的权重向量 $\tilde{\omega} = (\tilde{\omega}_1, \tilde{\omega}_2, \cdots, \tilde{\omega}_m)$ 与评价矩阵 $\tilde{X} = [\tilde{x}_{ij}]_{n \times m}$，则有：

$$\tilde{\omega}_j = \frac{1}{l} \otimes (\tilde{\omega}_j^{(1)} \oplus \tilde{\omega}_j^{(2)} \oplus \cdots \oplus \tilde{\omega}_j^{(l)}) = (\tilde{d}_j, \tilde{e}_j, \tilde{f}_j) \qquad (2-1)$$

$$\tilde{x}_{ij} = \frac{1}{l} \otimes (\tilde{x}_{ij}^{(1)} \oplus \tilde{x}_{ij}^{(2)} \oplus \cdots \oplus \tilde{x}_{ij}^{(l)}) = (\tilde{x}_{ij}, \tilde{x}_{ij}, \tilde{x}_{ij}) \qquad (2-2)$$

其中：$\oplus$、$\otimes$ 为模糊集合的加法与乘法运算算子，则有：

$$\tilde{d}_j = \sum_{k=1}^{l} \tilde{d}_j^{(k)} \Big/ l, \ \tilde{e}_j = \sum_{k=1}^{l} \tilde{e}_j^{(k)} \Big/ l, \ \tilde{f}_j = \sum_{k=1}^{l} \tilde{f}_j^{(k)} \Big/ l \qquad (2-3)$$

$$\tilde{a}_{ij} = \sum_{k=1}^{l} \tilde{a}_{ij}^{(k)} \Big/ l, \ \tilde{b}_{ij} = \sum_{k=1}^{l} \tilde{b}_{ij}^{(k)} \Big/ l, \ \tilde{c}_{ij} = \sum_{k=1}^{l} \tilde{c}_{ij}^{(k)} \Big/ l \qquad (2-4)$$

由于 $\tilde{\omega}_j$ 与 $\tilde{x}_{ij}$ 都是三角模糊数，根据模糊数乘法扩张原理，可以得到非线性模糊数 $\tilde{R}_i$。许多文献将 $\tilde{R}_i$ 近似为三角模糊数，然后采用各种方法来对 $\tilde{R}_i$ 进行排序。但在模糊数的乘法计算过程中，需要大量的数学计算，但是，因近似处理将增加不准确性。因此，本书采用一种更为简便的计算方法：将模糊数转化为确定的非模糊价值量。具体过程描述如下：

假定有梯形模糊数 $M = (a,b,c,d)$，其非模糊价值量为 h，记为 $D(M)$，求解过程为：

$$1/2 \times (b-a) \times 1.0 + 1.0 \times (h-b) = 1/2 \times (d-c) \times 1.0$$
$$+ (c-h) \times 1.0 \Rightarrow h = D(M) = (a+b+c+d)/4 \qquad (2-5)$$

对于三角模糊数 $\tilde{M} = (a,b,c)$，可以看做是梯形模糊数的特例，即表示为 $\tilde{M} = (a,b,b,c)$，根据（2-5）式有：

$$D(\tilde{M}) = (a+b+b+c)/4 = (a+2b+c)/4 \qquad (2-6)$$

根据（2-6）式，可以将模糊数 $\tilde{\omega}_j$ 与 $\tilde{x}_{ij}$ 明确为相应的非模糊价值有：

$$D(\tilde{\omega}_j) = (\tilde{d}_j + 2\tilde{e}_j + \tilde{f}_j)/4 \qquad (2-7)$$

$$D(\tilde{x}_{ij}) = x_{ij} = (\tilde{a}_{ij} + 2\tilde{b}_{ij} + \tilde{c}_{ij})/4 \qquad (2-8)$$

同时将指标权重标准化，则有：

$$\omega_j = D(\tilde{\omega}_j) \bigg/ \sum_{j=1}^{m} D(\tilde{\omega}_j) \qquad (2-9)$$

得到用确定数据描述的集成指标权重向量与评价矩阵，分别为 $\omega = (\omega_1, \omega_2, \cdots, \omega_m)$ 和 $X = [x_{ij}]_{n \times m}$，由此可以计算候选伙伴的综合评价值，计算公式为：

$$R = X \times \omega^\tau = \begin{bmatrix} x_{11} & x_{12} & \cdots & x_{1m} \\ \vdots & \vdots & & \vdots \\ x_{n1} & x_{n2} & \cdots & x_{nm} \end{bmatrix} \times (\omega_1, \omega_2, \cdots, \omega_m)^\tau = \begin{bmatrix} R_1 \\ R_2 \\ \vdots \\ R_n \end{bmatrix}$$
$$(2-10)$$

然后根据 $R_1, R_2, \cdots, R_n$ 的大小来排序，同时根据上文给出的"差异度基准选取法"进行产业网络宏观密度的强弱判断。

（二）复杂网络统计特性 D ——产业网络主体"影响力"分析

针对产业网络主体研究提出的第二个问题：产业网络主体的影响力研究，本书将选取"度"来作为衡量。一个节点的度越大，说明这个节点在网络中越重要，对整个网络的影响力就越大；相反，一个节点的度越小，则说明这个节点在网络中的关系较少，则对整个网络的影响力就越小，多为网络规则的遵循者和跟随者。

第三节　行为要素

一、基于聚类思想的产业网络主体行为

"产业网络主体行为"主要是指企业主体在产业网络中为了实现其目标（比如利润最大化、提高市场占有率等）而采取的适应外部环境要求不断调整其行为的策略性行动。企业主体行为必然受到产业网络结构的状态和特征的制约；反之，企业主体行为也会作用于产业网络结构，影响和改变产业网络结构的状态和特征。

试图发现网络的各个"派系"以及网络可以分成多少个凝聚子图（cohesivesub‐groups），这是投身于网络系统分析学者们持续关注的问题，各种关于"子群"的理论模型相继涌现，比如社会学中就把子群看成是相互联系的个体群，或者看成是密度高的群体，用派系（cliques）、聚类（clusters）、成分（components）、核（cores）或者圈子（circles）等术语进行描述①。产业网络作为一个复杂的网络系统，也必然会由于节点的关联性和网络关系的强弱度而形成众多的密度较高的企业群体，本书称其为"子网络群体"（sub‐net），而每一个企业节点都势必会归属于某一特定的"子网络群体"之中。因而每一个企业主体的行为策略都不仅仅取决于其自身的战略发展需求，同时还要受到外部网络环境的约束与制衡，基于此，产业网络 AARS 范式提出了产业网络主体行为分析的三个层面：群内行为、群间行为以及网络间行为。

（一）群内行为

"群内行为"即企业主体在归属于产业网络内的某一个子网络群体的基础上，为了适应"子网络环境"变化不断以实现其发展目标而采取的

---

① ［美］约翰·斯科特：《社会网络分析法》，重庆出版社 2007 年版。

一系列战略性行为策略。Meyer（1982）研究发现①，同一组织区域内，组织成员共享由外在制度环境所提供的规范，组织若能顺从该制度规范或制度神话（institutional myths），则会因具有合法性而顺利获得资源并存续下来，因此，高度依赖制度环境的组织所追求的主要目标并非是效率的极大化，而是能够在既有的制度环境中获得正当合法性（legitimacy），以便获得充分的资源、信息和支持。所以，当企业主体归属于产业网络某一子网络群体时，这些企业之间就会产生"同形行为"，即指企业为了适应外在的环境和社会的期望而表现出的一致化行为，比如统一的价格、质量、销售手段或者广告策略等。群内行为多以"合作"特征为主。企业之间的合作，最根本的问题在于交易的顺利，以达到各自的目的，而信任是人际合作的润滑剂。处于同一子网络群体内的企业由于具备相似的企业性质或者是强联系的网络关系，所以这些企业之间形成的信任机制可以降低交易成本，避免投机行为的发生。

（二）群间行为

"群间行为"即产业网络内归属于不同"子网络群体"中的企业主体之间的交互行为，这种交互行为在很大程度上受到这些企业主体所属的不同网络子群体的成员身份或成员资格所决定。由于不同"子网络群体"之间的网络维系较弱，所以这些企业主体之间缺少"信任"机制的保证，因而在交互活动中需要投入较多的"成本"来防止投机行为和道德风险。

（三）网络间行为

网络间行为即企业主体同产业生态主体构成的产业生态环境之间进行资源交换的行为。组织要依靠环境提供资源。环境在提供资源的同时也提供了一定的组织力和组织方式，限定了系统属性的可能性空间。物理学家薛定谔提出了"生命是靠负熵喂养的"著名命题②，进一步说明了系

---

① Meyer, A. Adapting to Environmental Joints [J], *Administration Science Quarter*, 1982 (27)：515-537.

② 在自然科学家看来，人类的发展过程实际上就是有序化的增长过程，人类的一切生产与消费实际上就是"负熵"的创造与消耗；在社会科学家看来，人类的发展过程实际上就是本质力（即劳动能力或社会生产力）的增强过程，人类的一切生产与消费实际上就是"价值"的创造与消耗。然而，无论是自然科学家还是社会科学家，既不承认"负熵与价值毫不相干"，也不承认"负熵就是价值，价值就是负熵"。

统的发生、存续和演化须臾不能离开外部环境提供的资源、营养、有利条件等，从广义上讲，企业主体在发展和演化的过程中时时刻刻地同外部的产业生态环境之间进行着包括资源、营养以及有利条件等交换性行为。

产业网络主体行为分析层面如图 2-3 所示。

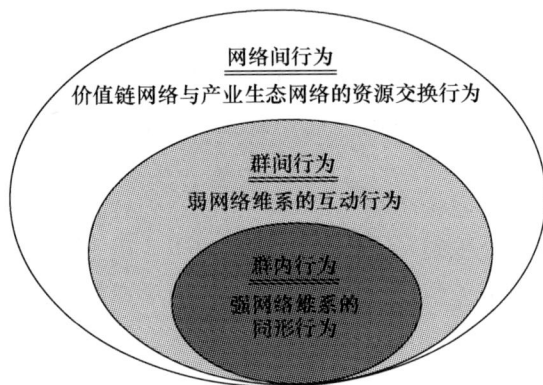

图 2-3 产业网络主体行为分析层面图

综上所述，本书对产业网络行为的研究主要是基于分级聚类的思想，从"群内行为"、"群间行为"和"网络间行为"三个层面进行分析，因此产业网络 AARS 范式提出了产业网络第二个要素"行为"分析需要研究的第三个问题：基于聚类思想的产业网络主体行为研究。

二、复杂网络社团结构——产业网络主体行为分析

产业网络 AARS 研究框架中"行为"研究提出了第三个问题：基于聚类思想的产业网络主体的密度研究，本书将借鉴复杂网络中的社团结构理论对这个问题展开研究和分析。

多数社会网络都会表现出社团结构，即包含模块、类、群、组等各种含义，社团结构的表现形式为：顶点组中有密集的关联边，而组与组之间关联边的密集程度则比较低。比如，万维网可以看成是由大量网站社团组成，每一个社团内部的各个网站所讨论的都是一些有共同兴趣的话题，比如新闻、博客、购物等；在生物网络或者电路网络中，也可以将各个节点根据其不同的性质划分出不同的社团。总之，社团结构分析在生物学、物理学、计算机图形学和社会学等领域都有广泛的应用。

　　从网络中提取社团结构的方法是聚类分析，有时也称为等级集聚。它与社会科学中的分级聚类（hierarchical clustering）以及计算机科学中的图形分割（graph partition）有着密切的联系。

　　分级聚类是寻找社会网络中社团结构的一类传统算法。它是基于各个节点之间连接的相似性或者强度，把网络自然地划分为各个子群。根据"往网络中添加边"还是"从网络中删除边"，此类算法可以分为两种：凝聚方法（agglomerative method）和分裂方法（divisive method）①。凝聚方法的基本思想是：用某种方法计算出各节点对之间的相似性，然后从相似性最高的节点对开始，往一个节点对为 n，而边的数目为 0 的原始空网络中添加边。这个过程可以终止于任何一点，此时这个网络的组成就认为是若干社团（见图 2 - 4）。相反，在分裂方法中，一般是从所关注的网络着手，试图找到已连接的相似性最低的节点对，然后移除连接它们的边。重复这个过程，就逐步把整个网络分成越来越小的各个部分。同样，可以在任何情况下终止，并把此状态下的网络看做若干个网络社团的集合。

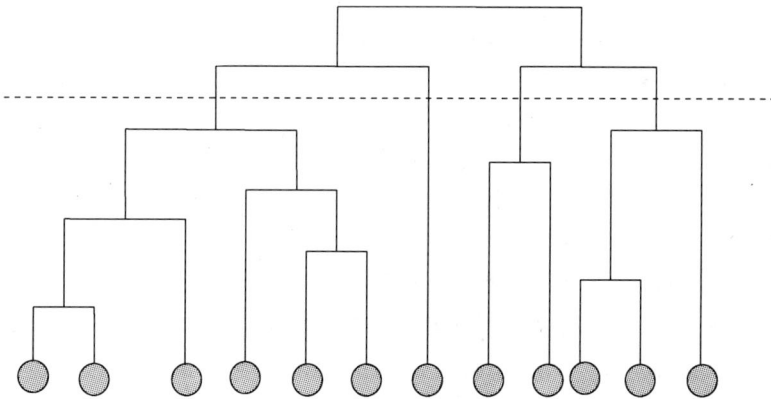

图 2 - 4　凝聚方法通常采用树状图记录算法结果

　　对于图形分割问题来讲，最有名的两个算法包括：（1）Kernighan - Lin 算法：它采用一种贪婪算法，根据使社团内部及社团间的边最优化的

---

①　Scott J. *Scocial Network Analysis：A Handbook.* London：Sage Publications 2nd ed. , 2002.

原则对原始的网络进行分类。（2）基于 Laplace 图特征值的谱平分法（spectral bisection method）。

对于分级聚类问题来讲，最有名的分裂算法和凝聚方法包括：（1）GN 分裂算法就是不断地从网络中移除介数（betweenness）最大的边，边介数被定义为网络中经过每条边的最短路径数目。（2）纽曼快速算法是一种凝聚算法，是针对传统 GN 算法不能满足对包含巨大数量节点的复杂巨系统进行聚类的一种快速算法。

本书主要选择了用于分析社会网络分级聚类中的复杂网络凝聚算法，即在纽曼快速算法的基础上，提出的一种新的贪婪算法——利用堆结构的贪婪算法。

第四节　资源要素

一、产业网络资源传播效率

"资源"是经济活动中的最关键要素之一，资源的稀缺性与需要的无限性构成经济运动发展的最基本矛盾。产业网络的一个核心特征在于行为主体之间形成的紧密的互动联系。在产业网络主体采取各种层面行为策略的同时也伴随了各种资源的流动和扩散，产业网络的形成为资源的传播与共享提供了通道和途径。因此，产业网络的主要功能就是协助企业获取各种资源，尤其是稀缺性的关键资源。企业如果通过非网络化联系（比如市场购买等渠道）获取这些稀缺资源就需要负担很高的成本（比如搜寻成本、交易成本等），而且还缺乏成功的保障与交易的可持续性进行，而嵌入产业网络之中的企业主体可以通过紧密的网络互动，彼此之间建立相对稳定的关系，尤其是与相关资源拥有者之间建立了关系，就可以拥有优先获得资源的可能。

产业网络中扩散和共享的资源不仅包括企业生产经营过程中的各种硬资源，比如资金、原材料等，同时也包括信息、知识等软资源。产业网络通过主体之间频繁的交往能够加速硬性和软性资源在整个产业网络内的传播和共享，尤其是非编码化知识和信息的传递，这些资源的传播只能在频繁而紧密的非正式交往而形成的网络关系中进行有效率的传递。同时，产业网络的功能发挥还取决于其网络结构①。不同密度的产业网络的资源获取功能不同，紧密的产业网络有助于企业获取资源，强联结的企业之间通过反复的经济交易和社会交往产生相互信任和默契，简化交易过程，降低交易成本，并形成互惠互利的稳定的合作关系，有利于企业间资源的交换。例如，产业网络密度大的网络系统就特别有利于敏感信息和隐含知识的传播，网络成员的关系越是密切，非正式的信息交流就越多，网络成员也更愿意共享信息。

下面给出产业网络上资源扩散和共享的一个简洁模型。

设企业 i 原有的资源为 a_i，a_i 越高，说明企业原有的资源基础越雄厚。当企业从产业网络中获取资源时，会出现资源存量的增加，模型如下：

（Ⅰ）在每个资源扩散与共享阶段，随机选择企业 a_i，通过产业网络获取外部资源后，企业 i 的资源总量发生改变：

$$a'_i = a_i + \Delta_i \qquad (2-11)$$

其中，a'_i 为企业 i 在获取资源后的资源总量，Δ_i 是具有均值 λ 的指数分布随机变量，即 $p(\Delta) = e^{-\Delta/\lambda}/\lambda$。

（Ⅱ）设 r_i 表示任一企业 i 在产业网络中实现资源扩散与共享的期望净收益，则资源实现在产业网络的扩散要满足下述条件：

$$r_i = d_i\{\Delta_i + [C_{nin} - C_{in}(k_i)]\} - C_a \qquad (2-12)$$

其中，d_i 是企业 i 进行资源扩散的倾向，d_i 是 [0,1] 上的随机变量，表示企业愿意通过产业网络接受资源扩散与共享的倾向，$d_i = 0$ 表示企业 i 完全拒绝接受资源的扩散和共享；$d_i = 1$ 表示企业 i 完全乐于接受资源的扩散与共享；$0 < d_i < 1$ 表示企业 i 对资源扩散与共享的愿望程度介于极端乐观与极端悲观之间。由于企业之间对于资源扩散与共享的决策是互不影响的，则 d_i 是相互独立的。C_{nin} 表示企业不通过产业网络获得资源所要付出的成本，而 $C_{in}(k_i)$ 表示企业通过产业网络获得资源所付出的成本，C_{in} 是产业网络中企业主体 i 的度 k 的函数，k_i 越大，说明企业拥有越多的网络资源，获取资源的成本就越低；反之亦然，所以通常有 $dC_{in}/dk < 0$。

① 胡卫中：《产业网络的结构及其环境适用性》，《浙江经济》2004 年第 19 期。

$[C_{nin} - C_{in}(k_i)]$ 为两种成本的差额，表示企业通过产业网络这种组织形式而获得的一种"机会收益"①。如果 $[C_{nin} - C_{in}(k_i)] > 0$，则企业在网络环境中获取资源是经济的、有效率的，而该判断是符合实际情况的。C_a 表示企业获取到资源后进行消化吸收的成本，比如企业获取新知识和新技术后打算进行技术创新而投资。

（Ⅲ）根据产业网络内扩散资源的种类分为两种情况：

（1）如果在产业网络上扩散和共享的是资金或设备等硬资源，则可设 $d_i \equiv 1$，即每一个企业都愿意从产业网络内获得这些硬资源。同时，$C_a = 0$（或忽略不计），即企业获得硬资源后可以马上投入生产，而不需要进行吸收和消化。

（2）如果在产业网络上扩散和共享的是技术或知识等软资源，则设 $C_a > 0$，即企业获得新知识或新技术后，需要为吸收消化这些资源而进行技术升级所必须付出的代价。此时，通常 $0 \leq d_i \leq 1$，即企业存在"需要权衡技术升级的成本收益后进行技术创新"的倾向。

（Ⅳ）根据上述变量，可以得到以下几种情况：

（1）如果 $\min\{r_i\} > 0$，表示网络中能力最弱的企业都可以通过参与资源扩散与共享得到收益，则每个企业的参与是必然的。其过程是：自局部某个节点（企业）开始，邻接的企业会根据（2-12）式做理性判断，而后承接"资源的扩散与共享"，相似的情况会不断重复，整个环节中资源就如同一个个承前启后的闪电一样，从网络的一点遍及周身。本书将该现象称为"网络连锁反应态"。"网络连锁反应态"是一种理想的资源扩散及共享状态，是对"网络机能"的充分最优发挥。

（2）如果 $\max\{r_i\} \leq 0$，表示网络中能力最强的企业都不能通过资源扩散与共享得到收益，则其他企业获取收益的可能性及数量都很少。这种状态下，整个产业网络中获取资源的成本过大，则大规模的产业网络资源扩散和共享将因缺乏相继性而终止，这也是一种群体的理性选择。本书将该状态定义为"网络死寂态"。

以上"$\min\{r_i\} > 0$"及"$\max\{r_i\} \leq 0$"是两种极端的情形，

① 类似于经济学上的"经济成本"，本书的机会收益主要是指产业网络内的企业同产业网络外部企业相比能够利用产业网络组织获取资源而节省的成本。

"$min\{r_i\} \leq 0$ 及 $max\{r_i\} > 0$" 的情况更为普遍，那么，如何使得网络中资源扩散与共享趋向于"网络连锁反应态"而避免走向"网络死寂态"就成为核心问题。观察（2-12）式，并将网络资源扩散与共享看成是一个动态的过程，则在网络功能的培育中，需要注意构建"学习与共享"文化以提升 d_i 值。此外，需要通过加强节点间的连接强度与广度来降低 $C_{in}(k_i)$，也即提高 $[C_{nin} - C_{in}(k_i)]$ 之间的差额。显然，上述行为会最终增加企业的期望净收益 r_i。从系统的角度看，"文化—倾向—效益"三者之间是相互作用、不断强化、循环支撑的过程，任一方面的改善都会长期持续地改善网络的整体功能，最终使参与其中的各企业受益。

从操作应用层面看，要提高资源在产业网络中的传播速度和共享效果，最直接有效的方式是需要通过提高产业网络的密度，降低企业吸收资源的成本来推动产业网络资源扩散能力的提升。鉴于此，产业网络 AARS 范式提出了第三个要素"资源"研究待解决的第四个问题：产业网络资源传播效率研究。

二、复杂网络传播动力学——产业网络资源分析

针对产业网络 AARS 范式提出的第四个问题：产业网络资源扩散效率研究，本书将运用复杂网络传播动力学理论对此进行分析。

人类生活的日益网络化极大地加快了传染病的扩散速度，比如非典型肺炎（SARS）疫情的快速蔓延；禽流感、甲型 H1N1 流感病毒引起的急性传染病的大范围暴发等都给全球带来了巨大的生命及财产损失。与生物病毒相比，计算机病毒的传染性是计算机病毒最基本的特性，病毒的传染性是病毒赖以生存繁殖的条件，计算机病毒借助庞大的互联网大肆侵袭全球的计算机系统。对网络上扩散阈值的研究主要是基于著名的传染病模型 SIS 和 SIR[1]。在典型的传播模型中，种群（population）内的个体被抽象为几类，每一类都处于一个典型状态。其基本状态包括 S（suscepti-

① 相关领域的研究共包括三篇文章，分别是：（1）Bailey N T J. *The mathematical Theory of Infectious Diseases and Its Application*［M］. New York：Hafner Press, 1975.（2）Anderson R M. *Infectious Disease in Humans*［M］. Oxford：Oxford University Press, 1992.（3）Diekman O., Heesterbeek J A P. *Mathematicla Epidemiology of Infetious Diseases：Model Building, Analysis and Interpretation*［M］, New York：John Wiley & Son Publisher, 2000。

ble)——易染状态① （healthy state）、I（infected）——感染状态、R（removed, refracotry 或 recovered）——被移除状态②。通常用这些状态之间的转换过程来命名不同的传染模型。当易染群体被感染，然后恢复健康并具有免疫性，称为 SIS 模型；若易染群体被感染后，又返回到易染状态，则称为 SIR 模型。

资源在产业网络中的扩散和共享机制同病毒的传播具有极为相同的性质。可以将资源假定为在网络组织中传播的"善意病毒"，这种"善意病毒"具备像任何一类传染病源都具有的较强传播性和扩散性，对产业网络中的每一个节点发起"善意攻击"，与传染病病毒不同的是，这种"善意病毒"不仅不会对网络节点的机体带来损害，反而会提升这些节点的知识基础和创新能力，所以相对于对传染病毒的防御和扩散抑制来讲，每一个产业网络中的节点都应该积极地去感染这种"善意病毒"。同样，产业网络中的节点也具备"易染状态"、"感染状态"和"被移除"状态，这些节点的性质也决定了它们对于产业网络中传播资源的接收和消化能力，即越容易感染的企业越会在资源扩散中受益。因此，传染病 SIS 和SIR 模型就同样适用于资源在产业网络中的传播与共享的研究。

第五节　安全要素

一、全球化背景下的产业网络安全

在全球化背景下，处于劣势地位的发展中国家，往往不得不融入跨国公司主导构建的全球化分工体系之中，长期为跨国公司贴牌加工，放弃自主品牌，艰难地寻找和填补市场缝隙以获取微薄的收益。而那些具备成长潜力或可能对西方发达国家构成竞争威胁的企业或品牌，又往往容易成为西方跨国公司兼并或收购的目标。据中国产业安全中心发布《2006/2007 中国产业外资控制报告》指出，最近几年，外资并购中国企业呈现出"井喷

---

① 通常称为健康状态。
② 也称为免疫状态或恢复状态。

式"的发展态势,外资不但在某些行业形成垄断态势,并且进入我国装备制造业、汽车工业、金融、水泥等支柱行业进行并购,重点转向并购大中型企业或整体并购同一行业的骨干企业,如外资陆续并购了徐州工程机械集团、西北轴承公司、锦西化工机械集团、大连电机集团等①。同时,我国产业对外依存度迅速攀升,相当一部分市场和原创品牌被外资掌控或取代,国内企业对产业的控制力受到削弱。从我国利用外商直接投资的实践来看,2000 年以后独资企业实际投资额超过合资企业。跨国公司在加强对中国市场投资的同时,进入中国市场的所有权结构也发生变化,这主要指其更多地采取独资方式或追加已有投资从而提高股权比例,如表 2 - 3 所示②。

表 2 - 3　　　　　　　1997—2006 年外商投资企业资金及项目

年度	项目数（个）		实际利用外资数量（亿美元）	
	合资	独资	合资	独资
1997	9001	9062	194195	161187
1998	8107	9673	183148	164170
1999	7050	8201	158127	155145
2000	8378	12196	143143	192164
2001	8894	15643	157139	238173
2002	10380	22173	149192	317125
2003	12521	26943	153192	333184
2004	11570	30708	163186	402122
2005	10480	32308	146114	429116
2006	10223	30164	14378	46281

　　外资的恶意侵袭给我国产业发展带来了一系列严重的影响③。

---

① 蒋志敏、李孟刚:《外资并购危及中国产业安全》,《瞭望》2008 年第 28 期。
② 李文瑛:《跨国公司独资化对我国产业安全的负面效应及对策》,《经济问题探索》2008 年第 1 期。
③ 产业安全问题一直是国内争论较多的话题。很多学者认为,目前中国的产业安全已经受到威胁,国家应该加大对民族企业的保护和扶植,尤其是自主创新和民族品牌的发展;但是也有很多的学者认为,随着对外开放的不断扩大,中国应当以更新的安全观来应对全球化下的经济安全,什么产业都力求安全则最终什么都不安全,因此国家经济安全应追求的是整体安全、综合安全、核心产业安全,而且这些安全的追求还应是动态的。从目前看,一个外资企业还难以在短期内形成对中国某个产业的垄断。而现在不能将一个企业或一个产业在市场竞争中遭遇困难的情况随意上升到国家经济安全的高度,其结果往往是以国家经济安全为名,而行企业保护之实。

第一，对并购资产进行压价，导致国有资产大量流失。由于我国国有企业存在着产权模糊、治理结构不合理等制度性缺陷，而且我国目前缺乏对跨国公司并购活动的法律规制，所以难以对国有资产做到独立、客观、公正的评估，尤其是包括知识产权资产、土地使用权资产、市场资产、人力资产等在内的无形资产往往被严重低估。除此之外，地方政府往往视外资注入和市场保障更重于国有资产的保值增值和中国企业的自主发展，往往把外资并购中国企业作为重大政绩，并出台相互攀比的优惠政策促进外资并购，进而导致对国有资产的评估作价极度不规范，造成国有资产的严重流失。

第二，外资并购鲸吞民族品牌。民族品牌承担着中国经济发展的重任，更承担着改变国家品牌形象的历史重任，但是外资并购往往通过控制知名品牌来消灭竞争对手。外资并购一般多采用两种方式使我国的知名品牌在市场上消失：一是对国产品牌进行"冷藏"或封存；二是利用我国知名品牌嫁接国外知名品牌。1990 年，美国庄臣并购美加净；1994 年，联合利华并购中华牙膏；1999 年，吉列并购南孚电池；2000 年，法国达能并购乐百氏；2003 年，法国欧莱雅并购小护士；2006 年法国 SEB 并购苏泊尔；2008 年《反垄断法》实施前美国强生并购大宝，不久之后，9 月 3 日，国际饮料生产巨头可口可乐公司宣布，将以每股 12.20 港元、总计 179 亿港元收购汇源果汁，再次触动了外资并购中国企业的敏感神经。民族知名品牌和知名企业在市场上的销声匿迹不仅意味着失去市场空间和产业良好的发展时机，甚至将削弱我国产业发展的根基，引致产业安全风险。

第三，外资并购后导致民族企业核心技术流失和自主研发能力的丧失。外资完成对民族企业的并购后，一般会直接消灭企业以获得市场份额或者将其变为自己的下属企业，专门从事加工，就意味着我国将长期只能以"廉价的劳动力＋高能耗＋高污染＋低收益"的模式处于世界经济的最底层，即成为世界加工厂，从而根本无法获得知识产权和核心技术。尤其是外资采取的"进攻性斩首式兼并"①，即代表中国行业最高技术水平

---

① 新一轮并购潮中，跨国公司坚持三原则：必须控股、必须是行业龙头企业、未来预期年收益率必须高于 15% 。

的重要企业被并购，这将意味着中国本已崎岖的自主创新之路更为难行①：失去了佳木斯联合收割机厂，中国失去了在大型农业机械领域的自主研发平台；无锡威孚与德国博世合资后，技术中心被撤销合并，欧Ⅲ以上产品只能仰仗由博世控制的合资企业。纵观整个中国产业，啤酒行业60 多家大中型企业被外资控股，只剩下燕京和青岛；玻璃行业中最大的 5 家企业已全部被外资控股；零售业 80% 被沃尔玛、家乐福等外资控制；电梯行业最大的 5 家均为外商控股；18 家国家定点家电企业中 11 家合资；化妆品为 150 家外资企业控制；医药行业 1/5 为外商控制；汽车工业外国品牌几乎一手遮天；胶卷业全军覆没。我国许多企业在多年发展中拥有了一批自己的核心技术，而在外资并购中却往往以优质资产出资。如此，则不久的将来，中国民族工业必将面临自主品牌和创新能力逐步消失、龙头企业核心技术和高附加值为外资完全掌控的尴尬局面。

所以，我国在经济全球化的进程中趋利避害的一个重要前提就是必须保障我国的产业安全，提高产业安全意识刻不容缓，因而，本书将产业网络这一产业组织的创新性研究框架引入"产业安全"这个实际经济问题的解决中来，提出"产业网络安全"概念，并对此进行研究。

产业网络安全的概念可以从"网络安全"和"产业安全"两个层面进行解读和界定。

第一，网络安全。是指网络系统的硬件、软件及其系统中的数据受到保护，不因偶然的或者恶意的原因而遭受到破坏、更改、泄露，系统连续可靠，正常地运行，进而确保网络服务不中断。通过对这个概念的解析，可以看出网络安全包含三个含义：

（1）网络风险来源：对网络节点进行的攻击。

（2）网络风险表现：网络连通性的破坏。

（3）网络风险结果：网络功能的丧失。

第二，产业安全。对于产业安全的概念，目前学术界尚未形成统一的观点。但是，国内的一些学者提出了他们从不同层面对于产业安全概念的理解，这些观点侧重的方面各有不同，主要包括以下几个方面：强调

---

① 王志乐：《2004 跨国公司在中国报告》，中国经济出版社 2004 年版。

"以国民为主体的产业安全观"①；强调"竞争能力的产业安全观"②；强调"分层次的产业安全观"③；强调"控制力的产业安全观"④。还有一些学者则将产业经济学的分析框架和工具应用于对产业安全的研究中来，提出了产业组织安全、产业结构安全、产业布局安全以及产业政策安全等概念⑤，在这些理论的基础上，本书认为产业网络是一种新型的组织协调方式，是一种产业组织的创新，所以产业网络的安全应该是同"产业组织安全"具有本质统一性，即指一国或地区的产业组织有助于优化资源配置，有效抵御国外经济侵袭及提升产业的国际竞争力。

基于上述分析，本书提出了全球化背景下的"产业网络安全"的定义：一国或者地区的产业网络主体以及主体之间的关系受到保护，而不会因国外经济的恶意侵袭而遭到破坏，产业网络持续可靠地运行以有助于资源的优化配置，并不断提升产业的国际竞争力。鉴于此，产业网络 AARS 范式提出了第四个要素"安全"研究待解决的第五个问题：全球化背景下的产业网络的安全性研究。

二、复杂网络的鲁棒性与脆弱性——产业网络安全分析

针对产业网络 AARS 范式提出了第四个要素"安全"研究待解决的第五个问题：全球化背景下的产业网络的安全性研究，本书将利用复杂网络的鲁棒性和脆弱性进行分析。

人们常常把一个系统的脆弱之处称为该系统的"Achilles 踵⑥"，与系统脆弱性相对应的是系统的"鲁棒性"（robustness），即指系统在一定

---

① 国民产业安全是指该国国民在得到既有的或潜在的由对外开放带来的产业权益总量所让渡的产业权益份额最小或在让渡一定国民产业权益份额的条件下其由对外开放引致的国民产业权益最大。也就是在国际竞争中达成国民产业权益总量和其在国内份额的最佳组合。

② 此种观点认为，产业安全是指一国对国内重要产业的控制能力及该产业抵御外部威胁的能力，主要体现为"产业的国际竞争力"。

③ 将产业安全分为宏观和中观两个层次。宏观层次的产业安全强调本国制度安排的合理有效性；中观的产业安全指本国国民所控制的企业达到生存规模，具有持续发展的能力及较大的产业影响力，在开放竞争中具有一定的优势。

④ 持这种观点的学者较多，即认为"产业安全"是指一国在对外开放的条件下，在国际竞争的发展进程中，具有保持民族产业持续生存和发展的能力，始终保持着本国资本对本国产业主体的控制，本书也比较支持这种观点的产业安全观。

⑤ 李孟刚：《产业安全理论研究》，经济科学出版社 2006 年版。

⑥ 2000 年 7 月 27 日出版的《自然》杂志封面文章的标题为《互联网的 Achilles 踵》。

（结构，大小）的参数推动下，维持某些性能的特性，也是系统的健壮性，它是在异常和危险情况下系统生存的关键。对于复杂网络而言，从网络中移走一个节点，也就同时移走了与该节点相连的所有的边，从而有可能导致网络中其他节点之间的一些路径中断。如果在移走少量节点后网络中的绝大部分节点仍然是连通的，那么就称该网络的连通性对节点故障具有鲁棒性。

巴拉巴西和艾伯特研究了 BA 无标度网络的连通性对节点去除的鲁棒性①，研究考虑了两类节点去除策略：一是随机故障策略，即完全随机地去除网络中一部分节点；二是蓄意攻击策略，即从去除网络中"度"最高的节点开始，有意识地去除网络中一部分"度"②最高的节点。研究结果表明，BA 无标度网络对随机节点故障具有极高的鲁棒性，而对蓄意攻击却具有高度的脆弱性，这是来自网络"度"分布的极端非均衡性，即绝大多数节点的"度"都相对很小，而有少量节点的"度"相对很大。这就意味着，网络非均匀性的特征使得无标度网络对蓄意攻击具有极高的脆弱性，即只要有意识地去除网络中极少量"度"较大的节点就会对整个网络的连通性产生大的影响。事实上，近些年来不同领域科学家的研究表明，"鲁棒但又脆弱"是复杂网络系统的最重要和最基本的特征之一。

目前，产业安全的估算主要集中于在建立相应指标体系的基础上进行综合评价的方法。鉴于产业网络是一个具有高度复杂性的网络系统，同时复杂网络又具有"鲁棒但又脆弱"的特征，所以本书提出了一种"基于产业网络连通性"的产业组织安全估算方法（INC 方法③），过程如下：

第一步：绘制产业网络图。通过实证调研，确定产业网络的节点，并确定节点之间是否存在相互联系。如果存在，即确定为网络的"边"；如果没有联系，则两个网络节点之间不存在连通性。最后通过节点和边的连接绘制出产业网络图。

---

① Barabasi A – L, Bonabeau E. Scale – Free Networks ［J］, *Scientific American*, 2003, 45（2）: 167–256.

② BA 无标度网络的度分布函数为 $P(k) = \dfrac{2m(m+1)}{k(k+1)(k+2)} \propto 2mk$，其中"度"是指与某一节点相连接的其他节点的数目。

③ 即 Industrial Network Connection 方法。

第二步：计算平均路径长度和节点的度排列。从一般意义上讲，研究复杂网络的统计特性，我们需要计算三个指标，分别是：平均路径长度、聚类系数、度和度分布。鉴于只需对产业网络的脆弱性和鲁棒性特征进行研究，就仅需要计算出两个指标：平均路径长度①和每个节点的度，并按照度的大小对每个节点进行降序排列。

第三步：计算 f 值。巴拉巴西和艾伯特研究了"随机故障策略"和"蓄意攻击策略"的两种情况。经分析，本书认为，企业购并的决策首先就是一个公司的战略问题，购并举措是带有极强的目的性的，比如通过规模效应以降低成本、扩大市场份额和多元化经营等。所以，无论是选择被购并对象，抑或是采取何种购并战略，都是一个企业经过系统性和慎重性思考后进行的有目的的市场进攻行为。所以，跨国公司对我国企业的购并行为可以被视做对我国产业网络中企业节点在有意识地去除网络中一些"度"分布较高的"蓄意攻击"策略。在分析蓄意攻击策略中，巴拉巴西和艾伯特提出了以下几个参数：

f 表示去除的节点数占原始网络总节点数的比例。

S 表示最大连通子图的相对大小。

L 表示网络的平均路径长度，即进行蓄意攻击时，必然会在去除第 Nf 个节点时，S 降至为 0，L 达到最大值，即意味着此时的网络连通性被完全破坏了。所以，在这个步骤中，我们将借用计算机程序计算出使 S 降至为 0 和 L 达到最大值时的 f 值，即去除的节点数占原始网络总节点数的比例。

第四步：确定产业组织安全状态。在确定 f 后，按照节点度的降序排列表，选取前 Nf 个节点作为研究对象，计算在这些节点中，外商独资企业、中外合资企业和中国民族企业所占的比例，并进行排序，进而确定产业组织安全状态。本书将根据三种不同性质企业在关键节点中所占的比例来界定产业组织安全的状态：（1）产业风险状态。如果外商独资企业所占的比例最大，表明跨国公司已经成功袭击了产业网络中的关键节点，则该产业的产业组织安全已经受到严重侵袭，出现了外资独大的状况。（2）

---

① 网络中两个节点 i 和 j 之间的距离 d_{ij} 定义为连接这两个节点的最短路径上的变量，网络的平均路径长度 L 定义为任意两个节点之间的距离的平均值，即

$$L = \frac{1}{1/2N(N+1)} - \sum d_{ij}, N 是网络节点总数。$$

产业警戒状态。如果中外合资企业所占的比例最大，则该产业的产业组织安全进入到预警状态，需要通过采取相关的战略举措来抵制"合资变独资"的倾向出现。（3）产业安全状态。如果民族企业所占的比例最大，则该产业处于安全状态，应该通过建立相关的预警机制来避免外资对该产业网络关键节点的蓄意攻击行为，并加大力度提升本土企业的核心竞争力，争取做大做强中国的民族品牌。

第三章　密度、节点影响力和网络
拓扑模型判定

——沈阳汽车产业网络主体

本章对沈阳汽车产业网络 AARS 范式中的第一个要素 "主体" 进行实证分析。在明晰沈阳汽车产业网络发展现状的基础上，首先绘制了沈阳汽车产业网络图，并以此为基础对沈阳汽车产业的密度和节点影响力进行分析，最后对沈阳汽车产业的网络拓扑模型进行判定。

第一节　沈阳汽车产业网络图

一、企业主体

目前，沈阳市已经形成了以轿车、轻型车为发展重点，以大中型客车、专用车、汽车发动机等整车零部件为骨干产品，具有一定整车制造和零部件配套能力的生产体系，2008 年整车产销量可达 45 万辆。截至 2007 年年底，沈阳市共有汽车整车生产企业 6 家①、专用车制造企业 19 家、摩托车生产企业 1 家、汽车发动机生产企业 5 家、其他主要零部件及相关配套生产企业 100 余家。其中，整车企业有华晨宝马汽车有限公司、华晨金杯汽车有限公司、上海通用（沈阳）北盛汽车有限公司、金杯车辆制

---

① 主导产品包括宝马轿车、中华轿车、通用别克高档商务车、海狮系列轻型客车、金杯阁瑞斯系列商务车、沈飞日野豪华大客车、中顺 6503 系列轻型客车、金杯轻卡等产品。宝马轿车、中华轿车年产能力超过 10 万辆（其中宝马年产能力 3 万辆），金杯海狮和阁瑞斯年产能力 12 万辆，中顺轻型客车年产能力 6 万辆，金杯轻卡年产能力 6 万辆，上海通用北盛的年产能力为 5 万辆，沈飞日野年产能力为 3500 辆大客车及 5000 台底盘。

造公司、沈阳中顺汽车有限公司、沈飞日野汽车制造有限公司。在专用车制造方面，沈阳市有北方交通工程公司、新阳汽车改装厂、铭辰汽车公司、斗成专用车公司、3523 机械厂、天菱汽车公司、天鹰汽车改装厂、万事达汽车改装厂、三山汽车公司、环卫汽车改装厂、消防车厂等 19 家生产企业①。此外，沈阳市还有东北地区最大的农用车生产企业——天菱机械公司，年产三轮、四轮农用车能力 10 万辆。有一家摩托车生产企业——天利摩托车制造公司，年产两轮摩托车能力超过 20 万台，并将在2006 年扩产到 100 万台的生产能力。目前，沈阳市还拥有 5 家发动机企业，沈阳市有航天三菱发动机公司、航天新光集团公司、新光华晨发动机制造公司、农机汽车公司和华晨金杯 E2 发动机项目 5 家重点发动机生产企业②。目前，沈阳汽车零部件及相关配套的优势企业包括外资合资企业和内资合资企业两种。外资合资企业主要有航天三菱发动机制造有限公司、新光华晨发动机有限公司、采埃孚伦福德系统公司、李尔坐椅公司、德科斯米尔线束公司、金杯江森自控汽车内饰有限公司、东基三电汽车空调公司、米其林轮胎公司、普利司通轮胎公司、三花都瑞轮毂公司、都瑞轮毂公司、金杯广振汽车部件公司、双福机械公司、鸿本机械公司、金杯统一汽车部件公司、金亚传动轴公司等；内资合资企业主要有上汽金杯变速器公司、三花汽车部件公司、华丽汽车空调公司、金杯锦恒安全系统公司、金杯恒隆转向器公司、金杯华集汽车部件公司、一东四环离合器公司、名华模塑科技公司等。非合资企业重点有航天新光集团、华晨东兴汽车部件公司、轻型汽车车桥厂、东亿高强度标准件公司、汽车滤清器厂、汽车制动器厂、汽车暖风机厂、汽车消音器厂、汽车开关厂、曲轴厂、东北蓄电池公司等③。

---

　　①　主导产品包括厢式货车、冷藏车、保温车、炊事车、运钞车、消防车、清障车、油罐车、垃圾清运车、中巴车、车辆运输车、半挂车及道路养护车辆等，年产能力 2 万辆。

　　②　主导产品为三菱 4G6 系列汽油机、4G22D4 汽油机、491Q 汽油机、C – CAR 汽油机、493 柴油机和 1.8T 汽油机等。

　　③　沈阳市汽车零部件及相关配套产业的主导产品包括汽车发动机、变速箱、车桥、转向器、离合器、滤清器、助力器、制动器、传动轴、车架、轮毂、坐椅、玻璃升降器、弹性元件、高强度标准件、曲轴、汽车蓄电池、汽车轮胎、汽车涂料等。制动器及其配件、铝轮毂、减震器、散热器等产品出口到美国、韩国、中国台湾省等 70 多个国家和地区。

二、产业生态主体

产业生态主体包括政府、教育和科研机构、中介组织以及金融机构等。通过调研发现，沈阳市汽车产业具备了较为完整的产业生态网络。

（一）政府主体

沈阳市经贸委党委和市经贸委下设了 26 个职能处室，其中包括沈阳市汽车产业发展办公室综合处和沈阳市汽车产业发展办公室项目管理处是两个专职负责沈阳市汽车产业发展的职能处室。"沈阳市汽车产业发展办公室综合处"主要负责制订并组织实施全市汽车产业的战略发展规划、年度计划和相关政策；规划全市汽车产业布局及投资规模；贯彻执行汽车产业的有关技术法规、产品技术和质量标准；联系汽车协会工作；指导沈阳市汽车工业资产经营有限公司工作；编制全市汽车零部件发展规划。"沈阳市汽车产业发展办公室项目管理处"主要负责重大汽车项目的立项、论证、筛选及项目确定后的跟踪检查、组织协调、配合服务；指导汽车产业的资产重组、合资合作工作；规划全市汽车产品市场；协调汽车、改装车、农用车及摩托车产品公告。

（二）教育和科研机构主体

沈阳市拥有较为丰富的汽车专业教育与科研资源，东北大学、沈阳理工大学、沈阳工业大学、沈阳航空工业学院、辽宁省交通高等专科学校等都拥有专门的汽车专业学院与科系，为沈阳汽车产业的发展提供了大量的知识技术和人才支撑。

东北大学机械工程与自动化学院广含机械结构、设备及系统的设计、制造、控制、检测、分析、评价等多个学科领域，是一个集人才培养、科学研究和产品开发于一体的教学科研实体。车辆工程学科是机械工程一级学科下设的二级学科，侧重车辆工程技术领域前沿科学技术及交叉学科新理论新技术在车辆工程领域的研究和应用[①]。车辆工程研究所与华晨金杯

---

① 车辆工程研究所于 2002 年 7 月正式成立，在车辆设计、车辆动力学、汽车电子控制技术、车辆总成线技术、汽车零部件可靠性、车辆结构安全性、车辆振动噪声、车辆运行状态监视和故障诊断等方面取得了许多的研究成果，近五年在国内外重要期刊、大型学术会议上发表高水平学术论文 200 多篇。

汽车有限公司建立了合作关系，成立了汽车技术联合实验室。车辆工程学科的学生在长春一汽集团、金杯汽车公司、沈阳发动机高等专科学校等生产、教学系统进行教学实习。

沈阳理工大学共设有 16 个二级学院和一个基础教学部，汽车与交通学院是该校的二级学院之一。汽车与交通学院始建于 1998 年。学院共有 3 个本科专业：车辆工程专业、交通运输专业、热能与动力工程专业。学院建有车辆工程硕士点，共有 3 个研究方向：汽车试验与仿真研究、汽车现代设计及制造技术、汽车制造过程优化管理与仿真技术①。

沈阳工业大学机械工程学院设有车辆工程系，下设车辆工程教研室。该专业确定的人才培养目标定位于培养掌握车辆工程专业的基本理论和基础知识，具备较强的车辆设计、制造业及实验技术等工程应用能力，能在整车及零部件制造、能源、交通运输、航天航空等领域，从事车辆整车、零部件的设计开发、试验研究以及管理等工作的高级工程技术人才②。

沈阳航空工业学院机械与汽车学院设有机械设计制造及自动化教学研究中心、机械基础教学研究中心、汽车工程教研室、工业工程教研室和 1 个试验中心，设有 4 个本科专业和机械设计理论、机械制造及自动化两个硕士点以及机械工程领域工程硕士授予权。

辽宁省交通高等专科学校汽车工程系始建于 1951 年，该系拥有优秀的教师资源，有先进的实验实训条件，具有比较深厚的文化积淀，具有比较广泛的社会影响。目前汽车工程系是国家汽车类高技能紧缺人才培养培训基地、辽宁省交通运输类专业教师培训基地，运用与维修专业是辽宁省示范专业，辽宁省汽车维修行业培训基地③。

---

① 汽车与交通学院在沈阳市的汽车制造企业、4S 店和交检部门中建立了 6 个固定的生产实习基地，这些基地随时可以承担学院学生的实习任务。

② 车辆工程专业与中国第一汽车制造厂、沈阳机床集团、沈阳鼓风机集团等国内大型企业建立了教学实习基地。

③ 汽车工程系积极探索职业教育的发展之路，重视与外企合作办学，现在与一汽丰田、华晨金杯、德国巴斯夫公司和立邦漆等公司建立了紧密的合作关系，极大地提高了教学水平，初步实现"订单"式培养。

（三）中介组织主体

沈阳比较具有影响力的汽车产业网络的中介组织主要有辽宁省汽车工业协会和沈阳汽车工业协会。

辽宁省汽车工业协会（LiaoNing Association of Automobile Manufactures，缩写为 LAAM）成立于 2006 年 4 月，地点设在沈阳，是在省委省政府推进辽宁老工业基地全面振兴的重大举措下诞生的行业组织，是由辽宁省汽车企业以及科研院所、相关社团组织自愿联合组成的非营利性的行业组织，经辽宁省社会团体登记管理机关核准注册的社会团体法人。协会成立之初，会员总数即达到 65 家，包括省内华晨、曙光、中顺、通用北盛、航天三菱、航天新光、大柴、东风朝柴、发动机及零部件企业，各大专院校、科研院所及市级行业协会等，是辽宁省内同业协会中涉及范围最宽、成员层次最高、所辖地域较广的协会。协会成立的主要作用是受政府部门委托做好汽车工业管理工作，协调同行业关系，维护行业整体利益，在政府、企业与企业、企业与用户之间起到桥梁和纽带作用，发挥行业的总体优势，为振兴汽车工业，建设国民经济的支柱产业做出贡献①。

沈阳汽车工业协会成立于 1992 年 9 月，是经沈阳市民政局批准注册登记的行业协会，现有会员 130 多家，是沈阳地区成立最早，规模最大的行业协会之一。沈阳汽车工业协会是沈阳从事生产经营活动的汽车、摩托车、零部件、汽车改装车、汽车零部件和汽车相关工业企业单位，在自愿、平等、互惠互利的基础上，依法组成的社会团体组织。沈阳汽车工业协会是中国汽车工业协会、沈阳工业经济联合会、沈阳市民间组织发展促进会和辽宁省汽车工业协会的团体会员单位。协会的主要宗旨是：为本行业的会员单位服务，为政府部门服务，维护协会的整体利益和会员单位合法权利。具有组织协调、自律监督、信息沟通、咨询服务、产品认证等业务职能。目前，沈阳汽车工业协会已经同全国 29 个省市地区的汽车行

---

① 2006 年辽宁省汽车工业协会开展的主要活动包括：成功组织了 "2006 第二届中国东北国际专用车、工程机械及商用车展览会"；举办了 "黄海汽车 2006" 中国汽车产业发展与国际交流高层论坛；举办 "应对国际贸易摩擦、维护辽宁汽车行业出口贸易产业安全" 专题讲座；构筑了协会与会员之间信息交流的平台；加强了与中国汽车工业协会以及省外同行业协会的交流与合作；帮助企业招贤纳士，搞好人才贮备工作；召开 2006 年度全省汽车行业统计工作会议。

（工）业协会建立了友好交流与往来①。

除了上述两个正式且具有较大影响力的汽车行业中介组织之外，沈阳市还有一些成立不久，功能发挥比较有限的小规模的中介组织，比如沈阳汽车摩托车配件行业商会②、沈阳市苏家屯区汽车维修配件行业协会和沈阳汽车轴承行业协会等。

（四）金融机构主体

2007 年，沈阳市拥有金融机构及网点 1069 家，在 2007—2008 年度辽宁中部城市群（沈阳经济区）优质金融机构品牌推介中，沈阳市内共有 85 家金融机构上榜③，分别包括以中国工商银行辽宁省分行、中国建设银行辽宁省分行、中国银行沈阳市分行、中国农业银行辽宁省分行等为代表的 22 家银行金融机构；以中国人寿保险股份有限公司沈阳分公司、中国太平洋人寿保险股份有限公司辽宁分公司、中国平安人寿保险股份有限公司辽宁分公司等为代表的 27 家保险金融机构；以中天证券有限责任公司、辽宁省证券公司、长城证券有限责任公司、大通证券股份有限公司、德邦证券有限责任公司、国泰君安证券股份有限公司为代表的 36 家证券金融机构。

在沈阳市金融业取得长足发展的同时，也要看到与国内其他省市相比存在的较大差距。在中国社会科学院金融研究所给出的 50 个城市"金融生态环境"评价排名中，沈阳市的金融生态环境处于中下发展水平，本书仅以 50 个城市的"城市金融生态环境：地方金融发展"排名结果为例，如表 3-1 所示。

---

① 2006 年沈阳汽车工业协会开展的主要活动包括：充分发挥《沈阳汽车通讯》的导向作用，为政府和企业及时传递行业信息，重新调整了《沈阳汽车通讯》的版面，建立了信息交流制度，创建了《沈阳汽车互联网信息》；充分发挥了企业与政府之间的桥梁和纽带作用，邀请国家有关部门参加东北老工业基地授牌仪式，为企业做好咨询服务工业，为企业开展质量、产品认证协调服务工作；积极开展行业综合统计及行业经济运行分析工作。

② 沈阳市汽车、摩托车配件行业商会筹备组的负责人邹吉良介绍，2004 年沈阳市生产汽车、摩托车配件的企业有 1000 余家，经销商有 4000 余家，平均每家的年营业额在几千万元人民币，有的甚至达到了上亿元。而且，由于沈阳近几年汽车生产能力的加强，与之配套的配件业也迅猛发展。但一些塑料件等细小零部件的生产能力还与江南地区的城市有差距。虽然这块产业已经形成了一定的气候，但是沈阳的汽车、摩托车配件市场也充斥着各种假货，给很多的汽车、摩托车车主带来了很多的不便，也给正规厂家和经销商造成极大的障碍。所以，汽摩配件行业商会是出于行业自律、行业规范的需要而自发成立的，目的就是促使这个行业整体水平的提高。

③ 数据来源：《沈阳日报数字报刊》2007 年 8 月 28 日，排名不分先后。

表 3 - 1   中国 50 个城市"城市金融生态环境：地方金融发展"排名结果

排名	城市	排名	城市	排名	城市	排名	城市	排名	城市
1	上海	11	大连	21	烟台	31	长春	41	呼和浩特
2	深圳	12	东莞	22	合肥	32	昆明	42	海口
3	北京	13	宁波	23	青岛	33	威海	43	郑州
4	广州	14	绍兴	24	佛山	34	中山	44	扬州
5	厦门	15	南京	25	嘉兴	35	淄博	45	石家庄
6	杭州	16	珠海	26	福州	36	长沙	46	南昌
7	温州	17	无锡	27	成都	37	西安	47	哈尔滨
8	苏州	18	重庆	28	常州	38	沈阳	48	芜湖
9	台州	19	泉州	29	南通	39	惠州	49	秦皇岛
10	天津	20	济南	30	武汉	40	潍坊	50	徐州

资料来源：《2007 中国城市金融生态环境排名》。

通过上述分析，可以得出结论：沈阳市汽车产业网络已经具备了较为完整的产业生态网络，其中包括提供政策支持的政府；提供知识技术和人力资源的教育和培训机构；提供各种信息和技术的中介组织机构以及提供资金的金融机构等，如图 3 - 1 所示。

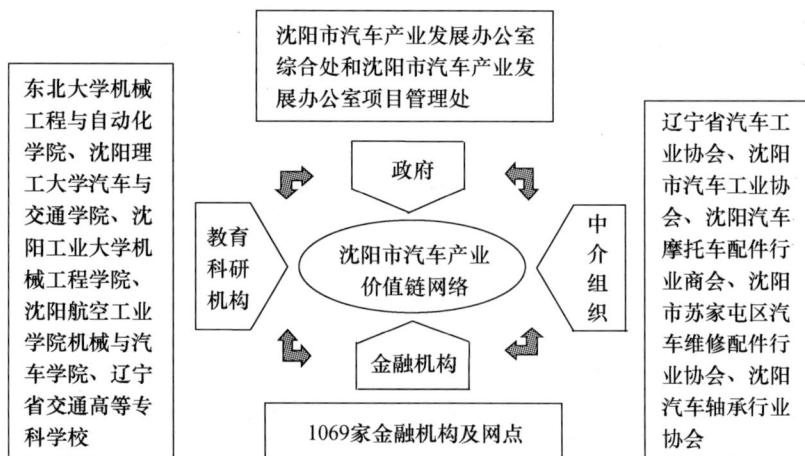

图 3 - 1   沈阳汽车产业生态网络

三、绘制产业网络图

根据本书对产业网络的界定，即产业网络可以被视为是一个产业生产系统与产业生态系统的有机融合，绘制了沈阳市汽车产业网络图，如图3-2所示。在该产业网络图中，虚线圆圈表示的是包括政府、教育和科研机构、中介组织和金融机构在内的"沈阳市汽车产业生态网络"，而处于虚线圆圈内的是基于价值链关系而绘制的"沈阳市汽车产业价值链网络"。在"价值链网络"中共包括节点131个，其中用数字1—103标注的是沈阳市汽车产业中的零部件企业（见附表）。用文字标明的节点分别表示以下几种类型的企业：与沈阳汽车企业具有紧密合作关系的外省汽车企业，包括保定汽车、包头北方奔驰、北京福田、北京现代、保定长城汽车、江苏东风悦达起亚、福建东南汽车、哈尔滨东安、河北中兴、绵阳新

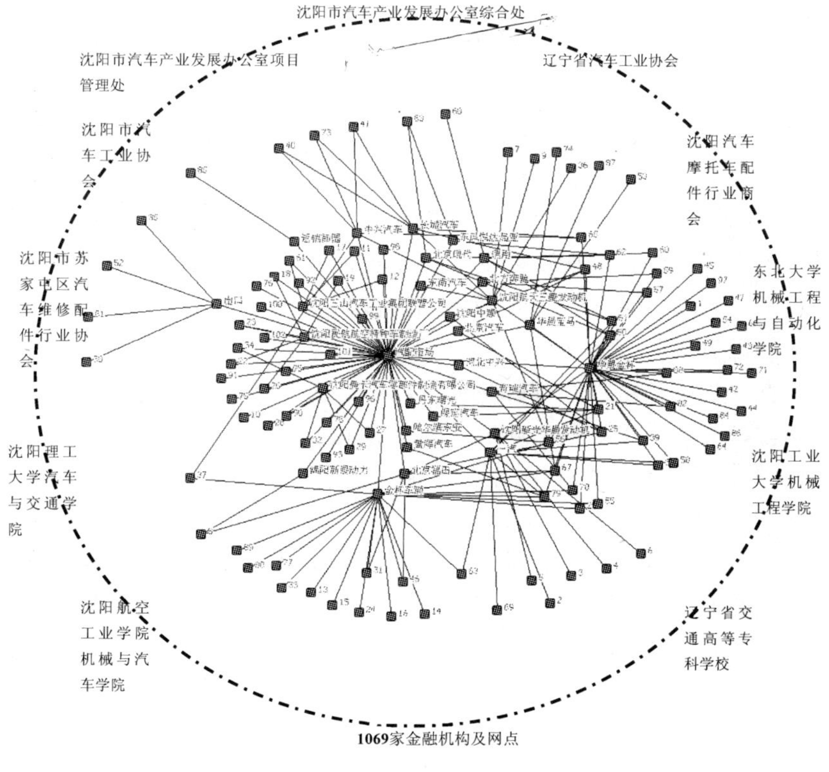

图3-2　沈阳汽车产业网络

晨动力、安徽奇瑞、上海通用和长春一汽；辽宁省内的汽车企业包括丹东黄海和丹东曙光；沈阳市内的整车企业包括华晨金杯、华晨宝马、金杯车辆和沈阳中顺；沈阳市内的发动机企业包括沈阳航天三菱发动机、沈阳新光华晨发动机；沈阳市内专用车辆生产企业包括沈阳三山汽车工业集团联营公司、沈阳民航航空特种车制造厂以及沈阳美卡汽车零部件制造有限公司；同时产业网络中还有三个特殊的节点，分别表示出口贸易、返销韩国和汽配市场。

第二节　沈阳汽车产业网络密度研究

一、沈阳汽车产业网络微观密度分析

（一）研究价值

汽车产业价值链网络组织结构是耦合汽车装配企业与供应商之间的关系，以及装配企业之间和供应商企业之间的关系而形成的具有一定形态和功能的机构体系。建立网络组织结构是根据汽车产业生产的特点，即汽车多部件组合产品的性质所决定的，把生产的专业化分工和规模经济有机地结合起来，有助于建立汽车企业之间的战略合作伙伴关系和提高汽车产业的整体协同效应[1]。因而汽车企业之间形成网络关系的紧密程度势必将对汽车生产的规模经济、零部件生产的专业化分工效率以及企业创新模仿和获得学习机会产生重要的影响，主要体现在以下几个方面[2]：

1. 产业网络微观密度将对企业主体确定战略优势，实现共赢产生重要影响

汽车企业之间形成的长期合作伙伴关系是确立各自战略优势、实现互利共赢的有效手段。随着汽车市场的竞争日趋激烈，长期合作伙伴关系的建立被认为是汽车装配企业保持和提高未来收益的最为有效的武器，这是

---

① 朱礼龙、周德群：《汽车产业网络组织结构的演化机理研究——一个社会资本视角的分析》，《企业经济》2007 年第 7 期。

② 同上。

因为它与质量导向购买、长期合同、单一供应商来源、早期介入、战略整合等相关联。Anshuma（1997）等人对印度汽车产业进行了供应商关系的战略优势研究，结果表明，供应商关系有效性管理至关重要，并提出了逐步建立装配企业与供应稳健业务关系的观点[①]。比如日本汽车产业的生产活动通过"下包制"的组织形式完成，形成了非常紧密的企业网络关系，可以说下包制是日本汽车产业网络组织制度安排的核心内容[②]。在日本，汽车厂家与零部件企业之间进行的交易具有持续而长期的特点，日本下包制度的广泛推行主要是基于"隐含性关系契约"[③]来维系的一种长期交易。装配厂商在广泛依赖专业化协作的同时，通过与最低必要数目厂商进行广泛深入地交往、协调甚至是指导，来巩固与下包厂商之间的关系。可以说，这种下包制的企业网络是高度集约的企业关系。值得借鉴的是，日本文化传统中强调彼此之间的相互信任和稳定可靠的人际关系，就使得汽车装配商对零部件供应商的机会主义行为很少发生，因而零部件供应商愿意成为汽车装配商零部件供应体系中的一员，投入专用性的设备和劳动力等资源[④]。

2. 产业网络微观密度将对汽车零部件行业的模块化水平和企业话语权的提升产生重要影响

现代汽车的大规模定制是以零部件大量模块化为基础的，通过模块的大规模生产而获得规模经济；通过模块的不同组合而实现汽车产品的多样化、个性化。同时，新兴的零部件企业越来越深入地介入整车开发和生产过程，同整车厂同步开发甚至超前开发，为整车厂推出的新车提供某一完

---

①　Anshuman Khare. Strategic Advantages of Good Supplier Relations in the Indian Automobile Industry [J], *Technovation*, 1997, 17 (10): 557–568.

②　以丰田公司为例，丰田公司零部件内制率仅为 20%—30%，而美国通用汽车公司的零部件内制率高达 50%—60%。下包网络的形成是日本大企业和小企业之间在基于解决问题的原则之上建立起来的互惠合作关系。

③　与正式契约相区别，隐含性关系企业并不是依靠法律方式来规定双方的交易关系，而是基于相互的信任、责任及对良好交易气氛的维持，具有灵活性的特点，即在相互信任和认知达成一致的前提下，契约的执行、调整还有争端的解决可以不需要紧紧依靠契约本身，而是企业可以根据变化对隐含性契约作出迅速、灵活的调整，以保证和维持长期交易的互惠性。

④　刘东：《企业网络论》，中国人民大学出版社 2003 年版。

整功能部件或子系统①。整零车企之间形成的紧密的网络协作关系将有效促进汽车行业模块化的供应水平，并增强零部件车企的谈判能力，更加有助于双方建立紧密的合作关系。以紧密网络维系为基础的模块化生产模式能够使汽车技术创新的重心转移至零部件之上，因而，零部件生产企业需要参与到整车产品的设计中来，甚至会出现零部件厂商引领汽车产业技术进步的现象，进而提升零部件厂商在同整车厂进行"零整"支配交易中的主动权。从整个汽车生产链的角度来判断，模块化生产体现了整体效益的提高，反映到汽车产品上，就是消费者能得到更高的性价比的同时还拥有了个性化的享受。因此，提高汽车生产企业的网络关系密度无论是对整车企业还是模块化零部件企业都是双赢的选择。以高档商用车品牌——斯堪尼亚（Scania）公司为例②，该公司一直保持盈利，成为全球商用车领域盈利能力最强公司的重要法宝就是其与众不同的生产方式——模块化生产。

3. 产业网络微观密度将对隐性知识信息在汽车产业中的扩散与共享产生重要影响

产业网络有利于企业生产经营过程中所需的各种资源的流动和共享，尤其是软资源中非编码化的隐性知识在网络内的扩散。隐性知识对于产业网络中的企业主体创新能力至关重要。紧密联系的产业网络将更有利于企业通过反复的经济交易和社会交往而产生相互信任和默契，促进隐性知识的交流和共享。

---

① 中国汽车工程学会名誉理事长邵奇惠在第二届汽车产业高峰会上所作的"关于中国汽车产业发展的理性思考"的主题发言中提出该观点。

② 本案例根据 2008 年 5 月 30 日《汽车周报》一篇文章《模块化生产——斯堪尼亚持续盈利的魔力》整理所得，作者常虹。作为当今世界上领先的重型卡车和大型巴士制造商之一，斯堪尼亚采用与众不同的生产方式，不仅使自身走上了一条可持续发展的道路，同时也印证了迈克尔·波特的观点："竞争性战略就是要做到与众不同"。在产品开发和生产中，斯堪尼亚的管理者引入了以下新的理念：通过一个精心构思的设计方案缩小零部件的范围并限制了数量；在可行的情况下，卡车和客车的发动机和底盘将基于有限数量的零部件，并尽可能多地使用通用零部件；主要零部件之间的接口标准化，通过标准配件自由组合实现不同类型产品的生产，以满足更广泛的实际应用需要。在这种理念的指导下，斯堪尼亚不仅完成了发动机、变速器等零部件的模块化工作，还完成了驾驶室、大梁、底盘的模块化生产。模块化理念在斯堪尼亚不断得以实践和持续完善，使得竞争对手无法复制，形成了独特的竞争优势。

汽车产业是现代工业中具有代表性的以流水线方式体现的大规模生产体系，形成国际上流行的汽车流水线生产体系的过程中包含了两种不同类型的信息和知识。一种是以机器设备、工艺流程、组织管理等体现出的技术或知识，它们可以文字等形式表达出来，可称其为"显性知识"。另一种类型则是需要人们在工作过程中逐步体会和学习的知识，如生产线上某个工人具体的操作流程，班组成员和班组之间的合作、竞争与协调等，其中既有技术问题，也有人们之间的关系和组织问题，可称其为"隐性知识"。我国汽车界资深专家陈光祖提出："善于处置变革的日本著名的汽车厂家都十分注重'默然知识'①的指导作用。'默然知识'是指一种变幻无常、难以用语言或文字表达的一种知识，这就是使日本汽车工业这株常青树不断繁荣的一个隐性知识的秘诀。"陈光祖先生还提出："我国汽车产业的业界人士需要共同探索和揭示这个隐性知识是什么？！并使之不断透明化，这对推动中国汽车化社会的建设，有一定的作用。"

（二）沈阳汽车产业网络微观密度测算

如前文所述，在已经构建的产业网络图的基础上经过计算得出的平均路径长度 L 和聚类系数 C 就可以衡量产业网络的微观密度。

从图 3 - 2 可以得出以下统计数据，沈阳汽车产业网络节点总数 N 为131 个，边的总数 M 为 203，即沈阳汽车产业网络可以表示为 $G = (131,203)$ 的一个无向无权的复杂网络。

利用平均路径长度 L 和聚类系数 C 的计算公式②，通过计算机程序可以求出：沈阳市汽车产业网络的平均路径长度 $L = 2.79$；聚类系数 $C = 0.232$。

网络平均路径长度 L 代表的是任意两个节点之间距离的平均值，这个值越大，说明节点之间的网络维系越松散，紧密性越小；相反，平均路径长度 L 越小，说明网络紧密性越大。聚类系数 C 是从紧邻节点的紧密性来衡量，C 越趋近于 0，产业网络的密度就越小；相反，C 越趋近于 1，产业网络的密度就越大。

---

① 默然知识即是隐性知识，是 tacit knowledge 的另一种翻译。

② $L = \dfrac{1}{1/2N(N+1)\sum\limits_{i=j}d_{ij}}$；$C_i = \dfrac{2E_i}{k_i(k_i-1)}$。

从这两个指标数值看，沈阳汽车产业网络的平均路径长度为 2.79，虽然这个值并不高，但是聚类系数却仅为 0.232。因而，仅从这两个指标数值进行初步判断，沈阳汽车产业网络的微观密度较小，即沈阳汽车企业之间的联系不够紧密。为了进一步对这个判断进行验证，本书将沈阳市汽车产业网络的平均路径长度和聚类系数同其他实际网络的统计数据进行对比，如表 3－2 所示。

表 3－2　　　　　各种实际网络的平均路径长度与聚类系数

网络		类型	平均路径长度	聚类系数
社会领域	电影演员	无向	3.48	0.78
	公司董事	无向	4.6	0.88
	数学家合作	无向	7.57	0.34
	物理学家合作	无向	6.19	0.56
	生物学家合作	无向	4.92	0.6
	电子邮件	无向	4.92	0.16
技术领域	自治层互联网	无向	3.31	0.39
	铁路网	无向	2.16	0.69
	电子电路	无向	11.1	0.03
	对等网络	无向	4.28	0.01
生物领域产业	代谢网络	无向	2.56	0.67
	蛋白质网络	无向	6.8	0.07
	沈阳市汽车产业网络	无向	2.79	0.232

资料来源：Newman M. E. J.. The Structure and Function of Complex Networks ［J］. *SIAM Review*, 2003, 45: 167 - 256。

通过对比分析，可以得出结论：沈阳汽车产业网络微观密度较小，即沈阳市汽车企业之间的网络维系比较松散，紧密性较差①。

---

① 虽然沈阳汽车产业网络的平均路径长度同其他网络相比较低，但是就其规模而言，其聚类系数却相当低，所以本书认为沈阳汽车产业网络的微观密度较低。

二、沈阳汽车产业网络宏观密度分析

(一) 研究价值

"生态学"一词是德国生物学家海克尔 1866 年提出的，海克尔在其动物学著作中定义生态学是：研究动物与其有机及无机环境之间相互关系的科学，特别是动物与其他生物之间的有益和有害关系。在此基础上，Tansley 在 1935 年首次应用了"生态系统"的概念，它指的是动植物本身之间及它们与自然环境之间的一种动态和复杂的相互作用，生态系统概念肯定了物种或物种类群之间的功能性联系，并强调生物多样性和生态系统结构处于动态变化过程中。生态系统的本质即把生物与环境的关系归纳为物质流动及能量交换；20 世纪 70 年代以来则进一步概括为物质流、能量流及信息流。

同生物个体一样，任何企业的生存都不是孤立的。企业之间有合作有竞争；企业同外部的由政府、教育和科研机构、中介组织及金融机构等构成的产业环境之间也时时进行着物质流动和能量交换。因此，本书提出的产业生态网络即是用生态学的理论和系统方法来研究和分析企业同其政治、社会、经济和科技环境之间的协调发展，并在企业不断适应并反作用于其生存的产业环境过程中形成巨大的产业吸引力和推动力以加速整个企业系统和产业生态系统的共同进化。从本质上讲，产业生态系统构成了企业群体生存的外部环境，并不断地进行要素供应的活动，即企业生产过程中的投入要素，具体包括三类要素：资源、物质性基础设施结构和制度安排；资源方面包括传统的生产要素（如劳动力、原材料）和无形要素（如人际关系环境），并且供应要素的短缺可以通过有效的物质基础设施结构和制度安排进行弥补；物质性基础设施结构和制度安排都具有公共性、一般性或者具有所有者共享的特点，其中物质性基础设施结构包括道路、港口、管道、通信等，制度性基础设施结构包括行业协会、培训系统、税收和制度规制、国家财政政策、金融市场、就业环境和生活质量等①。

---

① Padmore T., Gibson H. Modelling Systems of Innovation: Ⅱ. A Framework for Industrial Cluster Analysis in Regions [J], *Foreign Affairs*, 1998 (72): 78 - 87.

同生态系统具有"生态力"① 一样，产业生态系统也同样具有"产业生态力"。本书对"产业生态力"进行定义，即包括政府、教育和科研机构、中介组织以及金融机构组成的企业外部的产业生态环境对企业提供支持和服务的能力，在企业主体同产业生态系统互为衔接、相互制约的发展进化过程中，产业生态系统的生态力将不断得到提升，并进一步推动企业同产业生态系统之间的良性互动。所以，产业网络的价值链主体和产业生态主体之间的融合程度是产业生态力作用大小的决定性因素，因此，本书将通过对沈阳产业网络宏观密度——沈阳汽车企业同沈阳产业生态环境之间的耦合程度来对沈阳汽车产业生态力进行研究和判断。

（二）沈阳汽车产业网络宏观密度测算

随着汽车产业发展的复杂性不断增加，产业规模不断扩大以及经营的日趋多元化，不同的企业之间、企业与政府、教育和科研机构、中介组织以及金融机构等产业生态主体之间的互动关系也日趋复杂，因此，对沈阳汽车产业网络宏观密度的测算就需要均衡地综合考虑多个相互矛盾、相互制约的目标与因素，同时还需要考虑这些目标与因素自身的不确定性与复杂性。模糊性总是伴随着复杂性而存在，系统越复杂，它的模糊性就越明显，所以本书在产业网络 AARS 分析范式中提出了用"模糊信息集结"方法来对沈阳汽车产业网络宏观密度进行测度的思想。

如前文所述，表3-3表示了基于"频度"和"深度"指标所构建的沈阳汽车产业网络宏观密度的测算指标体系。

为了全面而系统地对沈阳汽车产业网络宏观密度进行分析和探讨，笔者邀请了沈阳市5位专家②对宏观密度进行了综合测算和评价，同时要求5位专家对设定的三个密度水平的产业网络宏观密度进行打分，以为衡量沈阳汽车产业网络宏观密度提供对照标准，这三个密度水平分别是：高密

---

① 生态力是指生态系统服务的能力，即生态系统为人类提供服务的能力。生态系统服务是人类生存与发展的物质基础，是构成可持续发展综合国力的最重要因素。

② 这五位专家分别是：沈阳华晨金杯汽车股份有限公司工程师、沈阳市汽车产业发展办公室综合处政府官员、东北大学机械工程与自动化学院博士研究生、沈阳市建设银行信贷部门工作人员和东北大学综合评价与信息集结专家。

表3－3　　　　　　　　　沈阳市汽车产业宏观密度测算指标体系

指标		指标说明
EG 体系	EG$_F$/E1	沈阳市政府能为汽车企业发展提供基本的硬件（基础设施建设）和软件服务（必要的制度保障）
	EG$_D$/E2	沈阳市政府提供服务支持的质量如何，包括是否已经营造了宽松配套的政策环境、公正文明的法制环境和高效廉洁的政务环境
EK 体系	EK$_F$/E3	沈阳市教育和科研机构是否为沈阳市汽车产业输送了大量的人才、提供培训进修、进行科研项目合作
	EK$_D$/E4	教育和科研机构的知识支持质量如何，即能否满足企业的人才需求，培训进修效果如何以及能否为企业发展提供核心技术支持
EB 体系	EB$_F$/E5	沈阳市的金融机构能否为沈阳汽车企业提供必备的融资渠道和重组的资金支持
	EB$_D$/E6	沈阳市汽车企业是否拥有良性的金融环境，沈阳市的主要金融机构在地区经济基础、企业诚信、地方金融发展、法制环境、诚信文化、社会保障程度、地方政府公共服务、金融部门独立性等方面的发展质量
EM 体系	EM$_F$/E7	沈阳市是否已经存在了汽车产业发展的中介组织机构，是否进行了相关的活动和支持性服务
	EM$_D$/E8	沈阳市汽车产业中介组织体现的民间性、市场性、自律性和规范性的特征如何

度产业网络 N_L、中密度产业网络 N_M 和低密度产业网络 N_S[①]。N_{SA} 代表待测算的沈阳汽车产业网络，由此得到专家给出的评价信息（见表3－4和表3－5）。

5 位专家给出的关于沈阳汽车产业网络宏观密度测算信息可以说明以下问题：

---

① 综合信息集结需要参照的标准，但是由于本书首次从"产业网络"这一组织形式对沈阳汽车产业进行研究和分析，产业网络宏观密度也是本书首次提出，所以并没有成熟的标准可以进行参照，因而本书将通过依靠专家的知识与经验主观设定三个标准以对沈阳汽车产业网络宏观密度的判断提供参照依据，随着后续研究的不断进行，将力争对多区域汽车产业网络的各项指标进行研究和分析，以期能够更加科学和合理地对汽车产业网络的密度进行判断和测算。

表 3 - 4　专家给出的指标因素权重语言变量以及相对应的三角模糊数

		E_1	E_2	E_3	E_4	E_5	E_6	E_7	E_8
语言变量	D_1	JZ	Z	Z	FZ	Z	FZ	JZ	Z
	D_2	FZ	FZ	Z	FZ	Z	FZ	JZ	Z
	D_3	Z	Z	FZ	FZ	JZ	Z	Z	FZ
	D_4	Z	Z	Z	Z	FZ	FZ	M	JZ
	D_5	Z	FZ	FZ	FZ	Z	FZ	Z	FZ
三角模糊数	D_1	(0.5,0.7,0.9)	(0.7,0.9,1.0)	(0.7,0.9,1.0)	(0.9,1.0,1.0)	(0.7,0.9,1.0)	(0.9,1.0,1.0)	(0.5,0.7,0.9)	(0.7,0.9,1.0)
	D_2	(0.9,1.0,1.0)	(0.9,1.0,1.0)	(0.7,0.9,1.0)	(0.9,1.0,1.0)	(0.7,0.9,1.0)	(0.9,1.0,1.0)	(0.5,0.7,0.9)	(0.7,0.9,1.0)
	D_3	(0.7,0.9,1.0)	(0.7,0.9,1.0)	(0.9,1.0,1.0)	(0.9,1.0,1.0)	(0.5,0.7,0.9)	(0.7,0.9,1.0)	(0.7,0.9,1.0)	(0.9,1.0,1.0)
	D_4	(0.7,0.9,1.0)	(0.7,0.9,1.0)	(0.7,0.9,1.0)	(0.7,0.9,1.0)	(0.9,1.0,1.0)	(0.9,1.0,1.0)	(0.3,0.5,0.7)	(0.5,0.7,0.9)
	D_5	(0.7,0.9,1.0)	(0.9,1.0,1.0)	(0.9,1.0,1.0)	(0.9,1.0,1.0)	(0.7,0.9,1.0)	(0.9,1.0,1.0)	(0.7,0.9,1.0)	(0.9,1.0,1.0)

表3-5 专家给出的评价矩阵的语言变量以及对应的三角模糊数

语言变量		E_1	E_2	E_3	E_4	E_5	E_6	E_7	E_8
N_L	D_1	G	G	FG	G	FG	FG	G	G
	D_2	FG	FG	G	FG	G	FG	G	G
	D_3	G	FG	FG	G	G	G	FG	G
	D_4	G	G	G	FG	FG	FG	G	G
	D_5	G	FG	FG	FG	FG	G	FG	G
N_M	D_1	JG	A	JG	JG	A	JB	A	JB
	D_2	A	A	JG	A	A	A	JG	JG
	D_3	JG	JG	JG	JG	JG	A	A	A
	D_4	A	JB	A	JB	A	A	A	JB
	D_5	A	JG	JG	A	JG	A	JG	JG
N_S	D_1	B	FB	JB	B	JB	B	FB	FB
	D_2	A	JB	B	FB	B	B	FB	FB
	D_3	JB	B	B	FB	A	B	B	FB
	D_4	JB	B	B	FB	JB	B	FB	FB
	D_5	B	FB	B	FB	JB	B	FB	FB
N_{SA}	D_1	A	JG	A	JB	G	JG	A	JB
	D_2	JG	A	JB	B	A	JB	B	FB
	D_3	A	A	A	JB	JG	JB	JB	B
	D_4	JG	JG	A	JB	JG	JG	B	FB
	D_5	JG	A	JB	B	JG	JB	B	FB

续表

对应模糊三角数		E_1	E_2	E_3	E_4	E_5	E_6	E_7	E_8
N_L	D_1	(0.7,0.9,1.0)	(0.7,0.9,1.0)	(0.9,1.0,1.0)	(0.7,0.9,1.0)	(0.9,1.0,1.0)	(0.9,1.0,1.0)	(0.7,0.9,1.0)	(0.7,0.9,1.0)
	D_2	(0.9,1.0,1.0)	(0.9,1.0,1.0)	(0.7,0.9,1.0)	(0.9,1.0,1.0)	(0.7,0.9,1.0)	(0.9,1.0,1.0)	(0.7,0.9,1.0)	(0.7,0.9,1.0)
	D_3	(0.7,0.9,1.0)	(0.9,1.0,1.0)	(0.9,1.0,1.0)	(0.7,0.9,1.0)	(0.7,0.9,1.0)	(0.7,0.9,1.0)	(0.9,1.0,1.0)	(0.7,0.9,1.0)
	D_4	(0.7,0.9,1.0)	(0.7,0.9,1.0)	(0.7,0.9,1.0)	(0.9,1.0,1.0)	(0.9,1.0,1.0)	(0.9,1.0,1.0)	(0.7,0.9,1.0)	(0.7,0.9,1.0)
	D_5	(0.7,0.9,1.0)	(0.9,1.0,1.0)	(0.9,1.0,1.0)	(0.9,1.0,1.0)	(0.9,1.0,1.0)	(0.7,0.9,1.0)	(0.9,1.0,1.0)	(0.7,0.9,1.0)
N_M	D_1	(0.5,0.7,0.9)	(0.3,0.5,0.7)	(0.5,0.7,0.9)	(0.5,0.7,0.9)	(0.3,0.5,0.7)	(0.1,0.3,0.5)	(0.3,0.5,0.7)	(0.1,0.3,0.5)
	D_2	(0.3,0.5,0.7)	(0.3,0.5,0.7)	(0.5,0.7,0.9)	(0.3,0.5,0.7)	(0.3,0.5,0.7)	(0.3,0.5,0.7)	(0.5,0.7,0.9)	(0.5,0.7,0.9)
	D_3	(0.5,0.7,0.9)	(0.5,0.7,0.9)	(0.5,0.7,0.9)	(0.5,0.7,0.9)	(0.5,0.7,0.9)	(0.3,0.5,0.7)	(0.3,0.5,0.7)	(0.3,0.5,0.7)
	D_4	(0.3,0.5,0.7)	(0.1,0.3,0.5)	(0.3,0.5,0.7)	(0.1,0.3,0.5)	(0.3,0.5,0.7)	(0.3,0.5,0.7)	(0.3,0.5,0.7)	(0.1,0.3,0.5)
	D_5	(0.3,0.5,0.7)	(0.5,0.7,0.9)	(0.5,0.7,0.9)	(0.3,0.5,0.7)	(0.5,0.7,0.9)	(0.3,0.5,0.7)	(0.5,0.7,0.9)	(0.5,0.7,0.9)
N_S	D_1	(0,0,0.1)	(0,0,0.1)	(0.1,0.3,0.5)	(0,0,0.1)	(0.1,0.3,0.5)	(0,0.1,0.3)	(0,0,0.1)	(0,0,0.1)
	D_2	(0.3,0.5,0.7)	(0.1,0.3,0.5)	(0,0.1,0.3)	(0,0,0.1)	(0,0.1,0.3)	(0,0.1,0.3)	(0,0,0.1)	(0,0,0.1)
	D_3	(0.1,0.3,0.5)	(0,0.1,0.3)	(0,0.1,0.3)	(0,0,0.1)	(0.3,0.5,0.7)	(0,0.1,0.3)	(0,0.1,0.3)	(0,0,0.1)
	D_4	(0.1,0.3,0.5)	(0,0.1,0.3)	(0,0.1,0.3)	(0,0,0.1)	(0.1,0.3,0.5)	(0,0.1,0.3)	(0,0,0.1)	(0,0,0.1)
	D_5	(0,0.1,0.3)	(0,0,0.1)	(0,0.1,0.3)	(0,0,0.1)	(0.1,0.3,0.5)	(0,0.1,0.3)	(0,0,0.1)	(0,0,0.1)
N_{SA}	D1	(0.3,0.5,0.7)	(0.5,0.7,0.9)	(0.3,0.5,0.7)	(0.1,0.3,0.5)	(0.7,0.9,1.0)	(0.5,0.7,0.9)	(0.3,0.5,0.7)	(0.1,0.3,0.5)
	D_2	(0.5,0.7,0.9)	(0.3,0.5,0.7)	(0.1,0.3,0.5)	(0,0.1,0.3)	(0.3,0.5,0.7)	(0.1,0.3,0.5)	(0,0.1,0.3)	(0,0,0.1)
	D_3	(0.3,0.5,0.7)	(0.3,0.5,0.7)	(0.3,0.5,0.7)	(0.1,0.3,0.5)	(0.5,0.7,0.9)	(0.1,0.3,0.5)	(0.1,0.3,0.5)	(0,0.1,0.3)
	D_4	(0.5,0.7,0.9)	(0.5,0.7,0.9)	(0.3,0.5,0.7)	(0.1,0.3,0.5)	(0.5,0.7,0.9)	(0.5,0.7,0.9)	(0,0.1,0.3)	(0,0,0.1)
	D_5	(0.5,0.7,0.9)	(0.3,0.5,0.7)	(0.1,0.3,0.5)	(0,0.1,0.3)	(0.5,0.7,0.9)	(0.1,0.3,0.5)	(0,0.1,0.3)	(0,0,0.1)

　　首先，从专家给出的指标因素权重来看，同政府、教育和科研机构以及金融机构相比，中介组织得到的权重普遍偏低，即重要性程度相对较弱，这也说明了"中介组织"发展尚处于起步阶段，需要企业和社会各个层面从意识上予以重视。

　　其次，从专家给出的指标要素权重来看，深度指标的重要性普遍要大于频度指标，即在强调沈阳汽车企业同政府、教育和科研机构、金融机构以及中介组织之间形成网络关系的同时，需要强调提高网络关系的质量，即在"存在支持"的基础上做到"有效支持"。

　　再次，从专家给出的评价矩阵来看，中介组织的各项评价值都相对较低，这也进一步反映了沈阳市汽车产业中介组织发展不完善，还需要在"功能定位"和"制度规范化建设"方面加大力度，以更快地推动中介组织在服务沈阳汽车产业和促进产业健康发展中发挥积极作用。

　　最后，从专家给出的评价矩阵来看，政府、教育和科研机构、金融机构和中介组织的频度指标获得的评价值一般都高于深度指标获得的评价值，这说明，沈阳市汽车产业已经具备了较为完整的产业生态网络，能够为汽车企业的发展提供基本的支持，但是网络维系的强度与提供支持的质量有待进一步提高。

　　根据（2-1）—（2-4）式和（2-7）—（2-9）式，计算集成后指标权重与评价值的非模糊价值，同时将指标权重标准化，所得数据见表3-6。

表3-6　　　　　　　集成后指标权重与测度值的非模糊评价值

	E_1	E_2	E_3	E_4	E_5	E_6	E_7	E_8
$D(\tilde{\omega}_j)$	0.86	0.915	0.915	0.955	0.86	0.955	0.73	0.88
ω_j	0.1216	0.1294	0.1294	0.1351	0.1216	0.1351	0.1033	0.1245
N_L	0.895	0.935	0.935	0.935	0.935	0.935	0.915	0.875
N_M	0.58	0.54	0.66	0.54	0.58	0.46	0.58	0.5
N_S	0.27	0.12	0.16	0.045	0.305	0.125	0.045	0.025
N_{SA}	0.62	0.58	0.42	0.23	0.695	0.46	0.235	0.1

　　根据（2-10）式，可以计算得出4个产业网络主体的融合度，分别为$R_1 = 0.9206$，$R_2 = 0.5536$，$R_3 = 0.1369$，$R_4 = 0.4193$，故$N_L > N_M > N_{SA} >$

N_s。由此可以判断沈阳汽车产业网络宏观密度很小，属于中下水平。

综上所述，无论是沈阳汽车产业网络的微观密度还是宏观密度都处于相对较低的水平，由此可以得出结论：沈阳汽车产业网络整体密度水平较低，即沈阳市汽车企业之间以及汽车企业同政府、教育和科研机构、中介组织和金融机构之间的网络维系比较松散，紧密性较差。

第三节　沈阳汽车产业网络主体影响力研究

拥有不同网络地位的节点对网络关系组成的依赖程度也会有所不同。社会学者的一些研究说明了个人的社会关系越丰富，相对所带来的工作机会就越多，而且人际关系通向拥有丰富资源的他人，这个关系也能带来更有价值的工作机会①。同人类个体相似，在拥有纷繁复杂网络关系的产业网络中，处于不同网络位置的企业在网络中的地位迥然不同，带来的影响力也是各有差异的。在产业网络中拥有较强影响力优势的企业往往是网络中的中心节点（即 hub 集线器企业），它们具有"中心性"和"中介性"的特征。一个企业拥有高的"中心性"就代表这个企业在产业网络中处于重要的结构位置，具有地位优越性和特权性，而具有较高"中心性"的企业也往往具有较高的"中介性"，即衡量这个企业作为媒介者的能力，也就是占据在其他两个节点快捷方式上最为重要位置的节点，中介性越高，说明越多节点的联络就必须要通过它，这非常类似于社会学网络中的"结构洞"② 理论。

---

①　这就是美国著名的社会学家林南提出的个人"社会资本"理论。

②　结构洞（structural holes）理论由美国社会学家罗纳德·博特于 1992 年在其撰写的《结构洞：竞争的社会结构》一书中提出，该理论一经问世，便在西方社会学界、管理学界、战略学界引起了轰动，在美国及欧洲的企业界也得到了广泛关注。所谓结构洞，即社会网络中的某个体（ego）和其他一些个体（alters）发生联系，但这些个体互相之间不发生直接联系。这些个体无直接联系或关系间断的现象，从网络整体看好像网络结构中出现了洞穴。博特认为，在结构洞中，将两个无直接联系的两者连接起来的第三者拥有信息优势和控制优势。因此，组织和组织中的个人都要争取占据结构洞中的第三者位置，并且为保持结构洞的存在自身的优势而不能让另外两者轻易地联系起来。

研究产业网络主体的影响力可以通过复杂网络统计特性之一的节点"度"来进行衡量。一个节点的度越大，说明这个节点在网络中越重要，对整个网络的影响力就越大，研究经常称那些度相对很高的节点为网络的集线器；相反，一个节点的度越小，则说明这个节点在网络中的关系较少，则对整个网络的影响力就越小，多为网络规则的遵循者和跟随者。

在图 3-2 中，可以比较清晰地对沈阳汽车产业网络图中的各个节点的"度"作出判断，如表 3-7 所示。

表 3-7　　　　　　　　沈阳汽车产业网络节点度的降序排列

节点	度	节点	度
汽配市场	58	20	2
华晨金杯	40	19	2
金杯车辆	20	18	2
一汽	11	17	2
沈阳航天三菱发动机	9	12	2
中兴汽车	7	11	2
沈阳新光华晨发动机	7	8	2
长城汽车	7	102	1
北京福田	7	101	1
通用	6	100	1
沈阳民航航空特种车制造厂	6	99	1
沈阳美卡汽车零部件制造有限公司	6	98	1
华晨宝马	6	97	1
沈阳三山汽车工业集团联营公司	5	96	1
奇瑞汽车	5	95	1
出口	5	94	1
北京现代	5	93	1
21	5	92	1
79	4	91	1
67	4	90	1
62	4	89	1

续表

节点	度	节点	度
56	4	87	1
51	4	86	1
50	4	85	1
48	4	84	1
25	4	81	1
沈阳中顺	3	80	1
东风悦达起亚	3	78	1
北京汽车	3	77	1
北方奔驰	3	76	1
70	3	75	1
65	3	74	1
39	3	72	1
绵阳新晨动力	2	71	1
黄海汽车	2	69	1
河北中兴	2	68	1
哈尔滨东安	2	66	1
返销韩国	2	64	1
东南汽车	2	54	1
丹东曙光	2	53	1
保定汽车	2	52	1
88	2	49	1
83	2	47	1
82	2	45	1
73	2	44	1
63	2	43	1
61	2	42	1
60	2	38	1
59	2	36	1
58	2	35	1
57	2	33	1
55	2	24	1
46	2	16	1

续表

节点	度	节点	度
41	2	15	1
40	2	14	1
37	2	13	1
34	2	10	1
32	2	9	1
31	2	7	1
30	2	6	1
29	2	5	1
28	2	4	1
27	2	3	1
26	2	2	1
23	2	1	1
22	2		

从节点度排列情况可以看出，具有较大影响力的集线器企业为 5 个，去掉非沈阳本地化企业"长春一汽"，可以观察到，沈阳市汽车产业网络中具有较大影响力的领导企业分别是：华晨金杯[①]、金杯车辆[②]和沈阳航

① 沈阳华晨金杯汽车有限公司是华晨中国汽车控股有限公司与金杯汽车股份有限公司共同出资组建的合资企业，成立于 1991 年 7 月 22 日。公司拥有"中华"和"金杯"两个民族自主汽车品牌；拥有中华轿车、金杯海狮轻型客车和阁瑞斯 MPV 商务车三大整车产品；拥有中华、海狮、发动机三个工厂和一个研发中心。在公司吸纳全球汽车技术和企业管理英才，为振兴民族工业，不断加快国际化步伐，并广泛开展与宝马、保时捷和丰田等国际知名汽车企业的合作和技术引进，同时华晨金杯汽车集团还制定了"高起点自主创新，高品质自主品牌，高目标跨越发展"的企业发展战略。

② 金杯车辆公司是华晨汽车集团所属的金杯汽车股份有限公司控股的国内主要卡车生产厂之一，公司现有冲压、装焊、涂装、车架、货厢、总装配等生产车间和产品研发中心，采用先进的计算机辅助设计、PDM 产品数据管理和 ERP 生产、采购、物流、营销、成本管理系统，具有自主研发、试制、试验、检测能力和手段。生产能力为年产整车 8 万辆，目前年产销突破 6 万辆。公司产品包括 5 大系列，其中以承载能力从 0.5 吨到 3 吨的轻型卡车为主，同时生产厢式车、工程自卸车、特种车、SUV、皮卡以及客车等。公司从建厂初期就被国家指定为军品车生产骨干企业，先后为部队提供军品车 2.2 万余辆。1999 年、2006 年金杯卡车先后成为驻香港特区、澳门特区部队指定用车。2006 年在解放军总装备部军车采购招标中一举中标。

天三菱发动机①，同时更加引起注意的是，沈阳市汽配市场②具有最大的节点"度"，为58，这说明汽配市场在沈阳市汽车产业网络的发展中起到了非常重要的作用，具有"辐射四方"的主导效果。

同时，非本地化的"长春一汽集团"在沈阳市汽车产业网络中的度为11，也非常高，居于第4位，这也反映了当前东北地区汽车产业发展的一个明显特征和趋势：东北目前已形成了以长春为主，以沈阳、哈尔滨为"两翼"的汽车产业群发展大格局，在汽车整车生产及零部件供给上具有优势互补的特点。

第四节　沈阳汽车产业网络拓扑模型判定

一、度分布判定

众多学者在对存在于不同领域的大量实际网络的拓扑特征进行实证研究后，从不同的角度出发提出了各种各样的网络拓扑结构模型，包括规则网络、随机图、无标度网络和小世界网络等。在这些理论的基础上，本书将对沈阳汽车产业网络的网络拓扑结构进行判定。

根据对沈阳汽车产业网络节点度分布进行拟合，可以得到图3-3。根据图3-3，可以初步观察出：沈阳汽车产业网络的度分布趋近于"幂律分布"。

---

① 沈阳航天三菱汽车发动机制造有限公司是由中国、日本、马来西亚三国五家公司共同出资设立的中外合资汽车发动机制造企业。发动机设计生产能力30万台/年，2000年3月28日正式投产。公司全面引进日本三菱汽车公司发动机生产技术、质量控制技术以及生产管理方式，引进生产三菱4GB系列、4A9系列发动机，发动机排量涵盖1.1升、1.5升、1.6升、2.0升、2.4升，排放达到欧Ⅳ标准。产品采用可变气门正时和升程结构，具有结构紧凑、低震动、低噪声、低油耗、高可靠性的特点，适用前置前驱和后置前驱车型，广泛应用于微型车、轿车、SUV车、MPV车、越野车、轻型客车、皮卡车，已成功地搭载尊驰、骏捷、东方之子、瑞虎、猎豹、戈蓝、菱绅、哈佛、欧蓝德、风行、得利卡、海狮等车型。2006年，发动机除供应国内整车厂外，开始批量销往国外。
② 在"瑞盛"和"国瑞"进入沈阳之前，沈阳汽车配件市场一度呈现"三足鼎立"的局面：西部汽配城、东北汽配城、塔湾汽配城分立于沈阳西部、中部和西北部。其中，东北汽配城和西部汽配城以乘用车为主，塔湾汽配城以载重车为主。除了这三大市场，沈阳还有恒诚、荣富等几个小型市场。

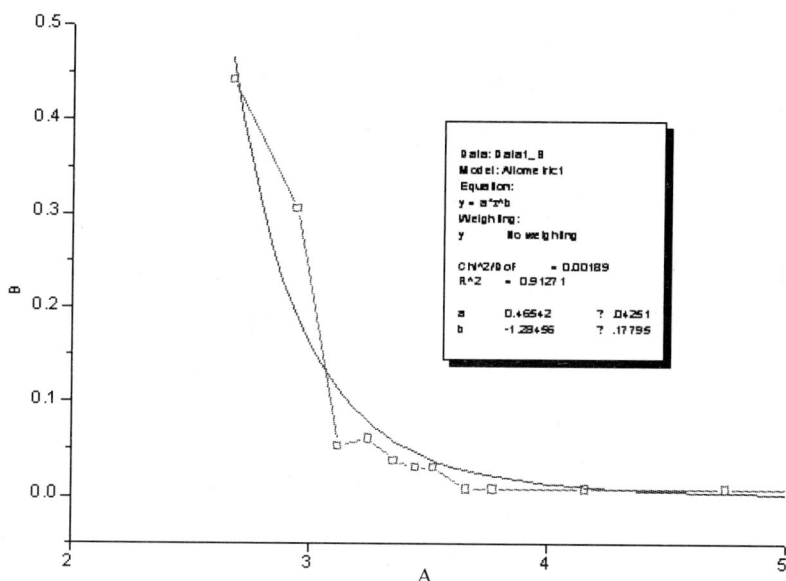

图 3-3 沈阳汽车产业网络拟合图

所以，从度分布拟合和沈阳汽车产业网络性质进行初步判断，沈阳汽车产业网络趋近于"BA 无标度网络"。为了进一步验证这个结论，本书将通过同其他复杂网络的拓扑结构模型的比较来进行分析。

二、比较判定

（一）六种标准网络模型

选定六种标准网络模型：BA（$m=1$）无标度网络模型、BA（$m=2$）无标度网络模型、BA（$m=3$）无标度网络模型、WS 小世界网络模型、NW 小世界网络模型和随机图网络模型，并将沈阳汽车产业网络与其进行一一对比，以对沈阳汽车产业网络的拓扑结构进行准确判定。

1. BA 无标度网络模型①

BA 无标度模型构造算法如下：

（1）增长。从一个具有 m_0 个节点的网络开始，每次引入一个新的节

---

① Barabasi A - L, Bonabeau E. Scale - Free Networks [J], *Scientific American*, 2003, 45 (2)：167-256.

点，并且连到 m 个已存在的节点上，这里 $m \leqslant m_0$。

（2）优先连接。一个新节点与一个已经存在的节点 i 相连接的概率 $\prod_i$ 与节点 i 的度 k_i、节点 j 的度 k_j 之间满足如下关系：

$$\prod_i = \frac{k_i}{\sum_j k_j}$$

从而可以求出 BA（$m = 1, m = 2, m = 3$）无标度网络的平均路径长度①、聚类系数②和度分布③，并绘得网络图，如图 3 - 4 至图 3 - 6 所示。

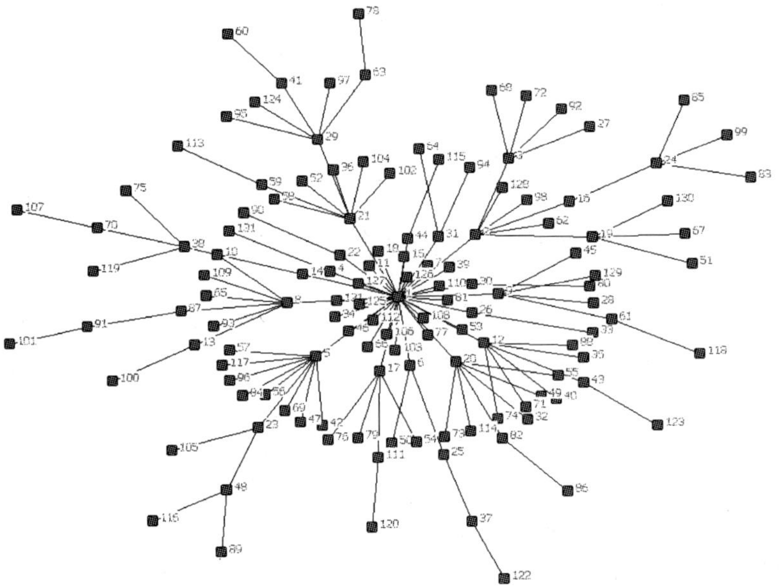

图 3 - 4　BA 无标度网络（$m = 1$）
运用 MATLAB 编程及 UCINET 软件绘制得出

---

① $L \propto \dfrac{\log N}{\log\log N}$。

② $C = \dfrac{m^2(m+1)^2}{4(m-1)}\Big[\ln\Big(\dfrac{m+1}{m}\Big) - \dfrac{1}{m+1}\Big]\dfrac{[\ln(t)]^2}{t}$。

③ $P(k) = \dfrac{2m(m+1)}{k(k+1)(k+2)} \propto 2m^2k^{-3}$。

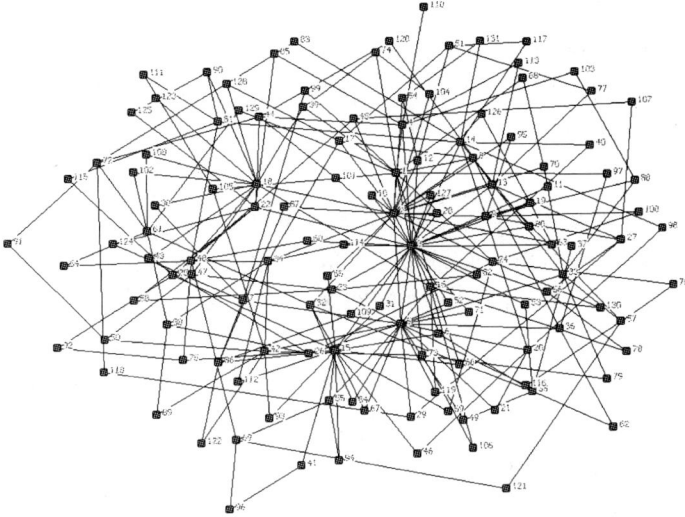

图 3 - 5　BA 无标度网络（m = 2）
运用 MATLAB 编程及 UCINET 软件绘制得出

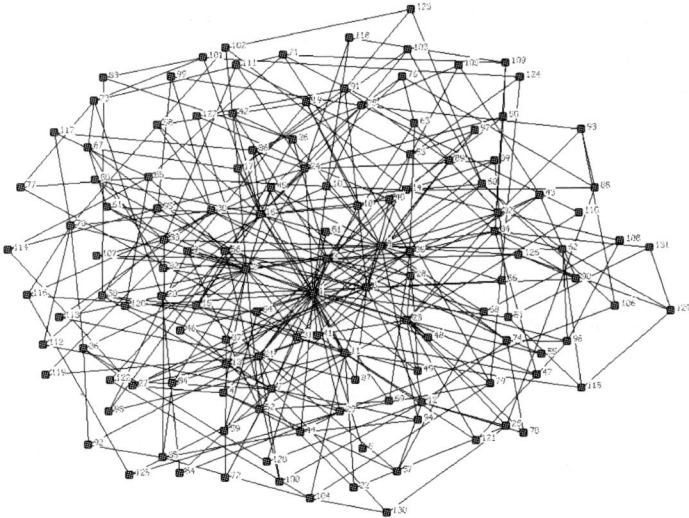

图 3 - 6　BA 无标度网络（m = 3）
运用 MATLAB 编程及 UCINET 软件绘制得出

2. WS 小世界网络模型[①]

WS 小世界网络模型构造算法如下：

（1）从规则图开始。考虑一个含有 N 个点的最近邻耦合网络，它们围成一个环，其中每个节点都与它左右相邻的各 $K/2$ 节点相连，K 是偶数。

（2）随机化重连。以概率 p 随机地重新连接网络中的每个边，即将边的一个端点保持不变，而另一端点取为网络中随机选择的一个节点。其中规定，任意两个不同的节点之间至多只有一条边，并且每一个节点都不能有边与自身相连。

由此可以求得 WS 小世界模型的平均路径长度[②]、聚类系数[③]和度分布[④]，并绘得 WS 小世界模型的网络图，如图 3 - 7 所示。

3. NW 小世界网络模型[⑤]

NW 小世界网络模型构造算法如下：

（1）从规则图开始。考虑一个含有 N 个点的最近邻耦合网络，它们围成一个环，其中每个节点都与它左右相邻的各 $K/2$ 节点相连，K 是偶数。

（2）随机化重连。以概率 p 在随机选取的一对节点之间加上一条边。其中任意两个不同的节点之间至多只能有一条边，并且每一个节点都不能有边与自身相连。

---

① Watts D. J. , Strogatz S. H. . Collective Dynamicsof "Small World" Networks [J], *Nature*, 1998, 393 (6684)：440 - 442.

② 目前，尚未求出 WS 小世界模型的平均路径长度 L 的精确解析表达式，以上公式是利用重正化群方法得到的：$L(p) = \dfrac{2N}{K} f(NKp/2)$。

③ $C(p) = \dfrac{3(K-2)}{4(K-1)}(1-p)^3$。

④ $P(k) = \sum_{n=0}^{\min\left(k-\frac{K}{2}, \frac{K}{2}\right)} \binom{K/2}{n}(1-p)^n p^{\left(\frac{K}{2}\right)-n} \dfrac{(pK/2)^{k-(\frac{K}{2})-n}}{(k-(K/2)-n)!} e^{-pK/2}, (k \geqslant K/2)$。

⑤ Newman M. E. J. . Models of the Small World. *Journal of Statistical Physics* [J], 2000, 101：819 - 841.

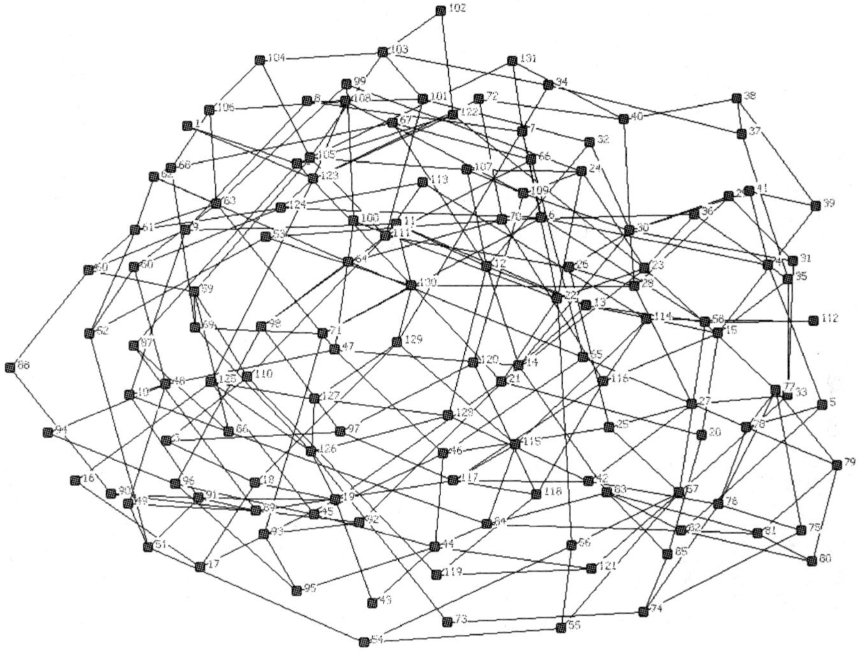

图 3 - 7 WS 小世界模型

运用 MATLAB 编程及 UCINET 软件绘制得出

由此可以求得 NW 小世界模型的平均路径长度①、聚类系数②和度分布③，并绘得 NW 小世界模型的网络图，如图 3 - 8 所示。

4. 随机图④

随机图是与完全规则网络相反的复杂网络图，其中一个典型的就是 ER

---

① 纽曼等人基于均场方法给出了这个近似的表达式 $f(x) \approx \dfrac{1}{2} \dfrac{1}{\sqrt{x^2 + 2x}} \mathrm{arctan}h \sqrt{\dfrac{x}{x + 2}}$。

② $C(p) = \dfrac{3(K - 2)}{4(K - 1) + 4Kp(p + 2)}$。

③ $P(k) = \dbinom{N}{k - K} \left(\dfrac{Kp}{N}\right)^{k - K} \left(1 - \dfrac{Kp}{N}\right)^{N - k + K}$。

④ Erdos P. , Renyi A. . On the Evolution of Random Graphs [J], Publ. Math. Inst. Hung. Acad. Sci. , 1960, 5: 17 - 60.

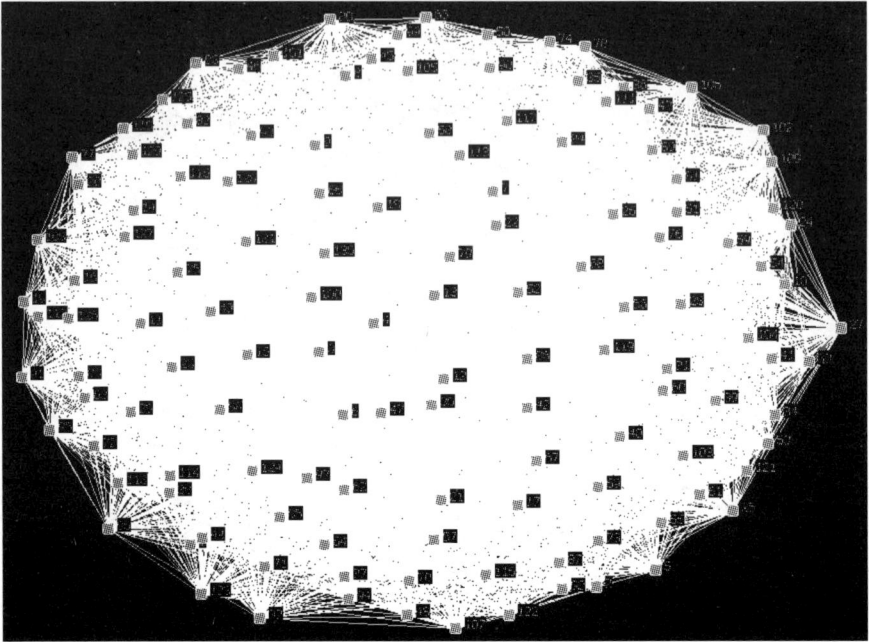

图 3 – 8　NW 小世界模型
运用 **MATLAB** 编程及 **UCINET** 软件绘制得出

随机网络图，ER 随机图的平均度是 $\langle k \rangle = p(N-1) \approx pN$。设 L_{ER} 是 ER 随机图的平均路径长度。直观上，对于 ER 随机图中随机选取的一个点，网络中大约有 $\langle k \rangle^{L_{ER}}$ 个其他点与该点之间的距离等于或非常接近于 L_{ER}。因此，$N \propto \langle k \rangle^{L_{ER}}$，即 $L_{ER} \propto \ln N/\ln\langle k \rangle$。

ER 随机图中两个节点之间不论是否具有共同的邻节点，其连接概率均为 p。因此，ER 随机图的聚类系数是 $C = p = \langle k \rangle/N \leqslant 1$，这意味着大规模的稀疏 ER 随机图没有聚类特性。

固定 ER 随机图的平均度 $\langle k \rangle$ 不变，则对于充分大的 N，由于每条边的出现与否都是独立的，ER 随机图的度分布可利用泊松（Poission）分布来表示[1]，并绘得 NW 小世界模型的网络图，如图 3 – 9 所示。

---

[1]　$P(k) = \left(\dfrac{N}{k}\right)p^k(1-p)^{N-k} \approx \dfrac{\langle k \rangle^k e^{-\langle k \rangle}}{k!}$。

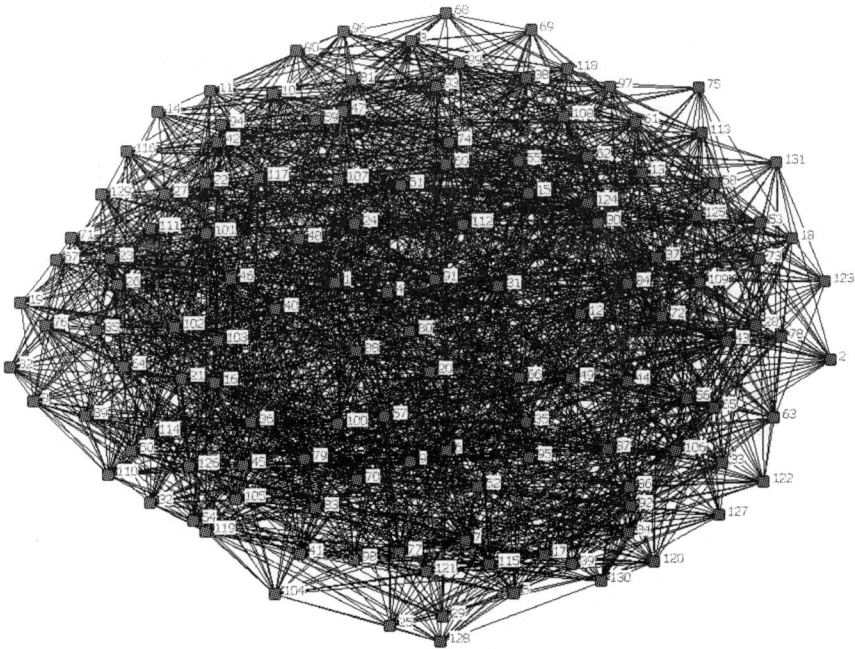

图 3 - 9　随机图模型
运用 MATLAB 编程及 UCINET 软件绘制得出

求得这六种网络的平均路径长度、聚类系数和度分布，如表 3 - 8 所示。

表 3 - 8　　　　　　　　六种网络的统计特性

	平均度	平均距离	聚类系数
BA（m = 1）	1.9847	3.9746	0.0000
BA（m = 2）	3.8626	3.1225	0.1182
BA（m = 3）	5.6183	2.7664	0.1241
WS 小世界	4.0000	3.8208	0.0843
NW 小世界	98.9466	1.2389	0.7610
随机图	32.5038	1.7517	0.2817

（二）拟合判别

数学上主要用"距离"标准和"相似性"标准来进行拟合。

1."距离"判断

选取了"欧式距离"和"马式距离"，可得到表 3 - 9。

表 3 - 9　　　　　　　　欧式距离和马式距离的拟合表

	欧式距离	排序	马式距离	排序
BA（m = 1）	1.6428	3	3.3581	6
BA（m = 2）	0.8406	1	1.8233	1
BA（m = 3）	2.5217	4	2.1858	2
WS 小世界	1.3770	2	2.4038	3
NW 小世界	95.8616	6	3.2412	4
随机图	29.4232	5	3.2454	5

从表 3 - 9 可以得出结论，运用"欧式距离"和"马式距离"进行拟合，沈阳汽车产业网络的拓扑结构最趋近于"BA（m = 2）无标度网络"。

2."相似性"判断

本书将用"夹角余弦"和"相关系数"来进行拟合，可得到表 3 - 10。

表 3 - 10　　　　　　"夹角余弦"和"相关系数"拟合表

	夹角余弦	排序	相关系数	排序
BA（m = 1）	0.9292	4	0.8123	4
BA（m = 2）	0.9981	2	0.9960	2
BA（m = 3）	0.9617	3	0.9016	3
WS 小世界	0.9988	1	0.9983	1
NW 小世界	0.7507	6	0.5860	6
随机图	0.7774	5	0.6150	5

从表 3 - 10 可以得出结论，运用"夹角余弦"和"相关系数"进行拟合，沈阳汽车产业网络最趋近于 WS 小世界网络，其次是"BA（$m = 2$）无标度网络"。从上述各项指标分析来看，比较判定再次佐证，沈阳

汽车产业网络拓扑结构最趋近于"BA（$m = 2$）无标度网络"①。

Barabasi 和 Albert 分析了 BA 无标度网络所具有的而以前许多网络模型都没有考虑到的实际网络所具备的两个重要特性：

（1）增长特性。即网络的规模是不断扩大的。沈阳汽车产业网络具备"增长特性"。沈阳汽车产业网络具有"开放性"和"动态性"特征，它的网络系统时时同外界环境进行不断的资源交换，同时，大量的企业和机构会随着沈阳汽车产业网络的吸引力的增强而同原有的节点发生各种交互活动而进入沈阳汽车产业网络成为新的节点，生成网络中新的边，这说明沈阳汽车产业网络具备 BA 无标度网络的"增长特性"。

（2）优先连接特性。即新的节点倾向于与那些具有较高连接度的"大"节点相连接，即"贫者越贫、富者越富"的"马太效应"②。

沈阳汽车产业网络具备"优先连接性"。通过沈阳汽车产业网络内部交互活动的不断增加，节点之间会由敌对竞争关系向合作竞争关系演化。由于"偶然因素"或"积累因素"的存在，势必会有一些节点在沈阳汽车产业网络中的影响力得到增加，从而获得与其他节点进行交互的更多机会。随着交互活动的增加，沈阳汽车产业网络内的"信任"机制也会得到增强，拥有良好的合作记录的企业会获得更多的信任，被选中合作的概率就越高。与此形成鲜明对比的是，那些在合作历程中，有违约或背叛行为等不良合作记录的企业就没有或者很少有被其他企业选择为合作对象的机会。所以，沈阳汽车产业网络也具备 BA 无标度网络的"优先连接特性"。

---

① BA（$m = 1$，$m = 2$，$m = 3$）无标度网络中的 m 代表的是初始模型构建的节点，以 $m = 2$ 为例，这是一个由 2 个节点开始，通过逐一增加节点后所形成的 BA 无标度网络，m 的取值不同会对 BA 无标度网络的统计特性产生影响，但不会影响 BA 无标度网络的基本性质，所以，通过对 BA 无标度网络的具体区分，可以为后续研究产业网络的分类提供标准。

② 马太效应（Matthew Effect），是指好的越好，坏的越坏；多的越多，少的越少的一种现象。名字来自于《圣经·马太福音》中的一则寓言。1968 年，美国科学史研究者罗伯特·莫顿（Robert K. Merton）提出这个术语用以概括一种社会心理现象："相对于那些不知名的研究者，声名显赫的科学家通常得到更多的声望即使他们的成就是相似的，同样，在同一个项目上，声誉通常给予那些已经出名的研究者，例如，一个奖项几乎总是授予最资深的研究者，即使所有工作都是一个研究生完成的。"此术语后为经济学界所借用，反映贫者越贫，富者越富，赢家通吃的经济学中收入分配不公的现象。

第四章　群内、群间和网络间行为

——沈阳汽车产业网络行为

"社团结构"是复杂网络中普遍存在的一种现象。产业网络，作为一个复杂的网络系统，也必然存在着很多层次的"子网络"。网络中节点的行为策略不仅要以自身发展战略为基础，同时也要受到网络环境的影响。因此，基于复杂网络聚类分析方法，本章对产业网络的"群内"、"群间"和"网络间"行为进行研究。

第一节　复杂网络聚类分析方法

"社团结构"是复杂网络中普遍存在的一种现象，即整个网络由若干个社团组成，每个社团内部的节点之间的连接相对非常紧密，但是各个社团之间的连接相对比较稀疏。聚类分析在复杂网络中寻找社团结构的方法使复杂网络可以化为若干个节点较少，结构相对简单的子网络，从而使得复杂网络的研究变得相对简单。

Kernighan - Lin 算法要求必须事先知道该网络的两个社团大小，否则就可能不会得到正确的结果，这个缺陷使得它在实际网络分析中难以应用。谱平分法复杂度虽然相对较低，但是其最大的缺陷就是它每次只能将网络平分，如果要将一个网络分成两个以上的社团，就必须对子社团多次重复该算法。所以，本书将采用分级聚类方法，主要选择一种凝聚算法——在纽曼快速算法基础上改进的利用"堆结构"的贪婪算法对产业网络的行为进行聚类分析。

一、纽曼快速算法①

纽曼快速算法实际上是属于贪婪算法思想的一种凝聚算法，其算法如下：

第一步初始化网络为 n 个社团，即每个节点就是一个独立社团。初始的 e_{ij} 和 a_i 满足：

$$e_{ij} = \begin{cases} 1/2m, & \text{如果节点 } i \text{ 和 } j \text{ 之间有边相连} \\ 0, & \text{其他} \end{cases}$$

$$a_i = k_i/2m$$

其中，k_i 为节点 i 的度；m 为网络中总的边数。

第二步依次合并有边相连的社团对，并计算合并后的模块度增量

$$\Delta Q = e_{ij} + e_{ji} - 2a_i a_j = 2 \ (e_{ij} - a_i a_j)$$

依据贪婪算法的原理，每次合并应该沿着使 Q 增大最多或者减少最小的方向进行。该步的算法复杂度为 $O \ (m)$。因此，第二步的总的算法复杂度为 $O \ (m+n)$。

重复执行第二步，不断合并社团，直到整个网络都合并成为一个社团。这里最多要执行 $n-1$ 次合并。

该算法的总算法复杂度为 $O \ ((m+n) \ n)$，对于稀疏网络则为 O (n^2)，整个算法完成后就可以得到一个社团结构分解的树状图。再通过选择在不同位置断开可以得到不同的网络社团结构。

二、利用堆结构的贪婪算法②

在纽曼快速算法的基础上，Clauset、纽曼和 Moore 等人采用堆的数据结构来计算和更新网络的模块度，提出了一种新的贪婪算法，而该算法的复杂度只有 $O \ (nlog^2 n)$，已接近线形复杂性。

纽曼快速算法通过初始的连接矩阵来计算模块度的增量 ΔQ_{ij}，然后通过对它的元素进行更新来得到模块度最大的一种社团结构。显然，如果合并不相连的社团，模块度 Q 的值是不会变的。因此只需要存储那些有边

①　Newman M. E. J. . Fast Algorithm for Detecting Community Structure in Networks ［J］, *Phys. Rev. E.*, 2004 (69): 066133.

②　Clauset A., Newman M. E. J., Moore C. Finding Community Structure in Very Large Networks ［J］, *Phys. Rev. E.*, 2004 (70): 066111.

相连的社团 i 和 j 相应的元素 ΔQ_{ij}，从而节省了存储空间。此算法一共用到了以下三种数据结构：

（1）模块度增量矩阵 ΔQ_{ij}，它与网络的连接矩阵 A 一样，是一个稀疏矩阵。将它的每一行都存为一个平衡二权树[①]以及一个最大堆[②]。（2）最大堆 H。该堆中包含了模块度增量矩阵中每一行的最大元素 ΔQ_{ij}，同时包括该元素相应的两个社团的编号 i 和 j。（3）辅助向量 a_i。

在这三种数据结构的基础上，该算法的流程如下：

（1）初始化。这一步与纽曼快速算法是一样的。对于无权的网络，初始化网络为 n 个社团，即每个节点就是一个独立的社团。此时，初始的模块值 $Q = 0$。初始的 e_{ij}、a_i 满足：

$$e_{ij} = \begin{cases} 1/2m, & \text{如果节点 } i \text{ 和 } j \text{ 之间有边相连} \\ 0, & \text{其他} \end{cases}$$

$$a_i = k_i/2m$$

其中，k_i 为节点 i 的度；m 为网络中总的边数。这样，初始的模块度增量矩阵的元素满足：

$$e_{ij} = \begin{cases} 1/2m - k_i k_j / (2m)^2, & \text{如果节点 } i \text{ 和 } j \text{ 之间有边相连} \\ 0, & \text{其他} \end{cases}$$

得到了初始的模块度增量矩阵以后，就可以得到由它每一行最大元素构成的最大堆 H。

（2）从最大堆 H 中选择最大的 ΔQ_{ij}，合并相应的社团 i 和 j；并更新模块度增量 ΔQ_{ij}、最大堆 H 和辅助向量 a_i。

第一步：ΔQ_{ij} 的更新：删除第 i 行和第 i 列的元素，更新第 j 行和第 j 列的元素，从而获得：

$$\Delta Q_{jk} = \begin{cases} \Delta Q_{ik} + \Delta Q_{jk}, & \text{如果社团 } k \text{ 同时与社团 } i \text{ 和社团 } j \text{ 都相连} \\ \Delta Q_{ik} - 2a_j a_k, & \text{如果社团 } k \text{ 仅与社团 } i \text{ 相连，不与社团 } j \text{ 相连} \\ \Delta Q_{jk} - 2a_j a_k, & \text{如果社团 } k \text{ 仅与社团 } j \text{ 相连，不与社团 } i \text{ 相连} \end{cases}$$

第二步：最大堆 H 的更新：每次更新 ΔQ_{ij} 后，要更新最大堆中相应的行和列的最大元素。

---

① 这样可以在 O（logn）时间内找到需要的某个元素。

② 这样可以在最短的时间内找到每一行的最大元素。

第三步：辅助向量 a_i 的更新：$a_j = a_i + a_j$；$a_j = 0$

同时，记录合并以后的模块度值 $Q + \Delta Q_{ij}$。

（3）重复步骤（1）直到网络中所有的节点都归到一个社团内。

第二节　沈阳汽车产业网络的社团结构

运用堆结构的贪婪算法，借鉴计算机程序，可以得出沈阳汽车产业网络的聚类分析树状图，如图 4-1 所示。

从图 4-1 可以看出，通过堆结构的贪婪算法，沈阳汽车产业网络可以很清晰地分为四个社团结构，分别是：

——零部件企业社团。零部件企业社团共包括 103 个节点。零部件企业社团包括沈阳 102 家汽车零部件生产企业，同时还包括了福建的东南汽车①。

——整车企业社团。整车企业社团共包括 24 个节点。整车企业社团主要包括沈阳市内的本地化整车企业：华晨金杯、华晨宝马、金杯车辆和沈阳中顺汽车，以及北京现代、长城汽车、长春一汽等外市整车企业，同时，还包括“出口贸易”和“返销韩国”等特殊的企业活动节点，以及部分的专用车生产企业，比如沈阳三山汽车工业集团联营公司、沈阳美卡汽车零部件制造有限公司等。

——发动机企业社团。发动机企业社团共包括 4 个节点。发动机企业社团主要包括沈阳本地发动机制造企业两家，分别是沈阳新光华晨发动机和沈阳航天三菱发动机，以及沈阳市外的四川绵阳新晨动力机械有限公司，同时还包括一个沈阳市的专用车生产企业，即沈阳民航航空特种车制造厂。

——汽配市场社团。汽配市场社团只有一个节点，也是沈阳汽车产业

---

　　① 零部件企业社团包括了福建的东南汽车，这说明节点“东南汽车”没有被正确归类，这一方面说明现有的聚类方法还有待改进，另一方面也反映出东南汽车同大多数的沈阳零部件企业具有的度比较相似，它自身的度只有 2，说明在沈阳汽车产业网络中的影响力较小。

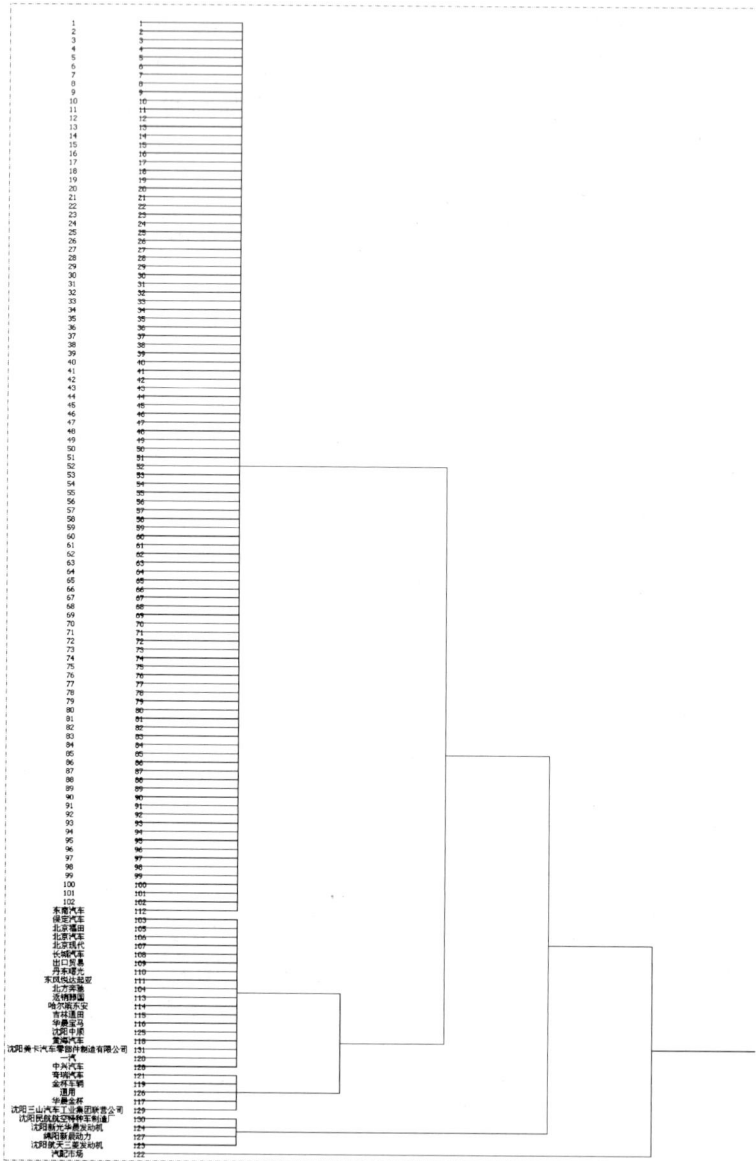

图 4 - 1 沈阳汽车产业网络聚类图

运用 MATLAB 编程及 UCINET 软件绘制得出

网络中拥有最大"度"的节点——沈阳汽配市场，它包括瑞盛、国瑞、西部汽配城、东北汽配城和塔湾汽配城等规模较大的汽配市场，同时还包括恒诚、荣富等几个小型市场。

第三节　沈阳汽车产业网络主体行为
——基于社团结构

在产业网络 AARS 范式中，本书提出了产业网络主体行为分析的三个层面，即"群内行为"、"群间行为"和"网络间行为"。因而本书从这三个层次对沈阳汽车产业网络主体的行为进行研究和分析。

一、群内行为

（一）零部件企业社团的群内行为

沈阳市众多的汽车零部件企业能够聚类在一起是由于这些企业节点的度都非常低，这说明在整个沈阳汽车产业网络中，零部件企业的网络控制力和影响力都非常有限，拥有的网络资源非常少，只能成为网络规则的遵从者和资源的接受者。

纵观发达国家零部件产业的发展，可以看出一个非常突出的特点，那就是世界零部件企业的分布呈现出较高的区域集中度和企业集中度。北美、欧洲、亚太地区是世界汽车零部件产业的三大集中地区，三个地区的 OEM① 市场总额占全球市场总额的 95% 以上。同时，这些地区汽车零部件企业的规模也越来越大。目前，世界上已经拥有以德国博世公司为代表的十几家年销售收入超过 100 亿美元的巨型汽车零部件跨国大企业。在世界汽车零部

---

① OEM 生产，即贴牌生产，也称为定牌生产，俗称"贴牌"，由于其英文表述为 Original Equipment/Entrusted Manufacture（译为原始设备制造商或原产地委托加工），因此简称为 OEM。基本含义为品牌生产者不直接生产产品，而是利用自己掌握的关键的核心技术负责设计和开发新产品，控制销售渠道，具体的加工任务通过合同订购的方式委托同类产品的其他厂家生产。之后将所订产品低价买断，并直接贴上自己的品牌商标。这种委托他人生产的合作方式简称 OEM，承接加工任务的制造商被称为 OEM 厂商，其生产的产品被称为 OEM 产品。可见，贴牌生产属于加工贸易中的"代工生产"方式，在国际贸易中是以商品为载体的劳务出口。

件100强企业中，美国、欧洲、日本分别有汽车零部件企业37家、35家和24家，合计为96家；这些企业的销售收入合计占100家企业销售总额的95.33%；排名前30家企业的销售收入合计占前100家企业合计的近70%①。

纵观沈阳汽车零部件产业的发展现状，虽然目前沈阳市拥有100多家汽车零部件生产企业，但除近年来成立的内、外资合资企业外，原本地的沈阳零部件企业大多规模较小、发展速度较慢、产品种类单一、产品档次不高，这就导致了零部件企业配套水平低，多数产品只能为大型客车、轻型客车和国内低水平的发动机厂配套。目前，除汽车轮胎、轮毂、玻璃升降器及部分定向为宝马轿车生产的产品外，其他产品在全国都没有明显的优势。同时，由于企业规模小，成套性差，也导致在整车—大总成—小总成—零部件这个产业链条中，很少能够形成"小总成"、"大总成"向主机厂成套供货。此外，沈阳市汽车零部件产业集中度是非常低的，众多企业分散在汽车零部件行业内的低附加值产品区域，而且产品交叉，这必然造成生产资源的浪费、产品的无序竞争，这都不利于沈阳汽车零部件产业的发展。

（二）整车企业社团的群内行为

沈阳本地整车企业以及与其贸易往来非常密切的外市整车企业都在产业网络中拥有较高的度，这说明整车企业在沈阳汽车产业网络中属于"领导企业"，即占有较多的网络资源，对整个产业网络的控制力和影响力都比较强，是产业网络规则的制定者和资源的溢出者。

但是，从沈阳市汽车整车企业的发展现状来看，仍然存在总量规模小、企业间产品交叉趋同的问题。"十五"期间，以上海通用（沈阳）北盛汽车公司、华晨宝马汽车公司、华晨金杯汽车公司、航天三菱发动机公司、中顺汽车公司等主机企业为重点，沈阳市汽车工业固定资产投资在全市工业领域投资所占比例较高，形成了一定的生产能力，但近年来能力放空，生产率较低，行业单厂的生产规模与全国几大汽车集团相比差距较大。尽管金杯汽车股份公司的整车产销量②超过了10万辆，但占全国汽车总产销量的比例还很低，而中顺汽车、沈飞日野等企业尚缺乏规模竞争能力。除单厂规模偏小外，沈阳市企业间产品互相交叉，投资重复现象比

---

① 李海英：《汽车业改革开放三十年：滞后的零部件产业》，《汽车人杂志》2008年第4期。

② 包括华晨金杯、金杯车辆和华晨宝马。

较突出。比如在轻型客车产品上，中顺汽车与华晨金杯产品结构趋同；在MPV产品上，华晨金杯的阁瑞斯产品与上海通用北盛的别克高档商务车存在一定程度的竞争，而中顺汽车的新建项目也把 MPV 作为主导产品。

除此之外，整车企业研发能力不强也是影响沈阳市整车企业发展的一个重要问题。除中华轿车外，沈阳市其他主机产品的技术还要依托合资的外方企业，大多数零部件产品都不具备新产品的研发能力。中华轿车虽然是自主知识产权，但是由于其研发基本上都是聘请国外机构，因而新产品的推出速度跟不上国内汽车市场的发展节奏。

另一个问题是产品的技术来源复杂，尚未形成产品的共用平台。如在轻型客车和 MPV 产品上，华晨金杯公司的海狮、阁瑞斯为引进、吸收丰田技术，上海通用北盛公司为通用技术，中顺汽车公司则是委托开发与"拿来主义"相结合的技术；在轿车产品上，华晨宝马公司为宝马技术，华晨金杯中华轿车为意大利与自主开发相结合技术。由此导致沈阳市整车企业产品开发、零部件采购、工艺路线组织等成本难以压缩，同时也给零部件厂家组织规模生产带来很大困难。

（三）发动机企业社团的群内行为

发动机是汽车的心脏，是汽车关键部件，同其他低附加值的汽车零部件相比，发动机是具有高技术含量和高附加值的汽车零部件。发动机制造技术是汽车生产的核心技术之一，它的制造质量、制造工艺和装备直接影响汽车的性能和可靠性。但是，从全国范围来看，目前国内发动机企业发展规模弱小，技术水平低，产能不高，根本无力满足整车企业的需求，更没有能力与外资抗衡，市场供应主要依靠合资公司、独资公司以及进口解决。

沈阳市的航天三菱发动机和新光华晨发动机在产业网络中节点度的排列中居于前列，这说明发动机企业在沈阳汽车产业网络中的影响力较大。但是，同国内发动机企业发展现状相似，这两家公司也都是中外合资公司。沈阳航天三菱汽车发动机制造公司是由中国、日本、马来西亚三国五家公司共同出资设立的中外合资汽车发动机制造企业，全面引进的是日本三菱汽车公司发动机生产技术；沈阳新光华晨汽车发动机有限公司是由沈阳航天新光集团有限公司和华晨控股有限公司合资组建的中外合资企业。同时，沈阳本地的发动机企业之间还存在产品交叉趋同现象，比如在汽油发动机方面，新光华晨、农机汽车公司等都生产 491Q 汽油机，华晨金杯的 E2 发动机与航天三菱的 4G6 系列发动机也存在本地配套市场的竞争。

二、群间行为

群间行为反映的产业网络中的"子网络群体"之间的关系。从沈阳汽车产业网络聚类分析图来看，产业网络的群间行为主要体现在以下几个方面：

（一）"整零企业"之间的群间行为

汽车的生产制造过程是一个系统工程，它涉及汽车装配、关键零部件总成、单一零部件等众多生产厂家，这就要求整车与零部件企业之间须建立科学的专业化分工和协作体系，形成有效的竞争和合作的协调机制，共同完成价值链的全过程[①]。和谐的"整零关系"是汽车产业良性发展的保证和支撑。从理论上来说，整车企业的发展离不开零部件企业，零部件企业的发展也离不开整车。双方应该形成唇齿相依，患难与共的共生关系。

但是，从沈阳汽车产业网络图中可以很明显地观察到，沈阳汽车产业网络中"整车"企业与零部件企业之间并没有形成良好的"共生关系"，这主要体现在以下两个方面：

第一，整车企业和零部件企业之间的联系不够紧密。这可以从沈阳汽车产业网络具有的较低的微观密度得以佐证。产业网络微观密度是对以企业为主体的价值链网络密度的衡量和测算。沈阳汽车产业网络较低的微观密度说明，沈阳汽车企业之间，尤其是整车企业和在数量上占有绝大比例的零部件企业之间网络关系松散，缺乏紧密的合作。

第二，整车企业和零部件企业之间具有非常明显的"主控"与"被控"的非对等性的网络关系，这可以从两个子群体的"总和度比例"和"平均度比例"来得以佐证，如图 4 - 2 和图 4 - 3 所示[②]。从图中可以看出，沈阳的整车企业在整个汽车产业网络中的影响力非常大，主要体现为其平均度的比例占到了产业网络社团结构平均度比例中的 66.55%；而100 余家的零部件企业虽然在总和度上占据一定的优势，但是平均度却仅为 6%，影响力相当有限。这说明沈阳市的整车企业占据了众多网络资

---

① 王昌文：《"整""零"关系"哥俩好"——整车和汽车零部件企业需要转变"三种关系"》，《中国汽车市场》2006 年第 8 期。

② 为了突出沈阳"整车企业"和"零部件企业"社团之间的度比例关系，本书将除整车企业和零部件企业之外的各种节点都统一归为"其他"类别，其中包括非沈阳本地的外省市整车和发动机企业、沈阳市的发动机企业、专用车企业以及返销韩国、出口和汽配市场等节点。

源，是沈阳汽车产业网络中的"集线器"企业，是整个网络规则的制定者和领导者；与此形成对比的是，除了"发动机"这种高附加值的零部件外，沈阳大部分零部件企业规模都比较小，并且在汽车价值链中占据生产附加值较低的生产环节，所以沈阳的零部件企业发展呈现出工业集中度低、经济效益差，汽车零部件企业相对"弱势"的发展态势。

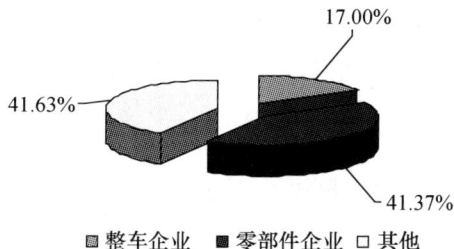

图 4-2 沈阳汽车产业网络不同社团结构总和度比例

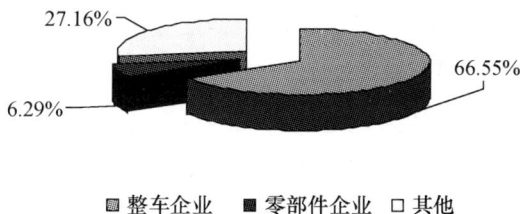

图 4-3 沈阳汽车产业网络不同社团结构平均度比例

沈阳汽车产业"整零"企业之间的关系同样是中国汽车产业的一个"缩影"。现在汽车行业"整零关系"很不正常，很多人把其称为"父子"和"主仆"关系。在这种情况下，零部件企业很难具备超前发展能力，自主创新也就失去了方向。很多零部件企业认为，现实中的整车厂与零部件企业存在的这种"父子"和"主仆"的关系并不利于整零双方的共同发展，主要体现在以下几个方面：

1. "重主机轻部件"的思想长期存在于汽车产业

由于"重整机轻零部件"的思想长期存在于中国的汽车产业，中国本土零部件企业的发展并没有受到应有的重视和扶植，所以普遍存在研发能力弱、配套水平低的问题，这在影响了零部件企业发展状态的同时，也严重制约了自主品牌整车企业发展的步伐。有数据表明：从"六五"到"九五"期间，我国汽车零部件的投资额大体上仅相当于整车投资的30%，与汽车工业发达国家 1:1 的平均水平相差很远，这在很大程度上是缘于"政策对于零部件产业发展的忽视"，从中国出台的汽车产业相关政策来看，可以看到汽车零部件发展受轻视的痕迹 ①。

2004 年 6 月颁布的纲领性文件《汽车产业发展政策》中，第四条指出："推动汽车产业结构调整和重组，扩大企业规模效益，提高产业集中度，避免散、乱、低水平重复建设。通过市场竞争形成几家具有国际竞争力的大型汽车企业集团，力争到 2010 年跨入世界 500 强企业之列。鼓励汽车生产企业按照市场规律组成企业联盟，实现优势互补和资源共享，扩大经营规模。培育一批有比较优势的零部件企业实现规模生产并进入国际汽车零部件采购体系，积极参与国际竞争。"第十七条指出："建立汽车整车和摩托车生产企业退出机制，对不能维持正常生产经营的汽车生产企业（含现有改装车生产企业）实行特别公示。该类企业不得向非汽车、摩托车生产企业及个人转让汽车、摩托车生产资格。国家鼓励该类企业转产专用汽车、汽车零部件或与其他汽车整车生产企业进行资产重组。"因而无论从零部件的培育体系还是退出机制以及自主创新能力的提升，都可以看到国家政策对于整车企业的明显倾斜，因为《汽车产业发展政策》基本是针对整车的，涉及零部件及相关行业的内容少之又少。

2006 年，《国家发改委关于汽车工业结构调整意见的通知》出台，此次文件指出了当前汽车零部件企业发展存在的不足，即为具体表现的第五点："零部件与整车未能同步发展。汽车工业通过对外开放、合资合作，整车产品的制造工艺及质量已经接近国际水平但零部件生产却滞后于整车的发展。国内零部件企业整体配套能力不强，专业化水平较低，自主开发和系统集成能力薄弱，跟不上整车开发的步伐。"在采取的六项措施中，只有第四项是针对零部件企业发展的，即"支持零部件工业加快发展。打破不利于汽车零部件配套的地区之间或企业集团之间的封锁，逐步建立

---

① 引自发动机论坛 http://www.enginexz.com，作者守中，题目为：《我国汽车零部件产业改革基本失败》2008 年 11 月 25 日。

起开放的、有竞争性的、不同技术层次的零部件配套体系。国家支持汽车生产企业与零部件企业联合开发整车产品；引导零部件排头兵企业上规模上水平，进行跨地区兼并、联合、重组，形成大型零部件企业集团，面向国内外两个市场。各地政府和有关部门要制订切实有力的措施支持国内骨干零部件企业提高产品研发能力。"这些内容虽然指明了零部件企业的发展方向，但是却缺乏切实可行的具体措施的支撑，在零部件企业实际的发展过程中，这些条文性的指导很难转化为真正可见的发展支持。

在 2009 年 1 月 5 日，国务院常务会议审议并原则通过了"汽车产业调整振兴规划"，会议强调，加快汽车产业调整和振兴，必须实施积极的消费政策，稳定和扩大汽车消费需求，以结构调整为主线，推进企业联合重组，以新能源汽车为突破口，加强自主创新，形成新的竞争优势。在此次会议上，国家已经重视到了"汽车零部件发展的重要性"，支持汽车零部件骨干企业通过兼并重组扩大规模。在此次《振兴调整规划》中被明确提出，汽车产业重组规划将以"国家队"为生力军，通过"三大五小"① 领导整个中国汽车业的整合。但是零部件企业的兼并重组方案至今尚不明晰。

应该说，作为汽车行业的纲领性文件，产业政策对零部件行业的忽视是一种非常危险的行为，并已经导致了目前不利的局面。但是，值得欣喜的是，国家政策对于汽车零部件产业发展的逐渐重视必将为零部件产业的发展提供一个良好的契机。根据发展现状来看，我国零部件企业在当前环境下要想获得长足发展必须依赖国家政策的扶持，因而国家出台相关政策，从正面积极引导和保护我国零部件企业是非常必要的。

2. 整车企业缺乏"战略扶持"思想，对"零部件企业"过度苛责

目前，整车企业对零部件企业的发展不够重视。整车企业在采购零部件时，往往在同一产品的多家企业中通过压低价格来选择零部件供应商。在交易中，整车企业始终处于有利地位，而零部件企业为了生存，只好忍气吞声。整车企业把零部件供应商的取舍、采购量的变动，采购价格、付款周期等主动权完全控制，而把困难、风险等全部转嫁给零部件供应商。

---

① "三大五小"即指国家对于此次兼并重组的思路分为全国范围重组和区域范围重组，细则明确鼓励一汽集团、东风集团、长安集团全国范围进行兼并重组，支持上汽集团、北汽集团、广汽集团、重汽集团、奇瑞汽车进行区域性兼并重组。

目前，零部件企业对整车企业的抱怨主要集中在以下几个方面：无视零部件企业的知识产权；转嫁开发风险；不为模具"买单"；任意压价；回款慢；要货急；推行"霸王条款"；抵车等①。因此，由于这种严重不对等的市场地位，导致国内零部件企业不仅要承担原材料价格上涨导致的成本增加，而且还要消化由整车厂转嫁过来的成本，这不仅压缩了零部件企业的盈利空间，更重要的是，使得中国的零部件企业基本没能力在技术研发上有什么突破。所以，这种"父子式"的"整零关系"的存在，致使我国中小零部件企业普遍处于规模小，产出成本高，生产工艺滞后，产品竞争力差的状态，根本无法进行产品研发，工艺改进、设备更新等，久而久之，使之陷入恶性循环之中，从而影响了整车产品的市场竞争力。

3. 汽车产业缺乏"体系性自主创新"

汽车产业缺乏"体系性自主创新"的重大症结可以在华晨金杯集团遭遇的"碰撞门事件"中得到充分的体现。

凭借着制造成本方面的优势，中国自主品牌汽车企业正在模仿着日韩汽车企业成功的模式，通过产品卓越的性价比来撬开欧美市场的大门。但是，接踵而至的"碰撞门"事件使得中国自主汽车企业在海外拓展道路上遭到了迎头痛击。在"江铃汽车碰撞门"②发生后，沈阳华晨金杯于2007年开始向德国出口"尊驰（Brilliance6）"，德国 ADAC（德国汽车司机协会）对该车进行了碰撞试验，结果仅获 1 星评价。而同价位的韩国现代"索纳塔（Sonata）"和起亚"Magnentis"均为 4 星评价。

2007 年 9 月 5 日，华晨尊驰样车参加了由欧洲 EURO NCAP 六大官方试验室之一——西班牙（伊迪亚达汽车技术股份有限公司）IDIADA 国家试验室主导的碰撞测试。10 日，从巴塞罗那传来喜讯，中华尊驰样车取得 20.24 分的总成绩并一举获得"三星"的较高评价，成为首个在欧洲NCAP 标准的碰撞测试中"达标"的自主品牌。能够迅速从"碰撞门"

---

① 王昌文：《"整""零"关系"哥俩好"——整车和汽车零部件企业需要转变"三种关系"》，《中国汽车市场》2006 年第 8 期。

② 2005 年 9 月 14 日，江铃陆风、吉利以中国自主品牌的身份首次亮相法兰克福车展的第三天，江铃陆风、或者说中国自主汽车企业迎来了海外拓展道路上的第一次摔跌：全德汽车俱乐部（以下简称：ADAC）对陆风汽车进行 NCAP（New Car Assessment Programme，新车评价规范）碰撞试验，ADAC 在试验评价中称，这是"过去 20 年的撞击测试历史中最糟糕的成绩"。

事件中跨越和崛起，也得益于华晨集团在安全性能上的不断改进①。经过与国际顶级安全机构的技术合作和华晨研发人员近一年的努力，中华轿车全线产品在安全性各项关键指标上获得了进一步提升。

从华晨金杯"碰撞门"事件中可以分析出两个重要的信息：（1）虽然"碰撞门"一方面是国外基于贸易保护主义的恶意炒作，但是另一方面也暴露了中国自主品牌自身与国际较高标准的差距。（2）在中华尊驰样车能够一举夺得"三星"极高评价的背后，却隐含了一个中国汽车产业自主创新的"隐疾"：即民族品牌汽车的"外部依赖性"。

华晨集团致力于走自主路，造中华车，并秉承"以我为主，外部为辅"的开放式研发模式，整合全球资源为我所用，重点与日本丰田、德国宝马、保时捷、德国 FEV 等国际知名公司开展了深入合作，自主创新能力大幅度提升。但是也必须清楚地看到，陷入"碰撞门"的华晨金杯计划完全依靠外部的技术支持：发动机从三菱汽车的中国法人公司——沈阳三菱购买；底盘调整交由保时捷负责；生产线设计承包给德国 Shenck。正因为完全依赖外部，中国厂商不仅缺少了汽车制造中重要的要素之车体设计技术，而且也导致在向外资厂商购买基础零部件中让外资厂商赚足了钱，而民族汽车厂商无法赚取利润。

因而，必须清楚地认识到，中国汽车产业今天强调的自主创新，主要指的是整车层面的开发，而并未深入以零部件为中心的产业逻辑中。换句话说，所谓"自主开发"其实只是局部的开发，局部的修改调整，而没有试图瞄准进行体系性的开发②，中国车企"产业体系性自主创新"的缺失具有以下几个鲜明的特征：

第一，零部件企业"重生产、轻开发"。有统计数据显示，目前国内

---

① 自 2008 年 9 月，尊驰在通过欧洲汽车安全标准测试进入德国市场后，华晨为尽快缩短与国际一流水平在安全方面的差距，就以欧洲 EURO NCAP 新车评估体系指标为标准，针对中华轿车在欧洲 NCAP 碰撞中暴露出的不足，不断进行安全技术改进和车身结构优化，前部后端的支撑件被重新设计，强化了 A 柱、B 柱、门槛、坐椅支架和顶梁，并加装了侧安全气帘。六月"碰撞门"事件后，华晨自主研发脚步加速，为了减轻碰撞对正副驾驶胸部区域的损伤，双侧气囊均经过了重新调整，并且为正副驾驶坐椅都配备了预紧式安全带，增设了安全带未系语音提示系统。改进了门内板以减轻锐利面在碰撞中对人的伤害，侧面撞击的伤害风险也因此得以降低。

② 日经 BP 社藤堂安人先生的文章《"垂直分裂"的产业构造——面临转折的中国民族汽车厂商》。

多数零部件企业的开发费用不足销售额的 1%，而国外企业一般都达到了 3%—5%[①]。研究开发能力提不上来，许多零部件企业就要从主机厂获得技术甚至加工图纸，地位类似于整车厂的"加工车间"，精力主要用于满足主机厂的既定要求，没有能力做到与整车同步开发。

第二，整车企业在同零部件企业的研发合作中缺乏"诚信"[②]。主要表现为"无视零部件企业的知识产权"、"转嫁开发风险"以及"拒绝为模具买单"等方面。比如，有的零部件企业在提及自主研发时指出："企业耗时几年为整车厂自主研发的配套产品，不出一年就被整车厂拿到其附属的零部件企业去生产，连声招呼都不打。整车厂要求我们在配套前必须签署保密协议，不能外泄其产品信息，但是对于我们研发的产品却拒绝签署保密协议，并以配套政策变化为由，任意将产品的资料提供给别的零部件企业。结果，我们的许多产品在整车厂的配套份额从最初的 100% 一路降到 20% 以下，甚至被整车厂赶出其配套体系。"在许多零部件企业看来，整车厂不仅无视零部件企业知识产权，更把产品开发的风险转嫁到了零部件企业。这主要表现在，整车厂同零部件企业签订合作开发协议后没有任何实质性的帮助，甚至把某个总成或小总成的开发责任全部推给供应商。而如果到期没有开发出来或者开发的结果让整车厂不满意，零部件企业就要被重罚。同时，在国外，基本上都是整车厂为模具费用"买单"，但整车厂不给模具费在国内却很流行，这些缺乏诚信的"合作危机"都严重挫伤了零部件企业的自主创新积极性，从而导致"重生产、轻开发"的恶性循环不断升级。

（二）专用车企业的群间行为

从经济学讲，专业化是一种相对能力，是社会分工细化的结果。如果企业某一方面比别人强，在这一方面无疑是绝对专业的；即使某一方面做得不比别人强，但相对自己所做的其他事情是比较好的，那么这也是一种专业化，即比较专业化。其实质是如何通过分工协作，追求规模经济效益，达到降低成本、节省费用、实现资源优化配置的目的；从管理学讲，

① 李海英：《汽车业改革开放三十年：滞后的零部件产业》，《汽车人杂志》2008 年第 4 期。

② 同上。

主要是如何应对客观环境的变化，运用市场细分的营销原理及集中一点的竞争战略，提高企业的竞争力和生命力。专用汽车作为生产资料，因各种用途需要，形成了上百种结构和数千个品种，需求量也是千差万别的。

截至 2006 年年底，沈阳市共有包括三山汽车公司、沈阳民航航空特种车制造厂、沈阳市美卡零部件制造业公司、沈阳市北方交通工程公司、新阳汽车改装厂、铭辰汽车公司、斗成专用车公司等十几家生产企业，主导产品包括厢式货车、冷藏车、保温车、炊事车、运钞车、消防车、清障车、油罐车、垃圾清运车、中巴车、车辆运输车、半挂车及道路养护车辆等，年产能力 2 万辆[①]。

从沈阳汽车产业网络聚类图进行分析可以得出以下结论：（1）三家专用车生产企业的网络"度"都比较高，说明专用车企业"市内配套率"比较高，在沈阳汽车产业网络中的影响力比较明显。（2）三家专用车生产企业并没有完全地聚为一类，而是分属于不同的"整车"和"发动机"两类社团，这说明这些专用车之间缺乏有机的网络联系，合作较少。

通过对沈阳市专用车企业进行调研和分析发现存在以下问题：

1. 民营企业的"小作坊式"生产模式阻碍了专用车高端产品的开发

据统计，民营专用车生产企业已达到国内专用汽车生产企业总数的50%。在新增的专用车企业中，民营企业已超过90%[②]。由于目前我国专用车技术含量较低，对汽车改装的设备要求也不高，投资成本也不高，因此，进入这一行业的门槛也较低，受利益驱动，众多"小作坊式"的民营专用车企业纷纷进入市场。目前，沈阳市专用车生产也是以"民营企业"居多。由于专用车的价格相对比较高昂，所以就使得很多消费者具有"唯价格至上"的消费心理，而忽视品质和性能，这使得许多"小作坊式"的专用车企业获得了很大的市场空间，这对正规专用车厂家造成了很大冲击。为迎合用户的购买心理，保证利润，一些正规专用车的生产企业也不得不生产一些中低端产品，这种做法无形中影响了专用车技术的提高与推广。

---

① 《辽宁汽车工业年鉴》2007 年首刊。
② 《2007 年中国专用车行业研究报告》。

2. 行业集中度低，专业化不强

大多数专用汽车生产企业"散、乱、差"是业界公认的，一种产品有几十家甚至几百家企业生产，以及一家企业又生产很多种产品。而在发达国家，一个产品最多有3—5家企业生产，1家企业最多只生产几种产品。相比之下，我国专用汽车行业集中度较低，存在专用汽车生产企业不"专"的现象。同时，大多数专用车生产企业多为外购底盘进行改装生产的中小厂家，机械化程度低，产品质量参差不齐，而且由于产量小，就难以实现规模经济。比如，从全国范围来看，重型专用汽车生产厂家有80多个，都没有形成较大批量生产，与发达国家相比较差距很大，主要表现为：机械化程度低，手工作坊式的多，在生产工艺工装方面，由于缺少规模的技术改造，国产设备、自制设备比重大，工艺水平低，这不仅限制了产品的质量和档次的提高，同时还制约了专用汽车的长远发展①。

3. 技术投入不足，研发能力不强

由于专用车的生产批量大多较小②，开发新产品投入又较大，而以民营企业居多的专用车生产企业在技术上投入严重不足，且资金缺乏，大多为仿造国外车型，少数高技术产品则是通过引进技术或参照国外产品做适度"国产化改进"而成的，缺乏真正独立开发创新产品。从中国专用车发展的现状来看，科技含量较高的产品比较匮乏③。

4. 专业化底盘缺乏

目前国内基本上没有一家专业生产专用汽车底盘的企业，国内800多家专用车生产厂家生产的各类专用汽车中，大多数是在普通载货车底盘的基础上改装而成，而在这些企业中有大多数为外购底盘进行改装生产的中小企业，机械化程度低，产品质量参差不齐，与发达国家相比有很大差

---

① 王志萍、钟安全：《重型专用汽车市场发展趋势分析》，《重型汽车》2005年第8期。

② 挂车、自卸车、厢式货车等除外。

③ 如国内总质量30吨、功率224千瓦（300ps）以下自卸车、箱式车、罐式车、半挂牵引车等运输类专用汽车底盘基本可以满足市场供应，但是，一些技术含量较高、结构要求较复杂、批量较小的作业类专用汽车底盘如8立方米以上的混凝土搅拌运输车、大型混凝土泵车、224千瓦以上的半挂牵引车、40吨以上的起重汽车、大型消防车等底盘具有少量供应且品质不高。像飞机牵引车、重型沙漠车等要求特殊的一些专用汽车底盘，目前基本是空白，主要依靠进口。

距，这一现状极大地制约了我国专用汽车的发展①。

（三）汽配市场的重要作用

汽配市场②作为一种物流态势在中国已经有了近20年的发展历程。中国汽配专业市场的发展是随着国家改革和开放的变革同步进行的，并且随着改革开放的深入而逐步完善和发展壮大。

1. 中国汽配市场发展历程：点状—线状—块状汽配市场

尽管对汽配市场的形态和发展阶段没有一个权威的划分方式，但是就市场的规模和形态来讲，中国汽配专业市场大致经历了四个阶段③：第一阶段以经济改革之初为起点，随着私营经济的出现，少量汽车配件开始进入市场流通，逐渐自发地形成了一些汽配经营和维修摊点或店铺。这些分散的、没有明确定义和管理规范的汽配场所可以算作改革开放后中国的第一代汽配专业市场——或者可以称其为点状汽配专业市场。伴随着第一代汽配经营企业和摊贩的聚集和扩散，在许多地方自发地出现了沿街分布的规模化、专业型汽配市场，例如20世纪90年代之初形成的上海威海路汽配街等。这些市场得到了地方政府的认可和指导，并且具备了初步的聚集效应，可以列为第二代专业市场——或者称其为线状汽配专业市场。随着中国市场化的深入和汽车保有量的增加，社会对汽配市场规模的需求越来越大，而二代汽配市场多数在交通发达的市区形成，周边扩张空间受到局限，而且场地成本不断上升，无法满足市场发展的需要。于是一些有远见的经营者就开始探索新的汽配市场形式，并转向交通发达、土地充裕、土地成本较低的城乡结合部寻求发展空间。于是一种新型汽配市场诞生了，这就是中国的第三代汽配市场——或者称之为块状汽配专业市场，即具有中国特色的"汽配城"。当前汽配城已经成为中国汽配市场的主要形式，它具有经营内容统一、市场功能齐全、市场规模巨大、市场管理规范等特点。

2. 沈阳汽配市场发展历程：三足鼎立—两雄相争—群雄逐鹿

从聚类分析图和节点"度"来看，沈阳市汽配市场具有最大的"节

①　《2008年专用车市场分析及预测》。

②　汽配市场是指经市场登记注册，一定规模数量的汽配经营者既集中又独立进行商品现货交易的固定场所。

③　朗学红：《汽配城流通业态模式发展趋势分析》，新华网，2007年12月27日。

点度"，为 58，在沈阳市汽车产业网络的发展中起到了非常重要的影响力和作用，具有"辐射四方"的主导效果。从沈阳汽配市场发展的现状来看，沈阳作为辽宁省汽配中心市场地位已经形成了，主要表现为：信息比较集中，物流比较顺畅，市场建设硬件很强大。

细数沈阳市汽配市场的发展沿革，可以发现大致经历了三个发展阶段：

第一个阶段是 2007 年以前，沈阳汽车配件市场呈现了"三足鼎立"的局面，包括西部汽配城、东北汽配城和塔湾汽配城，这三个汽配城分立于沈阳西部、中部和西北部。其中，东北汽配城和西部汽配城以乘用车为主，塔湾汽配城以载重车为主。除了这三大市场，沈阳还有恒诚、荣富等几个小型市场，但是经营都不太景气。

第二个阶段以 2007 年 4 月 6 日东北汽配城遭受了重大火灾为转折点，此次火灾使得东北汽配城走向消亡，从而导致"三足鼎立"的汽配市场竞争格局开始向"两雄相争"的态势演变，尤其是原本经营相对落后的西部汽配城因其定位的相近性而获得了巨大的发展空间。

第三个阶段是沈阳汽配市场"群雄逐鹿"的竞争格局，这一发展阶段的萌芽期最早可见于 2007 年 3 月，作为政府重点招商项目，"沈阳瑞盛国际汽配城二期签约仪式"在沈阳顺利举行，至此，沈阳瑞盛国际汽配城项目总占地面积达 23 万平方米，总投资达 18 亿元。其中，一期占地面积 10 万平方米，投资 6 亿元，建筑面积为 23 万平方米的设计方案已通过相关部门审批，工程建设于 2007 年 4 月正式启动①。随后，"国瑞汽车汽

---

① 沈阳瑞盛国际汽配城位于铁西区北二路汽车产业中心腹地，与沈阳目前最具现代气息的 48 家品牌 4S 店汽车销售一条街连接为一个整体；与世界 500 强企业，诸如：日本丰田、美国江森、法国米其林、德国宝马等在铁西投资的相关企业共同构成铁西区新的财富风景线。沈阳瑞盛国际汽配城是由商务部、国家发改委认定为国家汽车及零部件出口基地企业的浙江亚伯兰电器有限公司、胜华波集团有限公司、瑞明集团有限公司及沈阳市兴宇汽配销售中心共同投资兴建。一期共设商铺 845 套，配套住宅 712 套，仓储近 1 万平方米，生态与地下停车位近 500 个，同时物流、酒店等设施和服务系统一应俱全。据悉，自项目立项以来，先后吸引了全国各地的行业客商前来咨询、预定登记，仅两三个月的时间内，预定登记的商家多达 400 多家，预订套数达 600 多套，其项目行业关注度之高及商家对该项目未来发展前景的信心可见一斑。

配博览中心"① 在大东区提出到 2010 年要做大、做强"沈阳汽车城",实现汽车整车产量超百万,打造沈阳首个千亿产业集群的大背景下登陆沈阳,该项目总投资 100 亿元,占地 64 万平方米,预计分期建设东北地区最大的汽车零部件销售展示中心。2008 年,在新开业的多功能汽配城的名单中,"鑫丰国际汽配城"和"东北汽配商贸中心"也选择登陆沈阳,如表 4－1 所示。沈阳汽配市场"群雄逐鹿"的市场竞争开始愈演愈烈。

表 4－1　　　　　　　　2008 年开业的多功能汽配城一览

日期	汽配城	面积（万平方米）	投资（亿元）	区域
4 月 27 日	金恒德西部汽车产业国际采购中心	35.0	25.0	成都
5 月 18 日	鑫丰国际汽配城	4.2		沈阳
5 月 23 日	海得汽配城	4.5	1.2	山东
6 月 12 日	内蒙古华美国际汽配城	30.0	8.0	内蒙古
7 月 2 日	常州高力国际汽配城	20.0	5.0	常州
7 月 18 日	广州汽车配件用品全球采购港	46.0	16.0	广州
8 月 21 日	东北汽配商贸中心	8.4	3.2	沈阳
9 月 29 日	锦绣东风汽配城	23.0	5.0	襄樊
10 月 14 日	华南国际汽配城	5.2	2.5	东莞
10 月 26 日	北方汽贸城	45.0	18.0	长春
10 月 29 日	会缘汽车汽配物流中心	2.7	9.6	成都

资料来源:《国内汽配市场呈现多功能化发展趋势》2008 年 11 月 20 日,Motorlink。

　　目前汽配市场的发展存在着两种不同的观点。一种观点认为,汽配市场这种人为形成的市场即将要被超市、连锁店、品牌代理、物流配送、电子商务和"4S"店取代,所以要求政府出台文件,对汽配市场的发展要严加控制。另一种意见认为,汽配市场是适合我国当前经济发展水平的,

① 国瑞汽车汽配博览中心集汽车产业、市场经济和商业地产三大优势于一体,该中心正常投入运营后,预计年交易额将突破 100 亿元,上缴税收 1 亿元以上,提供就业岗位 10 万个。其巨大的发展潜力不仅吸引了众多眼光独到的投资客户前来购买,也成为众多汽车、汽配用品厂商的首选之地,更是整个沈阳城乃至东北地区广大汽修厂以及车主翘首期盼的自主消费领地。

有着不可替代的作用，政府应该放松对汽配市场的行业管制，降低门槛，提供方便。

在沈阳汽车产业网络的发展过程中，汽配市场明显是影响力最大的"集线器"，对整个产业网络的发展具有重要的影响作用。虽然汽配市场这种发展模式存在一定的弊端，比如产品质量悬殊、伪劣产品充斥；配件价格高低水平相差较大、售后服务不到位等问题，但是也必须认识到，汽配市场在今后相当长的时间里仍然是我国汽配流通领域的主服务渠道，这主要缘于以下两个原因：

第一，百姓汽车产品消费的多元化。目前，私家车正逐步成为中国汽车市场的消费主流，现在除了部分社会精英及商务高档车外，经济型轿车和低档轿车将是汽车产品主要的消费构成。而且，中国汽车产品消费这种多元化态势必将在很长时间内存在，所以相当一部分消费者仍然选择汽车交易市场和汽配市场来购买汽车以及配件，这既符合了普通百姓的消费习惯和消费传统，同时也适应了我国当前的经济发展水平。

第二，中国汽车市场的高度开放引致了中国汽车多品牌并存的现状。全球汽车市场增量的一半以上都来自于中国，全球所有汽车品牌都把重心放在中国，各种品牌的汽车在中国都能见到，而这在韩国、日本以及欧洲等大部分城市来讲都是很罕见的，以一个 4S 店投资需要 2000 万—3000万元人民币来进行估算的话，仅北京市需要的投资就将有几百亿元，这在中国是不现实的①。所以汽配市场的存在是与我国汽车产业发展需求与经济发展现状相符合的，并且在很长一段时间内具有广阔的市场空间。

因此，笔者认为，不仅不能遏制沈阳市汽配市场的存在与发展，同时还要大力推进汽配市场承担汽配流通领域的主要服务渠道作用和责任。

三、网络间行为

产业网络间行为主要是指以企业为主体的"价值链网络"同产业生态主体构成的"产业生态网络"之间进行的各种资源交换的行为。在本书的第三章，通过对沈阳汽车产业网络宏观密度的测量已经得出结论，沈阳汽车产业网络中的价值链主体同产业生态主体之间的网络维系比较松

---

① 慧聪网 www.HC360.com. 作者：周如意，题目：《汽车品牌专营 4S 店在中国还能走多远?》，资料来源：北京康普能咨询有限公司，2006 年 7 月 5 日。

散，不够紧密。这也同时体现了沈阳汽车产业生态主体与汽车企业主体之间的交互活动不足，主要突出体现在两个方面：一是产业生态主体对零部件企业的支撑力度不够；二是产业生态主体对专用车企业支撑力度不够。

（一）政府主体

从政策支持来看，"重整机轻零部件"的观念在沈阳市政府制定的《沈阳市汽车及零部件产业发展"十一五"规划》中就有所体现。比如在"十一五"规划提出的十项举措中，只有第八项举措是与"零部件企业"发展振兴紧密有关的："努力提高我市汽车零部件企业的配套水平，建立与主机发展相适应的配套产品体系。零部件产业是我市当前着力培育的重点领域，要继续加快零部件发展步伐，提高汽车零部件产品开发、系统配套和模块化供货能力，生产的部分产品的性能争取达到或接近国际先进水平，在满足本地主机产品配套需求的前提下，辐射周边地区，并适当增加出口创汇，提高为国际汽车市场配套的比例。另外，根据沈阳市整车对各种零部件、配套件的需求和质量要求，积极引导沈阳市的轻工、纺织、化工、电子等与汽车工业关联度强的生产能力向汽车工业集中，提高相关产业的配套能力。"而在第五项措施——加大政府扶植力度中①，也鲜有对零部件企业发展的具体支持和扶植举措。

同样，沈阳市政府对于专用车发展的扶持力度也非常有限。"十一五"规划中提及对促进专用车发展的只有第七项措施："通过资产重组、优化专用车结构，促进专业化、集团化发展。以北方交通工程公司、铭辰汽车公司、金杯专用车制造公司等重点专用车企业为基础，优化专用车产业结构，逐步改变'散乱差、小而全'的局面，尽快形成规模效益。支持企业的重组、联合，实行资本多元化，改变我市专用汽车行业技术水平

①　第五项举措包括：（1）通过组织华晨金杯、中顺汽车等具有一定研发能力和技术储备的企业，建立研发中心，整合沈阳市汽车设计资源、管理和试验经验，走"外引内消，全程参与"的路子，大力培养和引进汽车技术、管理、试验等各方面人才，夯实汽车研发技术平台和人才高地，最终实现由"委托设计"到自主开发的转变，真正地实现完全的自主品牌形象。（2）培养自主开发的过程是一个长期而且艰难的过程，政府要发挥宏观调控作用，推动自主品牌的形成，推进自主知识产权进程。政府定向制定引进、使用汽车人才的人才政策和扶持研发中心优惠政策（3）打造自主品牌和培养自主开发能力，政府可以在法律允许、不违背市场价值规律情况下为企业提供一定的市场保证，如政府采购等。

低、开发能力差的局面，开发自己的高、精、尖专用汽车产品，尽快缩小与国外同类产品的差距。"而在第五项措施——加大政府扶植力度中，也同样缺乏对专用汽车发展的具体支持和扶植举措。

（二）教育和科研机构

从教育和科研资源支持来看，零部件企业和专用车企业获得的知识和技术支持都比较有限。我国汽车零部件企业的技术研发年投入一般占销售收入的 1%—2% 左右①。而多数中小型企业还处于没有研发能力，或几乎没有研发投入的阶段，形势比较严峻。

沈阳大部分零部件企业都存在着发展速度较慢、产品种类单一、产品档次不高的问题。专用车企业也同样如此，科技含量较低是企业现阶段发展存在的普遍问题。由于专用车生产批量小，而新产品的开发投入又很大，因此，部分企业在技术上缺乏资金而投入不足，大多车型为仿造国外，个别车型则引进了国外产品的关键技术与关键件，因而同教育和科研机构的紧密合作无疑是提升零部件企业和专用车企业自主创新能力的一个大有裨益的助力。但是，由于企业规模、技术水平和资金实力的限制，沈阳的教育和科研机构多是同国内国外的大型整车企业之间进行合作，比如华晨金杯、金杯汽车、长春一汽、德国巴斯夫公司等建立了紧密的合作关系，而缺乏对沈阳零部件企业和专用车企业进行有效的知识技术支持。

（三）中介组织

从中介组织支持来看，沈阳市汽车产业中介组织自身的发展还很不成熟，能够提供的支持性服务业也就比较有限。但是，从现有的活动来看，中介组织在促进零部件及专用车企业的发展中还是起到了重要的作用，比如 2006 年，辽宁省汽车工业协会成功组织了 "2006 第二届中国东北国际专用车、工程机械及商用车展览会"，这是辽宁省汽车工业协会承办的一次东北地区最具有影响力的大型展会，参展的专用车有 40 多种，不但提供了国内外汽车工业发展的信息，还为促进辽宁汽车企业同国内外知名企业的交流与合作搭建了一个良好的平台。沈阳汽车工业协会也通过建立信息交流制度，开展质量、产品认证协调服务、开展人才储备等活动来大力推动包括零部件和专用车在内的沈阳汽车产业的发展。

---

① 章小星：《汽车零部件自主创新行重于言》，《中国经济时报》2006 年 10 月 18 日。

（四）金融机构

从金融机构的支持来讲，零部件企业和专用车企业获得的资金支持都比较有限。比如，我国专用车的价格都普遍偏高，而我国企业和个人财富积累的时间又比较短，而专用车企业又以民营企业居多。同样，对于沈阳的汽车零部件企业而言，除了航天三菱、新光华晨发动机等合资企业外，本土的零部件企业多是规模小，技术含量低，研发能力不强的中小企业。零部件企业和专用车企业的发展需要大量的资金用于技术、生产、销售、服务等方面的活动，但是，对于金融机构来讲，贷款给中小企业的风险就比较大，除此之外，还有中小企业的诚信问题。相对于大企业，银行要花费更大的精力来了解中小企业的经营状况。据统计，中小企业的采信与监督成本是大企业的5—8倍①。2004年，银行为规避风险，提高了汽车贷款门槛，这不但增加了首付比例，缩短了还贷年限，还严格了担保条件，尽管一些大的汽车厂家已经对消费信贷做出了适应性调整，但作为资金实力不强的专用车企业和零部件企业，这一提高的门槛无疑对产品的销售产生了严重的制约。因而，对于零部件企业和专用车企业来讲，资金匮乏是严重制约这些企业发展壮大，提高自主创新能力的一个瓶颈所在。

---

① 姜燮：《中小企业的出路在哪?》，《人民日报》2008年11月4日。

第五章　资源扩散与效率提升
——沈阳汽车产业网络资源

在产业网络主体进行行为活动的同时也伴随了各种资源的流动和扩散，产业网络的形成为资源的传播与共享提供了通道和途径，这些资源包括企业生产经营过程中所需的各种硬资源和软资源。"硬资源"是以自然条件和客观社会物质条件为基础的包括资本、原材料、土地等资源在内的有形要素；软资源包括智力资源（人才素质）、技术资源（技术素质）和信息资源（信息、管理素质）在内的无形要素。如果说过去时代繁荣的关键性资源是资本、原材料、土地等硬资源的话，当下人们心目中的资源内涵正在软化，即知识化、信息化、软件化、无形化，软资源已成为第一或首要的资源要素。所以，一个产业网络发展的成熟与完善很大程度上取决于"软资源"在产业网络内的扩散与共享的效率。

第一节　产业网络：创新系统

一、产业网络创新系统

知识和技能可以归结为"显性知识"（tacit knowledge）和"隐性知识"（explicit knowledge）①。显性知识，人们可以通过口头传授、教科书、参考资料、报刊、专利文献、视听媒体、软件和数据库等方式获取，也可

---

① Tacit knowledge 和 explicit knowledge 又可以被译为"已编码知识"和"未编码的会意知识"；或者是"明确知识"和"缄默知识"。

以通过语言、书籍、文字、数据库等编码方式传播，也容易被人们学习。而隐性知识是在实践中感觉、领悟，通过直觉思维洞察而来的知识，属于人们内在的智慧，常常是只可意会，不可言传，难以从书本、说明书或是正规教育中获得的。生产中的技艺和能力，技术诀窍、市场前景的判断与人才的选择，取得投资者、供应商和消费者的信任，企业内部的秘密和诀窍甚至相当一部分融资知识，开拓市场的知识等，都属于这类知识。而且，越是技术进步比较快的领域，越多最新的超前性的知识都是以未编码化的知识形式而存在，这些知识内容丰富、涉及面广，更需要通过紧密的互动联系才能够获得有效传播①。

产业网络是一个复杂的多层次性网络系统，它包括两大层次、三个子层次的网络系统：分别是"正式关系网络"和"非正式关系网络"。

产业网络正式关系网络是指每一个企业在研发、生产和销售等价值创造过程中选择性地与其他企业或机构所结成的长期稳定的关系，主要是指产业链条中上下游各环节之间的价值创造活动，其中包括市场交易网络和研发网络。市场交易网络包括发生在产业链上不同生产环节企业之间的关系总和，同时还包括产业网络中的产业生态网络同企业之间所发生的服务产品的交易网络。研发网络是指企业与教育和科研机构之间的技术交易网络。这些网络往往能够通过有形的客观存在形式表现出来，在这种形式的网络中传递和扩散的知识多以显性知识为主。

产业网络内非正式关系网络是指人们在日常交往和社会活动中基于血缘、亲缘、地缘和工作关系所形成的社会关系网络，如俱乐部文化等。知识在这种非正式的网络中传递与扩散的方式，往往是通过人与人之间有效的非正式交流或频繁接触而进行的。这种网络形式能够更有效地传递和扩散隐性知识，从而更好地推动各类知识和技术在集群内部的流动，加速知识创新速率，有效地保持与增强产业集群的竞争力。例如，现在渐渐兴起的后汽车时代的汽车俱乐部等②。

①　刘斌：《产业集聚竞争优势的经济分析》，中国发展出版社2004年版。

②　汽车俱乐部是以会员制形式，将高度分散的有车族组织到一起，通过发挥规模效应和服务网络的优势，提供单车和小单位很难办到的一些服务，而俱乐部本身也从会费中取得一定收益。近几年，汽车俱乐部在全国各地蓬勃发展，如以救援和车务服务为主的大陆汽车俱乐部，以越野探险和旅游为主的北京蜂鸟越野车俱乐部等。除这些专业汽车俱乐部外，还有很多汽车经销商或车主自发组织的品牌汽车俱乐部，如"捷办"、"别动队"、"大本营"、"桑大队"等。

产业网络是市场交易网络、研发网络和社会网络的有机结合体，能够促进显性和隐性知识在产业网络内部的扩散与增长，其中非正式交往是产业网络中知识与技术资源扩散和共享的关键环节（见图 5-1）。

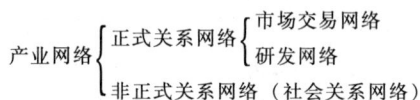

$$
产业网络
\begin{cases}
正式关系网络
\begin{cases}
市场交易网络 \\
研发网络
\end{cases} \\
非正式关系网络（社会关系网络）
\end{cases}
$$

图 5-1 产业网络关系

对于创新系统的研究，从历史层面考察，主要遵循这样一条发展主线：熊彼特创新思维—企业创新系统—国家创新系统—区域创新系统—产业集群创新系统。结合创新系统发展的各个阶段可以归纳出"创新系统"的本质：创新系统是一个社会性、动态性系统，其核心行为就是互动性学习，系统中各要素在学习、创新过程中得到相互的强化。由产业网络的结构及运行机理进行判断，产业网络自身就是一个"创新系统"。由此，本书提出"产业网络创新系统"的定义：产业网络创新系统是指在产业网络中具有创新能力的节点在协同创新等交互过程中所形成的产业创新网络与产业创新环境的有机融合，并可以促进不同来源的知识在产业网络内部积累、扩散、共享和增加的交互式学习的平台系统。该定义包括以下几个含义：

（一）产业网络创新系统是产业创新网络与创新环境的有机融合

借鉴区域创新系统的定义，即区域系统的创新包括区域内各个行为主体作为节点及其所连接的网络创新，还包括区域内各种环境因子的创新。因而，可以理解为区域创新系统是区域创新网络与区域创新环境有效融合而成的一个有机系统[①]。基于区域创新系统的内涵，产业网络创新系统可以被界定为：

产业集群创新系统 = 产业创新网络 + 产业创新环境

（二）技术学习是产业网络创新系统的本质

产业网络中不同节点之间的技术学习能够促使新知识和新技术的不断创造，加速知识和技术在集群内部的扩散与吸收，减少技术变化所带来的

---

① 盖文启：《创新网络：区域经济发展新思维》，北京大学出版社 2002 年版。

不确定性对产业网络内企业的冲击。通过技术学习，产业网络内的企业能够增加创新主体之间的相互依赖的关系和合作能力，共同解决面临的组织与技术问题，提升产业网络整体解决问题的能力，从而孕育和激发进一步创新。所以产业网络创新系统的发展和完善取决于产业网络内是否拥有持续和高效的技术学习机制。

二、产业网络内的技术学习

在相似或相关的技术领域中，处在相同的社会经济环境下，同一个产业网络中的不同企业节点会由于支配资源、经营战略和发展路径的不同，其以人力资源、设备、技术信息和组织管理等形式积累起来的知识在质和量上仍然有较大的不同，导致同一时点下的技术能力水平会出现高低差异，只不过高低差异有大小而已，有些差异是同一个平台内的较小差异，有的差异可能是不同平台间的显著差异，有学者将企业之间这种技术能力的差异定义为"技术势差"[①]。技术势差一般会包括两种类型：（1）"横向势差"。即存在于同一生产单元中的不同企业之间，体现的是分属于这些企业的相同内容和指向的技术能力水平差异，它通过这些企业从该生产单元所获得附加值的多少而反映出来。比如同合资企业相比，沈阳的零部件企业所生产的产品附加值低，创新能力较弱，两者之间就存在一定的横向技术势差。（2）纵向技术势差。它存在于分处不同生产单元的企业间，意味着面向不同生产单元的技术能力在水平上存在不相协调的情况，无法满足整个生产系统生产出高附加值的最终产品势差，这种势差极易造成"木桶效应"，即面向某个生产单元的技术能力相对不足往往造成整个系统的产出效益显著降低，特别是当该生产单元承担重要生产功能的情况下就更是如此了，比如我国汽车零部件工业整体水平不高、竞争力不强；投资强度不够，难以形成规模经济；缺乏自主开发能力，更缺自主品牌；跨国公司的新进入战略，正挤压中资零部件企业的生存空间；零部件企业和整车企业之间多为单纯的供求关系，汽车零部件发展严重依赖外资，以及中资企业边缘化倾向令人忧虑，零部件企业的发展滞后也制约了我国整车企业的发展水平。

产业网络中存在技术势差是一种正常状态，但是关键在于这种势差在

---

① 魏江：《产业集群——创新系统与技术学习》，科学出版社 2003 年版。

时间维度上是如何演变的：如果演变是积极的，这种势差就会提升整个产业网络的技术能力；如果这种演变是消极的，就会由于势差过大而导致整个产业网络的技术能力停滞甚至是消退。技术势差的积极性演变取决于这种高低势差企业之间的知识溢出与共享是否有效。企业并不是在拥有核心技术或服务能力以及充分的信息获得途径后就能够增强自身的竞争力，关键在于如何能够充分地利用和吸收这些技术与知识并进行优化组合，这取决于产业网络中的企业之间能否建立紧密的合作伙伴关系以促进企业之间不断学习和开发先进技术。在企业之间的供应链一体化中，核心企业帮助供应商或未来的供应商建立生产型设施，为改善供应商产品的质量或促进其创新活动提供技术帮助或者信息服务，提供或帮助购买原材料和中间商品，提供组织管理上的培训和帮助，通过挖掘新客户帮助供应商从事多样化经营，这都意味着核心企业技术向价值链上其他企业的扩散。另外，核心企业的产品质量水平、笃实的信誉和高效的市场分销技术也有可能成为溢出的潜在来源。严格质量控制和监控对供应商生产水平的提高具有特殊的意义。

因而，产业网络中的节点之间如何形成紧密的合作关系以促进知识和技术等重要资源的溢出、扩散和共享是提升产业网络创新系统运行绩效的重要决定因素。由于知识和信息在传送过程中会有扭曲和失真现象，传送路径越长，扭曲和失真现象就越多，因为信息也有信息源和辐射圈，要保证传递的效率，就必须要保证一定的"交流距离"。美国经济学家阿罗和兰开斯特将知识和技术的传播比作传染病的蔓延，即人际间接触的面越广，接触的频率越高，传播的速度就越快，传播的效率就越好[①]。

第二节　产业网络的传播临界值

正如产业网络 AARS 范式所述，产业网络的主要功能就是协助企业获

---

① 赵中伟、邵来安：《小企业集群竞争优势形成机理与地方政府促进其发展的措施》，《经济问题探索》2002 年第 10 期。

取各种资源，尤其是稀缺性的关键资源。企业如果通过非网络化联系（比如市场购买等渠道）获取这些稀缺资源就需要负担很高的成本（比如搜寻成本、交易成本等），而且还缺乏成功的保障并影响交易的可持续性。而产业网络之上的企业主体通过紧密的网络互动，彼此之间建立了相对稳定的关系，尤其是与相关资源拥有者之间建立了关系，就可以拥有优先获得资源的可能。从复杂网络角度来讲，资源在产业网络中的扩散和共享机制同病毒的传播具有相同的性质，即将资源假定为在网络组织中传播的"善意病毒"，则传染病模型 SIS 和 SIR 模型同样适用于资源在产业网络中的扩散与传播。

由于在前文的研究中已经对沈阳汽车产业网络的网络拓扑模型进行了判定，即沈阳汽车产业网络最趋近于 BA 无标度网络（$m=2$），所以本书将抛开网络均匀性假设，对无标度网络传播临界值的算法进行简单介绍①。

定义相对密度 $\rho_k(t)$ 是一个度为 k 的节点被感染的概率。它的"均场方程"为：

$$\frac{\partial \rho_k(t)}{\partial t} = -\rho_k(t) + \lambda k[1 - \rho_k(t)]\Theta(\rho_k(t)) \qquad (5-1)$$

考虑单位恢复速率并且忽略高阶项（$\rho_k(t) \leqslant 1$）。$\Theta\rho_k(t)$ 表示任意一条给定的边与一个被感染节点相连的概率。记 $\rho_k(t)$ 的稳态值为 ρ_k。令（5-1）式右端为零，可求得：

$$\rho_k = \frac{k\lambda\Theta(\lambda)}{1 + k\lambda\Theta(\lambda)} \qquad (5-2)$$

这表明节点的度越高，被感染的概率也就越高。在计算 Θ 时必须考虑网络的非均匀性。对于无关联的无标度网络，即不同节点的度之间是不相关的无标度网络，由于任意一条给定的边指向度为 s 的节点概率可以表示为 $sP(s)/\langle k \rangle$，可以求得：

①　相关领域的研究共包括三篇文章，分别是（1）Bailey N . T . J . . *The mathematical Theory of Infectious Diseases and Its Application* [M] . New York：Hafner Press, 1975. （2）Anderson R . M . . *Infectious Disease in Humans* [M] . Oxford：Oxford University Press, 1992. （3）Diekman O . , Heesterbeek J . A . P . . *Mathematicla Epidemiology of Infetious Diseases：Model Building , Analysis and Interpretation* [M], New York：John Wiley & Son Publisher, 2000.

$$\Theta(\lambda) = \frac{1}{\langle k \rangle} \sum_k kP(k)\rho_k \qquad (5-3)$$

联立 (5-2) 式和 (5-3) 式，可在 Θ 充分小的情形下，对于任意无标度分布，近似求得 ρ_k 和 $\Theta(\lambda)$。传播临界值 λ_c 必须满足的条件是：当 $\lambda \geq \lambda_c$ 时，可以得到 Θ 的一个"非零解"。由 (5-2) 式和 (5-3) 式可以得到：

$$\Theta = \frac{1}{\langle k \rangle} \sum_k kP(k)\frac{\lambda k\Theta}{1 + \lambda k\Theta} \qquad (5-4)$$

(5-4)式有一个平凡解 $\Theta = 0$。如果该方程要存在一个非平凡解 $\Theta \neq 0$，需要满足如下条件：

$$\frac{d}{d\Theta}\left(\frac{1}{\langle k \rangle}\sum_k kP(k)\frac{\lambda k\Theta}{1+\lambda k\Theta}|_{\Theta=0}\right) \geq 1，即有 \sum_k \frac{kP(k)\lambda k}{\langle k \rangle} = \frac{\langle k^2 \rangle}{\langle k \rangle}\lambda \geq 1$$

从而得到无标度网络的传播临界值 λ_c 为：

$$\lambda_c = \langle k \rangle / k^2 \qquad (5-5)$$

对于幂律指数为 $2 < \gamma \leq 3$ 的无标度网络，当网络规模 $N \to \infty$ 时，$\langle k_2 \rangle \to \infty$，从而 $\lambda_c \to 0$。

第三节　沈阳汽车产业网络资源传播效率分析

一、沈阳汽车产业网络资源传播效率判定

中国是"汽车大国"并不等同于"汽车强国"，自主创新能力不足仍是当前制约我国汽车产业提升国际竞争力、实现可持续发展的"瓶颈"之一。有关专家①提出：当前汽车产业自主创新的方向，一是要以知识工程为基础，特别是要重视信息和知识经济，对传统汽车实行"点化"；二是要围绕产品创新行动这个中心，实现汽车产业化的超越式发展和财富的增值；三是要广泛采取系统集成方法，充分应用各种方式，吸取国际和国

① 中国汽车工业协会专家委员会委员陈光祖提出："新型汽车产业链应以研发为中心。"

内先进科技和管理经验，实施协同商务和战略联盟，提高创新效益[①]；四是通过全行业广泛的创新活动，建设具有活力的、独特的汽车开发产业。

汽车工业是大范围涉及多个领域知识协同生产的行业，是一个技术高度密集的产业，是当今许多高新技术的载体，而新产品的研发是汽车工业技术的核心。同一般产品相比，汽车工业的创新面临很多的挑战[②]：

第一，汽车产品与一般工业产品相比，其复杂性表现在客户需求复杂、系统组成复杂、产品技术复杂、制造过程复杂、项目管理复杂等方面。汽车产品研发中涉及多学科知识相互交叉耦合，产品开发不但要体现一般产品应有的机械学、运动学、动力学学科综合，又要体现其整体性、系统性[③]。

第二，由于汽车产品研发的复杂性特点，需要多学科知识综合应用，一个企业通常难以独立完成整个任务，研发工作一般会涉及多家企业和单位。如车身的设计工作在某一研发中心完成，对设计结果的试验分析在另一研发中心进行，而工艺和制造则转向第三家制造厂完成。在异构分布式开发环境下，难以维护产品数据的复杂联系，缺乏有效的数据分布和更新支持等。

所以，汽车产业网络中知识与技术等创新资源有效的扩散和共享是提升汽车产业网络宏观密度和汽车产业整体技术水平的一个重要决定因素。

因此，本书将借鉴复杂网络理论中的传播临界值理论，经过(5-5)式，求得沈阳汽车产业网络的传播临界值为 0.06304，大于零。对于无标度网络而言，只要传播临界值大于零，就说明病毒能够在网络中传播，即无标度网络对抵抗病毒传播的脆弱性。因此，通过求得的传播临界值可以判定，沈阳汽车产业网络能够实现包括资本、原材料、知识、技术和信息

---

① 陈光祖还以"长安汽车集团"为例，指出长安搞集成管理，实际上也就是搞协同产品开发，这个过程中协同产品开发软件也是非常盛行的，长安已经提出协同管理，我们过去老讲协作，实际上是协同，协同不等于协作。

② 中国制造业管理在线 http://www.51made.com，作者：阴艳超，题目：《网络化协同产品创新开发助力汽车行业腾飞》2007 年 4 月 5 日。

③ 在诸如热力学、流体力学、材料学、美学、控制理论、现代管理技术、先进制造技术、计算机科学、复杂形态动力学等多学科的交叉点上定位，因而给产品开发带来了极大的挑战。由汽车产品的复杂性决定，这类产品的开发是一个复杂系统，涉及大量的数据、模型、工具、流程以及人员，如何高效组织和管理产品的开发，实现企业信息集成、过程集成及优化运行，是产品开发成功的关键。

在内的资源的传播和扩散。但是也必须认识到，对于无标度网络的传染病模型而言，传播临界值 λ 越接近于零，说明网络中病毒的传播速度就越快，所以应该尽力去提高临界值 λ。相反，对于产业网络而言，知识、技术和信息等"善意病毒"的传播速度和效率应该是越快越好，所以对于产业网络而言，临界值 λ 应该是越小越好。从 0.06304 这个数值来看，沈阳汽车产业网络虽然存在资源的扩散，但是扩散的效率并不太高，应该努力去降低临界值 λ，以促进资源在沈阳汽车产业网络中的有效传播、扩散和共享。

二、沈阳汽车产业网络资源传播效率提升的策略

临界值 λ 是网络度的减函数，所以要想降低沈阳汽车产业网络的临界值 λ，就必须通过增大网络"度"的方式来实现，主要有两种途径：一种途径是"整体增加度"策略，即将产业网络中所有节点视为"平等的"，资源均匀地提供给每个节点，即不管节点在产业网络中的影响力如何，都可以获得相同的度的增加量。另一种途径是"局部增加度"策略，即对产业网络中的节点实行"差别化"待遇，将资源倾斜性地供应给个别节点，也就是根据节点的度的大小，或者是节点在整个产业网络中的影响力从而优先提升某些"集线器"节点的度，以降低临界值 λ。

（一）整体增加度策略

本书将对沈阳汽车产业网络中的所有节点进行"1—15"的度增加检验，结果如表 5 - 1 所示。

表 5 - 1 所有网络节点度增量从 1—15 时沈阳汽车产业网络临界值 λ 表

度增量	临界值 λ	度增量	临界值 λ
0	0.06304	8	0.068199
1	0.072735	9	0.065068
2	0.077783	10	0.062039
3	0.079463	11	0.059155
4	0.078921	12	0.056437
5	0.077024	13	0.053890
6	0.074370	14	0.051513
7	0.071348	15	0.049298

根据表 5 - 1，可以绘制出沈阳汽车产业网络中整体节点度增量后临界值 λ 的变化趋势，如图 5 - 2 所示。

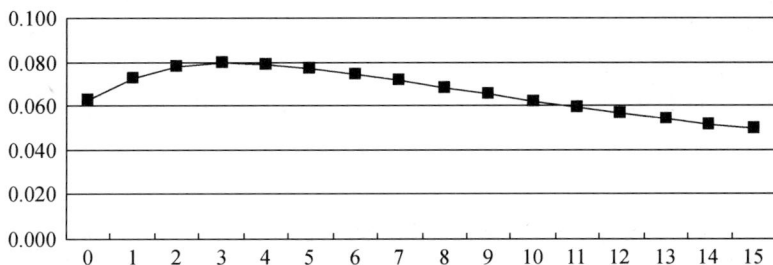

图 5 - 2　沈阳汽车产业网络中整体节点度增量 1—15 后临界值 λ 的变化趋势

从图 5 - 2 中可以看到一个明显的趋势：在沈阳汽车产业网络所有的节点度都获得 1—15 的度增量时，在度增量为"3"之前的初期阶段，反而会出现临界值增加的趋势，即度的增加不仅没有提高资源的传播速度，反而是降低了这些资源的传播效率。这个现象出现的原因可能在于，由于所有节点的度都获得了一个均等的增量，使得产业网络偏离了原有的均衡态，这种结构的暂时性混乱状态是导致在度增加的情况下反而出现临界值 λ 增加的"反常规状态"。从长远趋势来看，当"度增量"超过"3"之后，沈阳汽车产业网络的临界值 λ 处于平稳的下降趋势，这说明，随着全体节点"度增量"的增加，必然会引致临界值 λ 减少的趋势，从而提升资源在产业网络中的传播、扩散和共享效率。这充分说明沈阳的汽车产业需要深度合作，促进产业共赢。

（二）局部增加度策略

当面临资源约束时，通过"局部增加度策略"就可以通过"倾斜性"的扶持政策来增加在产业网络中最具影响力的某些节点的度，从而实现"以点带面"地提升整个产业网络的度，进而降低产业网络的临界值 λ。

本书将依次按照度的降序排列对居于前 5 位的节点，即汽配市场、华晨金杯、金杯车辆、一汽和沈阳航天三菱发动机等分别进行"1—15"的度增量测验；对于具有相同度的节点群体采取抽样的方式进行测验：本书选取了节点度为"7"和"6"的代表性节点中兴汽车和民航特种车辆制造厂分别进行"1—15"的度增量测验；同时还选取了节点度为"2"和"1"两个节点分别进行"1—15"的度增量测验。

首先，从每个节点的度增量开始逐步增加后对临界值 λ 进行观察。

1. 增加汽配市场的度

随着度增量的增加，沈阳汽车产业网络的临界值 λ 的变化如表 5 - 2 所示。

表 5 - 2　汽配市场度 1—15 增加引起的沈阳汽车产业网络的临界值 λ 的变化

度增量	临界值 λ	效果增量	度增量	临界值 λ	效果增量
0	0.063040	0.000000	8	0.055705	0.007338
1	0.062071	0.000972	9	0.054858	0.008186
2	0.061114	0.001929	10	0.054026	0.009018
3	0.060174	0.002870	11	0.053209	0.009834
4	0.059249	0.003795	12	0.052407	0.010636
5	0.058339	0.004704	13	0.051620	0.011423
6	0.057446	0.005598	14	0.050847	0.012196
7	0.056568	0.006476	15	0.050089	0.012954

随着度增量的增加，沈阳汽车产业网络的临界值 λ 的变化趋势如图 5 - 3所示。

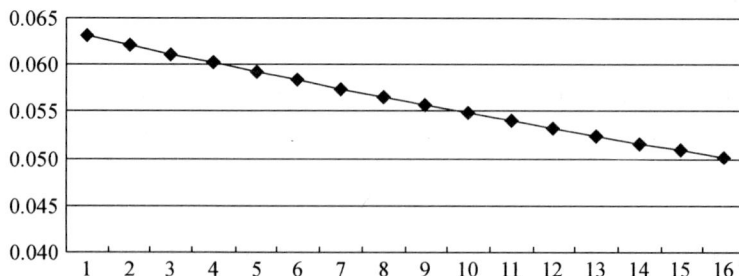

图 5 - 3　汽配市场度 1—15 增加引起的沈阳汽车产业网络的临界值 λ 的变化

从变化趋势来看，临界值 λ 始终处于平缓的下降趋势。这说明，对"汽配市场"进行增加度是可以持续降低沈阳汽车产业网络的临界值 λ，并促进资源的有效传播、扩散与共享。

2. 增加华晨金杯的度

随着度增量的增加，沈阳汽车产业网络的临界值 λ 的变化如表 5 - 3 所示。

表 5 - 3   华晨金杯度 1—15 增加引起的沈阳汽车产业网络的临界值 λ 的变化

度增量	临界值	效果增量	度增量	临界值	效果增量
0	0.063040	0.000000	8	0.057951	0.005093
1	0.062414	0.000630	9	0.057313	0.005731
2	0.061781	0.001263	10	0.056676	0.006368
3	0.061145	0.001898	11	0.056041	0.007003
4	0.060508	0.002536	12	0.055408	0.007635
5	0.059869	0.003175	13	0.054778	0.008265
6	0.059229	0.003814	14	0.054152	0.008892
7	0.058590	0.004454	15	0.053528	0.009515

随着度增量增加，沈阳汽车产业网络的临界值 λ 的变化趋势如图 5 - 4 所示。

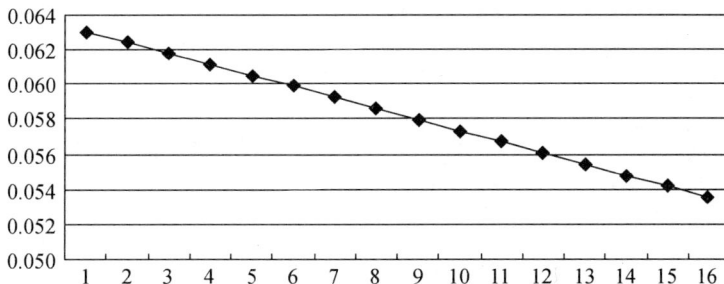

图 5 - 4   华晨金杯度 1—15 增加引起的沈阳汽车产业网络的临界值 λ 的变化

从变化趋势来看，临界值 λ 始终处于下降趋势，且下降的趋势非常明显，这说明，对"华晨金杯"进行增加度是可以持续降低沈阳汽车产业网络的临界值 λ，并促进资源的有效传播、扩散与共享。

3. 增加金杯车辆的度

随着度增量的增加，沈阳汽车产业网络的临界值 λ 的变化如表 5-4 所示。

表 5-4　　金杯车辆度 1—15 增加引起的沈阳汽车产业网络的临界值 λ 的变化

度增量	临界值	效果增量	度增量	临界值	效果增量
0	0.063040	0.000000	8	0.060668	0.002375
1	0.062799	0.000245	9	0.060311	0.002732
2	0.062538	0.000505	10	0.059942	0.003101
3	0.062262	0.000781	11	0.059563	0.003481
4	0.061971	0.001072	12	0.059173	0.00387
5	0.061665	0.001378	13	0.058774	0.004269
6	0.061346	0.001697	14	0.058366	0.004678
7	0.061013	0.002030	15	0.057949	0.005094

随着度增量的增加，沈阳汽车产业网络的临界值 λ 的变化趋势如图 5-5 所示。

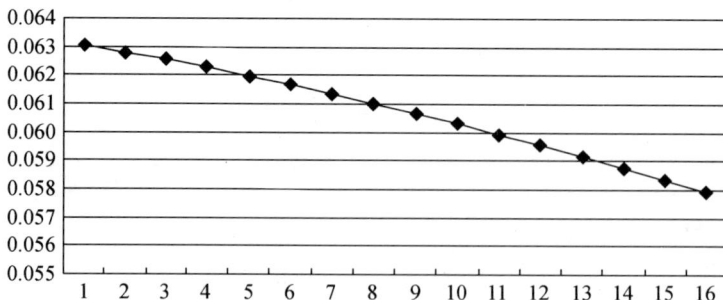

图 5-5　金杯车辆度 1—15 增加引起的沈阳汽车产业网络的临界值 λ 的变化

从变化趋势来看，临界值 λ 始终处于下降趋势，且下降的趋势非常明显，这说明，对"金杯车辆"进行增加度是可以降低沈阳汽车产业网络的临界值 λ，并促进资源的有效传播、扩散与共享的。

4. 增加一汽的度

随着度增量的增加，沈阳汽车产业网络的临界值 λ 的变化如表 5 – 5 所示。

表 5 – 5　　　一汽度 1—15 增加引起的沈阳汽车产业网络的临界值 λ 的变化

度增量	临界值	效果增量	度增量	临界值	效果增量
0	0.063040	0.000000	8	0.062171	0.000873
1	0.062974	0.000070	9	0.061976	0.001067
2	0.062885	0.000158	10	0.061765	0.001278
3	0.062778	0.000265	11	0.061538	0.001505
4	0.062653	0.000391	12	0.061296	0.001747
5	0.06251	0.000534	13	0.061040	0.002004
6	0.062349	0.000695	14	0.060769	0.002275
7	0.062171	0.000873	15	0.060484	0.00256

随着度增量的增加，沈阳汽车产业网络的临界值 λ 的变化趋势如图 5 – 6 所示。

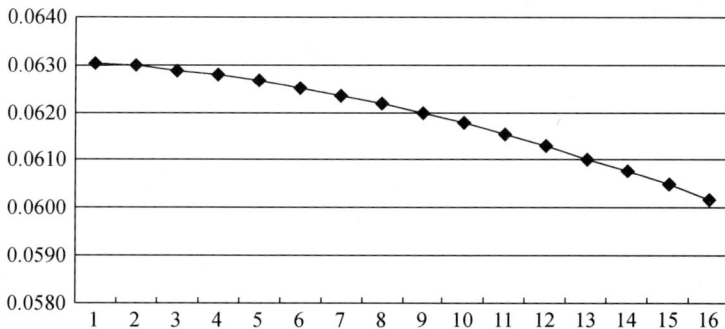

图 5 – 6　一汽度 1—15 增加引起的沈阳汽车产业网络的临界值 λ 的变化

从变化趋势来看，临界值 λ 始终处于下降趋势，且下降的趋势非常明显，这说明，对一汽进行增加度是可以持续降低沈阳汽车产业网络的临界值 λ，并促进资源的有效传播、扩散与共享。

5. 增加沈阳航天三菱发动机的度

随着度增量的增加，沈阳汽车产业网络的临界值 λ 的变化如表 5 - 6 所示。

表 5 - 6　沈阳航天三菱发动机度 1—15 增加引起的沈阳汽车产业网络的临界值 λ 的变化

度增量	临界值	效果增量	度增量	临界值	效果增量
0	0.063040	0.000000	8	0.062434	0.000610
1	0.063013	0.000031	9	0.062274	0.000769
2	0.062963	0.000081	10	0.062098	0.000946
3	0.062894	0.000149	11	0.061905	0.001139
4	0.062806	0.000237	12	0.061696	0.001348
5	0.062700	0.000343	13	0.061471	0.001573
6	0.062576	0.000468	14	0.061230	0.001813
7	0.062434	0.000610	15	0.060976	0.002068

随着度增量的增加，沈阳汽车产业网络的临界值 λ 的变化趋势如图 5 - 7 所示。

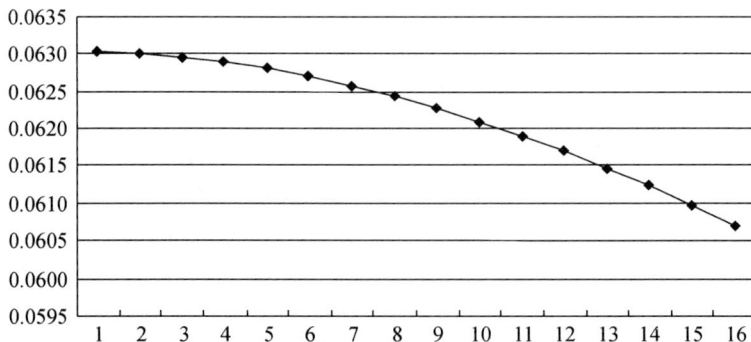

图 5 - 7　沈阳航天三菱发动机度 1—15 增加引起的沈阳汽车产业网络的临界值 λ 的变化

从变化趋势来看，临界值始终处于下降趋势，且下降的趋势非常明显，这说明，对沈阳航天三菱发动机进行增加度是可以持续降低沈阳汽车产业网络的临界值 λ，并促进资源的有效传播、扩散与共享。

6. 增加中兴汽车的度

随着度增量的增加，沈阳汽车产业网络的临界值 λ 的变化如表 5-7 所示。

表 5-7 中兴汽车度 1—15 增加引起的沈阳汽车产业网络的临界值 λ 的变化

度增量	临界值	效果增量	度增量	临界值	效果增量
0	0.063040	0.000000	8	0.062576	0.000468
1	0.063052	-0.000008	9	0.062434	0.000609
2	0.063041	0.000003	10	0.062275	0.000768
3	0.063010	0.000033	11	0.062100	0.000944
4	0.062961	0.000083	12	0.061908	0.001136
5	0.062892	0.000151	13	0.061699	0.001344
6	0.062805	0.000239	14	0.061475	0.001568
7	0.062699	0.000344	15	0.061236	0.001807

随着度增量的增加，沈阳汽车产业网络的临界值 λ 的变化趋势如图 5-8 所示。

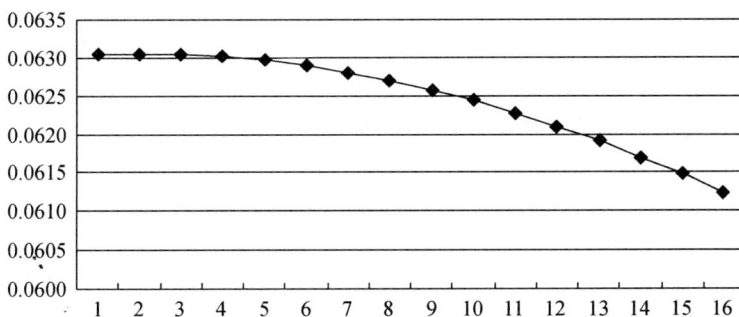

图 5-8 中兴汽车度 1—15 增加引起的沈阳汽车产业网络的临界值 λ 的变化

从变化趋势来看，临界值 λ 在初期时已经出现了些微的"抬头"趋势，然后是处于下降趋势。这说明，在对中兴汽车进行度增加时，初期会出现"度增加而临界值 λ 也同时增加"的现象，所以对中兴汽车进行增加度同之前的大节点相比，虽然是可以降低沈阳汽车产业网络的临界值 λ，并促进资源的有效传播、扩散与共享，但是却不如对前几个节点增加相同度而产生的效果好。

7. 增加沈阳民航特种车辆制造的度

随着度增量的增加，沈阳汽车产业网络的临界值 λ 的变化如表 5 - 8 所示。

表 5 - 8　民航特种车辆制造度 1—15 增加引起的沈阳汽车产业网络的临界值 λ 的变化

度增量	临界值	效果增量	度增量	临界值	效果增量
0	0.06304	0.000000	8	0.062833	0.000211
1	0.063043	0.000000	9	0.062727	0.000316
2	0.063071	- 0.000028	10	0.062604	0.000440
3	0.063080	- 0.000036	11	0.062462	0.000581
4	0.063069	- 0.000025	12	0.062304	0.000740
5	0.063038	0.000005	13	0.062128	0.000915
6	0.062989	0.000055	14	0.061936	0.001107
7	0.062920	0.000124	15	0.061728	0.001315

随着度增量的增加，沈阳汽车产业网络的临界值 λ 的变化趋势如图 5 - 9 所示。

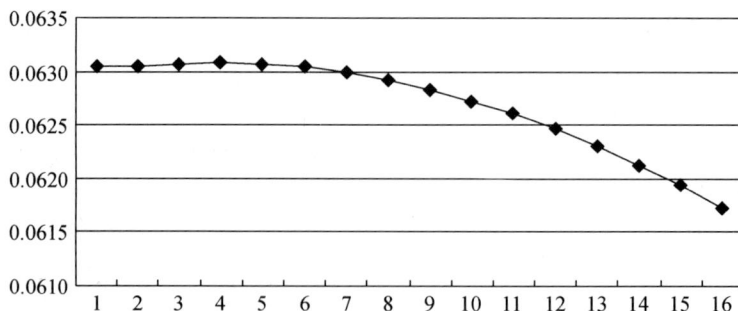

图 5 - 9　民航特种车辆制造度 1—15 增加引起的沈阳汽车产业网络的临界值 λ 的变化

从变化趋势来看，临界值 λ 在前期阶段就出现了稍微的"抬头"趋势，然后是处于下降趋势。这说明，在对民航特种车辆制造进行度增加时，前期会出现"度增加而临界值 λ 也同时增加"的现象，所以对沈阳民航特种车辆进行增加度同之前的大节点相比，虽然是可以降低沈阳汽车产业网络的临界值 λ，并促进资源的有效传播、扩散与共享，但是却不如对前几个节点增加相同度而产生的效果好。

8. 增加某个"度为 2"节点

随着度增量的增加，沈阳汽车产业网络的临界值 λ 的变化如表 5-9 所示。

表5-9　某度为2的节点度1—15增加引起的沈阳汽车产业网络的临界值λ的变化

度增量	临界值	效果增量	度增量	临界值	效果增量
0	0.063040	0.000000	8	0.063341	-0.000300
1	0.063150	-0.000110	9	0.063291	-0.000250
2	0.063236	-0.000190	10	0.063222	-0.000180
3	0.063303	-0.000260	11	0.063134	-0.000091
4	0.063350	-0.000310	12	0.063028	-0.000016
5	0.063377	-0.000330	13	0.062903	0.000140
6	0.063385	-0.000340	14	0.062762	0.000282
7	0.063373	-0.000330	15	0.062602	0.000441

随着度增量的增加，沈阳汽车产业网络的临界值 λ 的变化趋势如图 5-10所示。

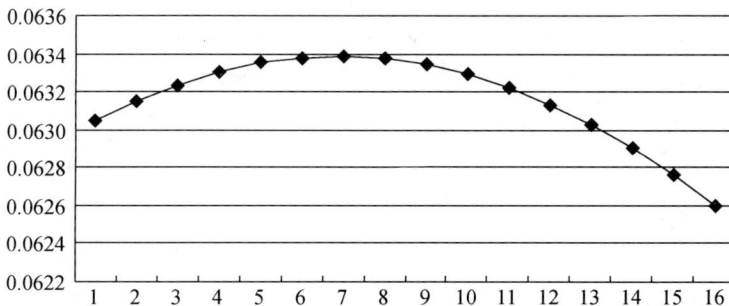

图5-10　某度为2的节点度1—15增加引起的沈阳汽车产业网络的临界值λ的变化

从变化趋势来看，临界值 λ 出现了非常明显的"拱桥"趋势，即在前半个阶段处于上升阶段，然后转为下降趋势。这说明，在对某个度为 2 的节点进行度增加时的中期之前都会出现"度增加而临界值 λ 也同时增加"的现象，所以对某个度为 2 的节点增加度的行为同之前的大节点相比，虽然在后期也可以降低沈阳汽车产业网络的临界值 λ，并促进资源的传播、扩散与共享，但是却大不如对前几个节点增加相同度而产生的效果，因为度提升的成本较高，意义已不明显。

9. 增加某个"度为 1"节点

随着度增量的增加，沈阳汽车产业网络的临界值 λ 的变化如表 5 - 10 所示。

表 5 - 10 某度为 1 的节点度 1—15 增加引起的沈阳汽车产业网络的临界值 λ 的变化

度增量	临界值	效果增量	度增量	临界值	效果增量
0	0.063040	0.000000	8	0.063497	- 0.000450
1	0.063169	- 0.000130	9	0.063465	- 0.000420
2	0.063275	- 0.000230	10	0.063415	- 0.000370
3	0.063362	- 0.000320	11	0.063345	- 0.000300
4	0.063428	- 0.000380	12	0.063257	- 0.000210
5	0.063475	- 0.000430	13	0.063150	- 0.000110
6	0.063502	- 0.000460	14	0.063025	0.000018
7	0.063509	- 0.000470	15	0.062883	0.000161

随着度增量的增加，沈阳汽车产业网络的临界值 λ 变化趋势如图 5 - 11 所示。

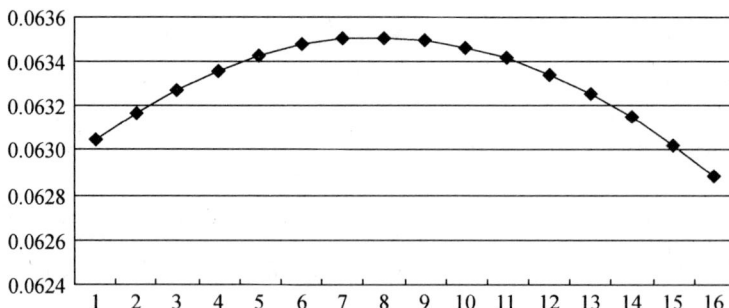

图 5 - 11 某度为 1 的节点度 1—15 增加引起的沈阳汽车产业网络的临界值 λ 的变化

　　从变化趋势来看，相比于"度为 2 的节点"，"度为 1 的节点"在提升度的过程中，临界值 λ 出现了非常明显的"拱桥"趋势，因为度提升的成本更高了，提升的意义丧失了，所以效率不高。

　　最后，根据对这 9 个节点的度增量而引起的沈阳汽车产业网络的临界值 λ 的变化趋势进行汇总，如表 5 – 11 和图 5 – 12 所示。

表 5 – 11　　　9 个节点度 1—15 增加引起的沈阳汽车产业网络的临界值 λ 的变化

名称	汽配市场	华晨金杯	金杯车辆	一汽	沈阳航天三菱发动机	中兴汽车	沈阳民航航空特种车制造厂	某度为2的节点	某度为1的节点
原始度	58	40	20	11	9	7	6	2	1
基期效果增量	0.000972	0.000630	0.000245	0.000070	0.000031	– 0.000008	0.000000	– 0.000106	– 0.000126
	0.001929	0.001263	0.000505	0.000158	0.000081	0.000003	– 0.000028	– 0.000193	– 0.000232
	0.002870	0.001898	0.000781	0.000265	0.000149	0.000033	– 0.000036	– 0.000259	– 0.000318
	0.003795	0.002536	0.001072	0.000391	0.000237	0.000083	– 0.000025	– 0.000306	– 0.000385
	0.004704	0.003175	0.001378	0.000534	0.000343	0.000151	0.000005	– 0.000334	– 0.000431
	0.005598	0.003814	0.001697	0.000695	0.000468	0.000239	0.000055	– 0.000341	– 0.000458
	0.006476	0.004454	0.002030	0.000873	0.000610	0.000344	0.000124	– 0.000329	– 0.000466
	0.007338	0.005093	0.002375	0.001067	0.000769	0.000468	0.000211	– 0.000298	– 0.000453
	0.008186	0.005731	0.002732	0.001278	0.000946	0.000609	0.000316	– 0.000248	– 0.000422
	0.009018	0.006368	0.003101	0.001505	0.001139	0.000768	0.000440	– 0.000178	– 0.000371
	0.009834	0.007003	0.003481	0.001747	0.001348	0.000944	0.000581	– 0.000091	– 0.000302
	0.010636	0.007635	0.003870	0.002004	0.001573	0.001136	0.000740	0.000016	– 0.000213
	0.011423	0.008265	0.004269	0.002275	0.001813	0.001344	0.000915	0.000140	– 0.000106
	0.012196	0.008892	0.004678	0.002560	0.002068	0.001568	0.001107	0.000282	0.000018
	0.012954	0.009515	0.005094	0.002858	0.002337	0.001807	0.001315	0.000441	0.000161

　　从表 5 – 11 和图 5 – 12 中可以看出，在初期，通过对"集线器"企业增加度是非常有效率的，可以持续快速地降低沈阳汽车产业网络的临界值 λ。但是，随着节点度逐渐地降低，对个别节点度增量的效果就开始下降。所以在资源受到约束的初期发展阶段，可以通过对"集线器"企业增

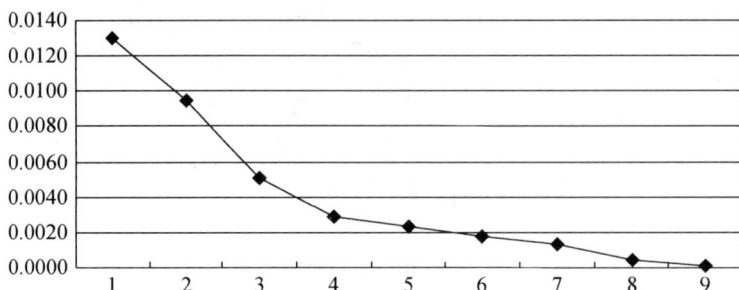

图 5-12　9 个节点度 1—15 增加引起的沈阳汽车产业网络的临界值 λ 的变化

加度的方式来提升资源在沈阳产业网络中的传播、扩散和共享效率。

　　综上所述，要想提高沈阳汽车产业网络的资源传播效率，可以通过"整体度提升"和"局部度提升"两种方式来降低产业网络的临界值 λ。"整体度提升"由于会在度增加的初期出现临界值 λ 的同样增加，而在以后的阶段就会出现平稳的下降趋势，这说明"整体度提升"更适用于产业网络资源传播、扩散和共享效率提升的长远战略选择；与此相对应的是，"局部度提升"会在初期时收到非常明显的效果，即随着对集线器企业度的增加，会很快降低沈阳汽车产业网络的临界值 λ 而提升资源的传播效率。但是，当到对某些度相对小的节点进行度增量操作时，临界值 λ 就开始出现"先升后降"的趋势，而且度越低，这种趋势越明显，所以"局部度提升"更适用于产业网络资源传播、扩散和共享效率提升的初期的战略选择。因此，要想提升沈阳汽车产业网络资源传播效率，就应该循序渐进地采用"局部度提升—整体度提升"的螺旋发展式提升策略。

　　上述结论的得出也印证了系统理论家阿希贝关于组织的产生划分的观点，即组织从无到有和从差到好的演化过程需要经历两个阶段：局部网络化阶段和普遍网络化阶段。局部网络化过程是指产业网络首次出现的过程，其根本标志是企业与企业在小范围内初步形成稳定的合作关系。在工业化时代，社会生产的组织方式是分裂的。由于分工和强化产权激励作用的需要，生产以企业为单位进行。企业内部依靠由产权关系产生的权威进行的协调已经达到了较高的效率，通过企业内部提高效率降低成本的空间已经越来越小，进一步降低最终产品成本的可能性存在于价值链上关联企业之间的协调和资源配置优化,存在于合作研发、合作销售过程中对资源的充分利用。在企业外部,相关企业之间依靠市场关系进行协调。个别企业内生产的计划性和企业与企业之间、生产者与消费者之间的无序性形成鲜明对照。但是这种方式不具有普遍性和广泛性。局部网络化在新经济时代发生了变化。新经济的基本特征是经济全球化及与之相伴的更加激烈的竞争,计算机技术和通信技术的普遍应用也是这个时代的特点与环境特征。在企业之间竞争更趋激烈时,生产者主权开始逐步让位于消费者主权,由消费者参与产品设计的大规模定制方式开始出现。由虚拟企业、外包、下包、战略联盟和由物流企业参与构造的产业网络化生产方式正是对这种要求的合理回应。其形成过程是一种自然演化过程。更多企业在合作前景激励下,在制造业的更大项目上相继采用这些合作形式,以至于网络式合作方式逐渐传播开来,演变为今天在整个世界范围内令人瞩目的组织治理方式。

第六章 基于 INC 方法的产业
安全判断
——沈阳汽车产业网络安全

    我国综合国力和国际地位的不断提高为保障国内产业安全提供了有力的支撑，但随着开放型经济的不断发展，我国在充分利用国际市场和资源发展自己的同时，受外部世界影响的程度也越来越大。因而，只有对产业安全保持高度的警惕，才能防患于未然，从而促进我国经济平稳快速地增长。汽车产业对于一国经济和综合实力的增长具有战略作用，但是，目前跨国汽车公司直接投资对我国汽车产业安全构成了极大的威胁。基于此，本章阐释了汽车产业安全的研究价值，并通过运用基于网络连通性的 INC 方法对沈阳汽车产业网络的安全状态进行了判断，同时提出了产业网络安全的"战术维护"和"战略维护"。

第一节　汽车产业安全研究的价值

    产业安全与产业发展是汽车产业共性互动、相辅相成的产物。产业安全是发展的前提，不安全因素会导致生存的危机，发展也就无从谈起。有学者认为[1]，在开放的市场经济条件下，产业安全的核心即是要高度重视制造业安全，包括基础制造业（如新材料、机床、微电子器件）安全、关键设备制造业（如重大装备、通信设备）安全、高关联性制造业（如汽

---

[1]　雷家骕：《国家经济安全理论与方法》，经济科学出版社 2000 年版。

车制造）安全等。制造业安全的本质，是指一国制造业能够提供国内建设及国防需要的关键制造品，同时，又能顺利地实现从努力开拓国内市场向占领国际市场、巩固国内市场的转变，它主要基于制造业在一国产业体系中的支柱地位和主导性地位来进行评价的。在 20 世纪 80 年代，一直处于世界领先地位的美国汽车产业受到了来自日本强有力的冲击，美国汽车产业安全受到了极大的挑战，美国政府、实业界和学界高度重视，共同积极展开了一系列的措施来进行应对[①]，最终夺回了美国在汽车产业的霸主地位。

因而，产业安全的关键是对事关国家安全的基础性、命脉性或战略性产业的控制。鉴于对经济发展的重要战略作用，对汽车产业的安全问题应该给予高度的关注。

当前，跨国汽车公司直接投资对我国汽车产业安全构成极大威胁，这种威胁超越了其他产业，是摆在我国政府和企业面前迫切需要解决的问题[②]。在中国整车制造及汽车零部件领域，合资与独资企业基本掌控了话语权，中国汽车产业的自主品牌面临着严峻的压力；最近，外资又纷纷图谋汽车销售、售后服务等汽车后市场。随着 2008 年 8 月 18 日，日本最大的二手车商[③]进军中国市场，外资大举进入中国汽车零售领域的势头正在加剧，而且这种趋势已经从新车零售渗透到了二手车业务。《中国汽车工业年鉴》（2008）的"汽车行业十大事件专述"中就重点提及了"应密切关注我国汽车行业的产业安全问题"。这篇专述是在"中国汽车产业是否存在着不安全因素"这个争议的背景下提出来的，它详细分析了我国在十个方面存在的产业不安全因素，说明了近几年来外方对中方控制趋势的不断加强。

今天的国际竞争已经不再是单纯的企业竞争或者产品竞争，而是进入

---

① 美国当时主要采取的措施包括：鼓励技术开发、商业化和应用；积极发挥行业协会的作用；加强对外国投资的管理以及在对外贸易中采取双轨制等。

② 上述结论是由中国汽车技术研究中心产业经济学博士后郭焱带领研究团队承担的全国博士后基金资助课题《跨国直接投资对我国汽车产业安全的影响研究》得出。

③ 日本最大的二手车零售商 Gulliver 集团（中国）公司在上海正式成立。Gulliver 集团（中国）作为日本第一大、世界第二大的二手车交易商，该公司 2007 年的销售额高达 120 亿元人民币，利润为 9 亿元人民币。

了一个前所未有的、全新的产业链的战争时代①。从当前中国汽车产业链②发展现状来看，在整车加工制造环节，虽然国内自主品牌正在崛起，也取得了一定的成就，但汽车巨头们仍然没有放松渗透的脚步。新兴的自主品牌自诞生起，就遭受着汽车巨头们的百般阻挠和扼杀，自主品牌面临着严重的生存困境。③（1）从 2007 年开始，外资（合资）品牌汽车生产企业集体向自主品牌汽车发起攻击，利用其技术和品牌优势，在小型车方面迅速地收回失地，导致中国自主品牌的经济型小型车面临生存困境。（2）在自主品牌生产企业致力于产品高端化的时候，外资（合资）品牌汽车生产企业集体向这些新产品发起攻击，导致很多企业的高端化战略难以实施，被迫向海外转移，通过开拓国际市场，主要是第三世界的市场来维持生存。（3）在愈演愈烈的国际金融风暴对世界主要发达经济体的经济运行产生了普遍影响的当下，外国公司普遍看好中国市场，众多外资纷纷逐鹿中国市场。同时，合资品牌不断将价格下调，甚至推出了 6 万元左右的轿车，这也让自主品牌汽车在国内市场感受到了挤压④。（4）不断提高的环保要求对自主品牌的发展提出了新的标准。2008 年 3 月 1 日北京正式实施国Ⅳ排放标准，这一新的标准对很多国外品牌的中高档汽车不会构成多少麻烦，而自主品牌汽车中只有四款汽车名列其中，而如 QQ 等一系列经济型轿车不得不退出市场。（5）外资企业日益加强在整车合资企业里的控制力，它们控制了技术，通过技术转让，通过零部件采购，通过给员工很高的奖金等手段，将大部分利润转移到国外。仅仅在整车制造环节实施控制还不够，从设计研发、零部件、销售、维修，直至汽车金融、二手车、保险等整个汽车产业链条，外资正在疯狂地大举进入。它们向上游延伸，进入基础产业环节和技术研发环节，向下游拓展，则进入到终端市场及各个细分空间。它们凭借着雄厚的资金实力、技术优势和丰富的管

---

① 著名经济学家郎咸平在一次演讲中提出了"产业链竞争"的观点。
② 汽车产业链就是以汽车销售为中心，由不同业态的主体组成的产业链条，包括产业链前端的汽车厂商、汽车销售商、各保险机构、汽车金融公司，以及产业链后端的二手车市场和汽车修理商等。
③ 曾宪奎：《汽车自主品牌的困境》，《中国科技财富》2008 年第 10 期。
④ 据统计，我国自主品牌乘用车内销量增长率呈下滑趋势，2008 年前 10 个月增幅为 -6.7%，而合资品牌却在节节增长，2008 年前 10 个月增长率为 13.9%。

理经验正在逐渐掌控全局，因而，中国汽车产业已经进入"全产业链安全度恶化"的局面。

在我国加入世界贸易组织后，很多行业都必然遭受到外国商品的冲击。但由于汽车行业存在产业关联度大、产业链长、企业数量多、产品种类规格繁多、发展不均衡、行业情况复杂等特点，同时也缺乏相关的工作经验，因此开展产业损害预警工作的难度和工作量都很大。所以，在国内汽车产业逐步失去了高关税保护的情况下，国外整车及零部件有可能大规模进入国内市场，这必将对于刚刚起步的中国汽车工业，尤其是轿车和零部件产业带来巨大的挑战。为此，国家经贸委选择了汽车作为第一个试点产业，于 2002 年 1 月正式启动了"汽车行业产业损害预警系统"。这一方面说明汽车产业在国民经济中的重要性，另一方面也说明保护汽车产业安全的紧迫性。近年来，汽车产业损害预警系统显示，一些国外进口汽车零部件对中国生产的同类型产品已经造成很大冲击。2008 年，商务部计划扩大汽车零部件企业的监测范围，并建立完善的汽车产业安全预警体系，以指导国内企业如何处理国外发起的反倾销调查。

综上所述，未雨绸缪地认识到汽车产业安全受到的威胁不仅是推动汽车产业健康持续发展的必要前提和保证，同时也是避免我国国民经济体系受到冲击、确保我国经济安全的重要组成部分。

第二节　INC 方法的思想

产业安全评价的具体方法很多，但各种方法的总体思路基本一致，即产业安全的影响因素与产业安全度之间呈线性相关关系，所以产业安全的评价多是采用多指标变量加权平均的评价模型来整合产业安全的评价指标，大致可分为确立前提假设、建立指标体系、确定指标权重、构建评价模型、计算分析结果等几个环节，这是目前学术界关于经济安全和产业安全研究文献中的常用方法。

而本书提出的 INC 方法是在考虑"网络"最为基本的特征——连通性的基础上提出的。之所以会以"网络形式"存在，是由于节点和节点之间形成了彼此连通的网络关系，如果这种关系缺失，那么也就无从谈起"网络"了，网络的连通性是网络运行和发展的基础和必要保障。在网络连通的条件下，节点之间才有进行互动和合作的可能，才能确保产业网络的重要功能，即资源的传播与扩散的实现，所以"连通性"是产业网络最本质的特征。在产业网络 AARS 范式中提及，近些年来不同领域科学家通过实证研究表明，"鲁棒但却脆弱"是复杂网络系统的最重要和最基本的特征之一。Albert、Jeong 和 Barabasi 研究了两个实际网络对随机故障和蓄意攻击的鲁棒性[①]：一个是含有 6000 个节点的自治层互联网结构图，另一个是含有 3.26 万个网页的 WWW 子网，它们得到了与 BA 无标度网络相类似的结果，从而印证了对随机故障的鲁棒性和蓄意攻击的脆弱性是无标度网络的一个基本特征，并且指出其根源在于无标度网络中的度分布不均匀性[②]。

产业网络也是一种实际运行的复杂网络，同样具备复杂网络最基本和最突出的特征"鲁棒但却脆弱"，这个特点最突出的表现是，网络度极高的企业节点受到了攻击或者被蓄意除掉会破坏整个产业网络的连通性，如图 6-1 所示。

对于汽车产业网络而言，由于汽车产业链长，涉及面广，关联系数大，所以网络连通性对于汽车产业而言更加重要，网络连通的紧密性对于汽车产业上下游企业之间战略合作、资源共享、对抗风险等方面都具有重要的影响作用。从产业链协调发展角度来讲，汽车产业网络的连通性遭到破坏，会导致汽车产业链条出现断裂，降低产业链的整体质量；从创新角度讲，网络连通性的破坏会降低产业内所有企业的技术创新效率；从抗风险能力角度讲，网络连通性的破坏，会导致产业出现散、乱、差的无组织局面，而降低整个产业的影响力和话语权。因此，基于网络连通性对汽车产业网络的鲁棒性与脆弱性进行分析，从而对汽车产业网络的安全性进行判定是非常有意义的。

---

① Albert R. , Jeong H. , Barabasi A. L. . Attack and Error Tolerance in Complex Networks [J] . *Nature*, 2000 (406): 387 - 482.

② Carlson J, Doyle J. Highly Optimized Tolerance: Robustness and Power Laws in Complex Systems [J], Phys. Rev. Lett, 2000, 84 (11): 2529 - 2532. Carlson J. , Doyle J. . *Complexity and Robustness* [J] . PNAS, 2002 (99): 2539 - 2545.

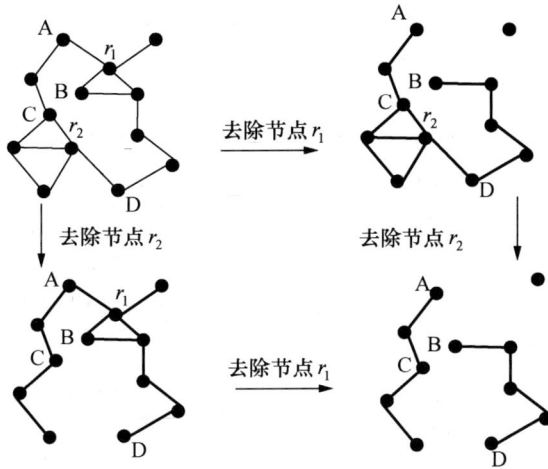

图 6-1 去除节点对网络连通性的影响

第三节 沈阳汽车产业网络安全
状态判定：INC 方法

一、样本选择

根据前文提出的"产业网络安全性估算 INC 方法"的计算思想及方法，本书在第三章中已经绘制了沈阳汽车产业网络图，并对各个节点的度进行了降序排列，为沈阳汽车产业网络的安全性判定奠定了前期的研究基础，接下来，本书将对产业网络中的节点按照度"从大到小"的排列顺序进行逐一地蓄意性攻击。

在进行蓄意性攻击前，沈阳汽车产业网络的平均路径长度为 2.79；平均度为 3.099；聚类系数为 0.232；最大连通子图为 131 个，相对大小为 1。

首先对"汽配市场"这个节点进行蓄意性攻击，因为汽配市场拥有整个产业网络中最大的节点度，为 58。移除掉"汽配市场"这个节点，即删除的比例为 0.08，然后进行计算机模拟可得到沈阳汽车产业网络新的统计数据为：当前，沈阳汽车产业网络的平均路径长度为3.178；平均度为2.231；聚类系数为0.009；最大连通子图为90个，相对大小为0.687。

在"汽配市场"被移除的基础上，再对度排列居于第二位的节点"华晨金杯"进行蓄意性攻击，华晨金杯的节点度为40。移除掉"汽配市场"和"华晨金杯"这两个节点，即删除的比例为0.015，然后进行计算机模拟可得到沈阳汽车产业网络新的统计数据：当前，沈阳汽车产业网络的平均路径长度为4.358；平均度为1.643；聚类系数降为0；最大连通子图为71个，相对大小设为0.542。

在"汽配市场"和"华晨金杯"被移除的基础上，再对度排列居于第三位的节点"金杯车辆"进行蓄意性攻击，金杯车的节点度为20。移除掉"汽配市场"、"华晨金杯"和"金杯车辆"三个节点，即删除的比例为0.023，然后进行计算机模拟可得到沈阳汽车产业网络新的数据：当前，沈阳汽车产业网络的平均路径长度为5.96；平均度为1.359；聚类系数为0；最大连通子图为59个，相对大小为0.45。

在"汽配市场"、"华晨金杯"和"金杯车辆"被移除的基础上，再对度排列在第四位的节点"一汽"进行蓄意性攻击，"一汽"的节点度为11。移除掉"汽配市场"、"华晨金杯"、"金杯车辆"和"一汽"四个节点，即删除的比例为0.03，然后进行计算机模拟可得到沈阳汽车产业网络新的数据：当前，沈阳汽车产业网络的平均路径长度为4.524；平均度为1.213；聚类系数为0；最大连通子图为37个，相对大小为0.282。

在"汽配市场"、"华晨金杯"、"金杯车辆"和"一汽"被移除的基础上，再发起对度排列居于第五位的节点"沈阳航天三菱发动机"进行蓄意性攻击，"沈阳航天三菱发动机"的节点度为9。移除掉"汽配市场"、"华晨金杯"、"金杯车辆"、"一汽"和"沈阳航天三菱发动机"五个节点，即删除的比例为0.038，然后进行计算机模拟可得到沈阳汽车产业网络新的数据：当前，沈阳汽车产业网络的平均路径长度为4.121；平均度为1.111；聚类系数为0；最大连通子图为30个，相对大小为0.229。

以此类推，按照度排列对沈阳汽车产业网络的节点进行攻击后，可得到平均路径长度、平均度和最大连通子图相对大小的变化趋势图，如图6-2至图6-4所示。

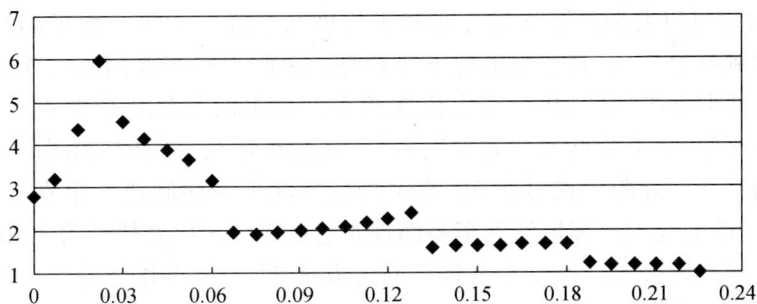

图 6 - 2　平均路径长度变化趋势

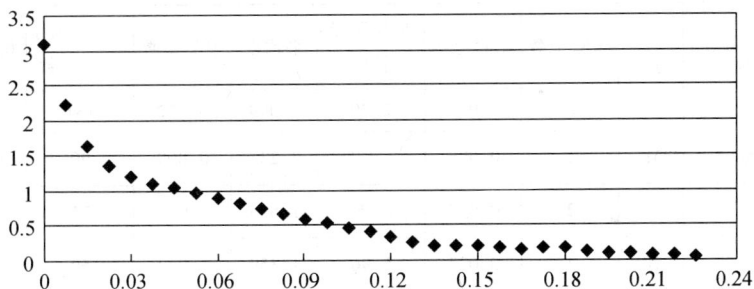

图 6 - 3　平均度变化趋势

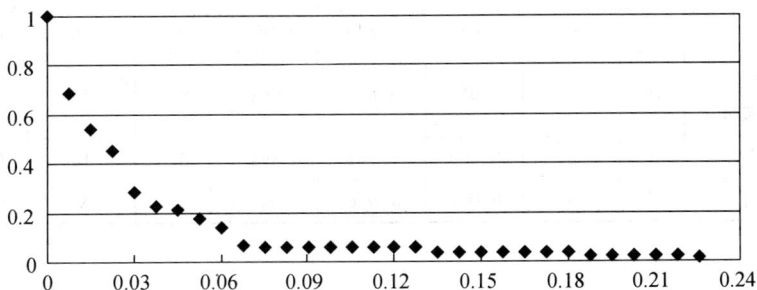

图 6 - 4　最大连通子图相对大小变化趋势

从这三个变化趋势图可以发现，大约在移除掉 29[1] 个节点，即 f 取 0.22 时，可以发现，平均度分布和平均度几乎降至为零，而平均路径长度在达到峰值 5.96 时开始出现下降趋势，沈阳汽车产业网络的连通性被破坏，按照度排列的 29 个节点依次遭受到攻击的数据变化如表 6－1 所示。由于第 29 个节点为"北方汽车"，节点度为 3，而具有相同度的节点还包括：北方奔驰、代号为 70 的沈阳奇隆汽车零件制造有限责任公司、代号为 65 的沈阳金杯恒浩汽车零部件制造有限公司以及代号为 39 的沈阳锦德机械有限公司，所以本书将一并选取这 33 个节点作为对沈阳汽车产业网络安全性进行估算的重点考察样本[2]。

表 6－1　　　　降序删除度后的沈阳汽车产业网络统计特性变化

名称	度	删除个数	删除比例	平均路径长度	平均度	聚类系数	最大连通子图节点数	相对大小
		0	0	2.79	3.099	0.232	131	1
汽配市场	58	1	0.008	3.178	2.231	0.009	90	0.687
华晨金杯	40	2	0.015	4.358	1.643	0	71	0.542
金杯车辆	20	3	0.023	5.96	1.359	0	59	0.450
一汽	11	4	0.030	4.524	1.213	0	37	0.282
沈阳航天三菱发动机	9	5	0.038	4.121	1.111	0	30	0.229
中兴汽车	7	6	0.045	3.879	1.04	0	28	0.214
沈阳新光华晨发动机	7	7	0.053	3.631	0.968	0	23	0.176
长城汽车	7	8	0.060	3.141	0.894	0	18	0.137
北京福田	7	9	0.068	1.936	0.82	0	9	0.069

[1]　图中绘制了 30 个数据点，但是，由于第一个节点是尚未遭受到蓄意攻击时的沈阳汽车产业网络的相关统计数据，所以只需要删除 29 个节点就可以使得沈阳汽车产业网络的连通性遭受到破坏。

[2]　由于移除度排列居后的企业对整个产业网络连通性的影响不大，所以本书将与"北方汽车"具有相同度的其他三家企业共同纳入沈阳汽车产业网络安全性的分析样本之中。

续表

名称	度	删除个数	删除比例	平均路径长度	平均度	聚类系数	最大连通子图节点数	相对大小
		0	0	2.79	3.099	0.232	131	1
通用	6	10	0.075	1.892	0.744	0	8	0.061
沈阳民航航空特种车制造厂	6	11	0.083	1.924	0.667	0	8	0.061
沈阳美卡汽车零部件制造有限公司	6	12	0.090	1.967	0.588	0	8	0.061
华晨宝马	6	13	0.098	2.013	0.525	0	8	0.061
沈阳三山汽车工业集团联营公司	5	14	0.105	2.071	0.462	0	8	0.061
奇瑞汽车	5	15	0.113	2.15	0.397	0	8	0.061
出口	5	16	0.120	2.26	0.33	0	8	0.061
北京现代	5	17	0.128	2.395	0.263	0	8	0.061
21	5	18	0.135	1.6	0.212	0	5	0.038
79	4	19	0.143	1.632	0.196	0	5	0.038
67	4	20	0.150	1.632	0.198	0	5	0.038
62	4	21	0.158	1.647	0.182	0	5	0.038
56	4	22	0.165	1.688	0.165	0	5	0.038
51	4	23	0.173	1.688	0.167	0	5	0.038
50	4	24	0.180	1.688	0.168	0	5	0.038
48	4	25	0.188	1.222	0.132	0	3	0.023
25	4	26	0.195	1.167	0.095	0	3	0.023
沈阳中顺	3	27	0.203	1.167	0.096	0	3	0.023
东风悦达起亚	3	28	0.211	1.2	0.078	0	3	0.023
北京汽车	3	29	0.218	1.2	0.078	0	3	0.023
北方奔驰	3	30	0.226	1	0.04	0	2	0.015
70	3	31	0.233	1	0.04	0	2	0.015
65	3	32	0.241	1	0.04	0	2	0.015
39	3	33	0.248	1	0.041	0	2	0.015

二、样本分析

在确定了待分析的 33 个节点后，根据 INC 方法，本书将对这些节点的企业性质进行分析，即计算在这些节点中，外商独资企业、中外合资企业和沈阳本土企业所占的比例，并进行排序，进而确定沈阳汽车产业网络的安全状态。

（一）全样本分析

首先，不考虑个别样本的特殊性，而将这 33 个节点视为一个整体进行全局性分析。在这 33 个节点中，本书只考虑三种性质类型的企业：外商独资企业、中外合资企业以及中国的本土企业①，对样本企业的性质进行调研的结果如下：

外商独资企业只有 1 家，是沈阳锦德机械有限公司，这是一家生产汽车制动器片的中国台湾独资企业。

中外合资企业为 3 家，分别是：沈阳航天三菱发动机，是一家中日合资企业；华晨宝马，是一家中德合资企业；沈阳金杯恒隆汽车转向系统有限公司，是一家大陆与香港合资企业。

沈阳本土企业为 17 家，分别是：华晨金杯、金杯车辆、沈阳新华华晨、沈阳民航航空特种车辆制造厂、沈阳美卡汽车零部件制造有限公司、沈阳三山汽车工业集团联营公司、沈阳森鑫通汽车零部件制造有限公司（沈东消音器）、沈阳永兴汽车电器厂、沈阳汽车内饰件有限公司、沈阳金和胜汽车部件有限公司、中车集团沈阳 7407 工厂、沈阳三花都瑞轮毂有限公司、沈阳金发汽车钢圈制造有限公司、沈阳金杯恒瑞汽车部件有限公司、沈阳中顺、沈阳奇隆汽车零件制造有限责任公司。

对于非沈阳本地的车辆以及出口，本书将其视为"其他"一类，其中包括：一汽、中兴汽车、长城汽车、北京福田、通用、奇瑞汽车、出口、北京现代、东方悦达起亚、北京汽车和北方奔驰等。

（二）特殊样本分析——汽配市场

在这 33 个节点中有 1 个特殊的节点，即"汽配市场"。"汽配市场"是沈阳市汽车产业网络中节点度最大的点，在整个产业网络中起着至关重要的轴辐作用，而且随着汽车产量的不断增加，汽配企业必将会借势加速

---

① 本书并不对本土企业中的国有、民营等企业性质进行划分。

发展①。在国际巨头占尽先机，大量攫取国内零部件领域高额利润的同时，外资企业进一步垄断我国国内汽配市场的野心也正在进一步加剧。所以如何对汽配市场的产业安全进行监测也是保障我国汽车产业安全的重要一环。

由于汽配市场不同于一个单纯的企业节点，可将其视为一个众多企业所构成的小型网络。所以，如何对"汽配市场"的安全性进行判断，从而进一步对沈阳汽车产业网络的安全性进行判断就显得格外重要了。

由于"汽配市场"可以被视为一个小型的企业网络，所以本书认为，可以再次利用 INC 的思想与方法，对汽配市场中的企业进行度的降序排列，然后逐一对这些度进行蓄意攻击，直到找到 fqp，即去掉了 Nqpfqp 个节点后，汽配市场网络的连通性被完全破坏，然后对 Nqpfqp 个节点的企业性质构成再进行分析，这样就可以对汽配市场的安全性进行判定了。

但是，由于沈阳汽车产业网络安全性判定所选取的 33 个样本中，企业性质的组成差距已经非常大了，汽配市场的安全性判定对于整个沈阳汽车产业网络的安全性判定影响不大，所以，本书将简化地对"汽配市场"的安全性进行判定。

首先，对汽配市场不同性质企业数量的构成进行判定②。目前，在本书所调研的 103 家零部件企业中，外商独资企业有 7 家，中外合资企业有 16 家，沈阳本土企业有 80 家，其构成比例如图 6 -5 所示。

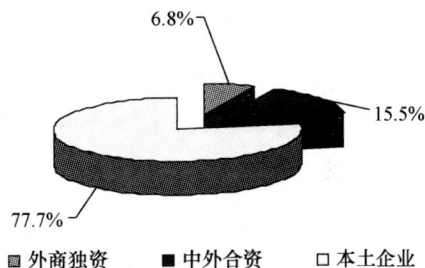

6.8%
15.5%
77.7%

■外商独资　■中外合资　□本土企业

图 6 -5　沈阳零部件企业不同
性质企业构成图

从企业性质构成的数量上来看，充分说明了沈阳的本土企业在整个零部件企业中具有绝对的组成优势，比例约为 78%。

---

① 2007 年 1—6 月全国累计生产汽车 363.03 万辆，同比增长 28.94%，中国汽车工程学会理事长张小虞预测，从 2009—2010 年之间，中国汽车工业依然能保持每年两位数的增长速度，到 2010 年全国的汽车保有量将达到 5600 万辆。汽车的强势增长也必将使得汽配需求呈现显著增长。

② 由于沈阳汽配市场企业众多，调研比较困难，所以本书主要以汽配市场的主要力量，即零部件企业作为主要的样本进行分析。

其次，从零部件企业的影响力角度看，本书按照沈阳汽车产业网络图的绘制原理绘制出沈阳汽车零部件企业的网络图，如图 6-6 所示。

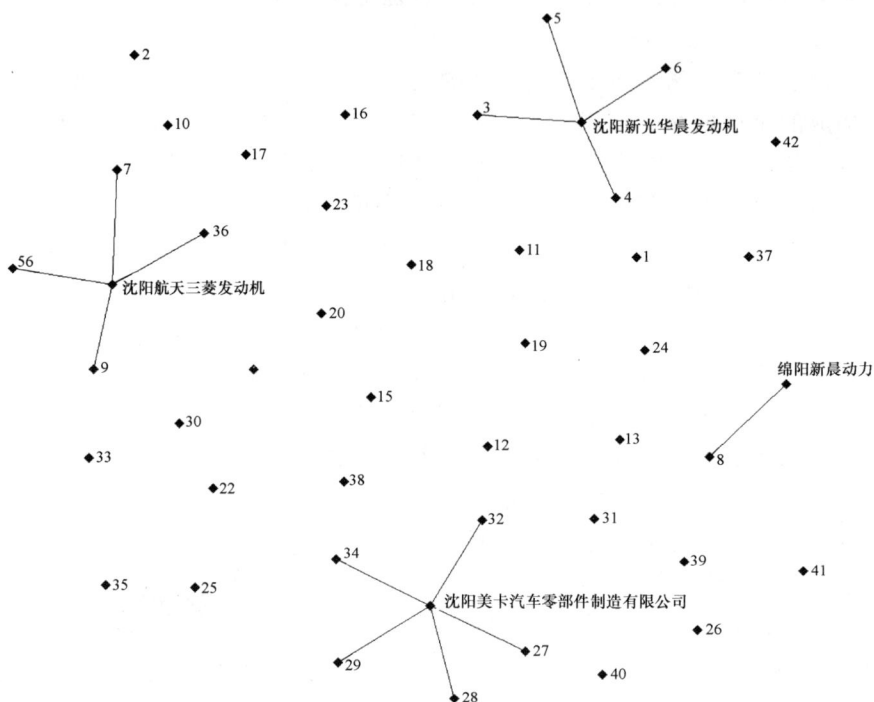

图 6-6　沈阳汽车零部件企业网络图

从图 6-6 中可以清晰地看到，沈阳汽车零部件企业网络进一步验证了前文研究所得出的一个结论：沈阳汽车零部件企业规模小，产业集中度低，呈现出散、乱、差的产业发展局面。但是，可以清晰地看出图中几个关键的节点，分别是沈阳新光华晨发动机、沈阳航天三菱发动机和沈阳美卡零部件制造有限公司三个节点。沈阳新光华晨发动机有限公司是由沈阳航天新光集团有限公司和华晨控股有限公司合资组建的中外合资企业；沈阳航天三菱发动机制造有限公司是中国、日本、马来西亚三国五家公司共同出资设立的中外合资企业；沈阳美卡汽车零部件制造有限公司是一家沈阳本土的民营企业。所以，从汽车零部件企业的影响力来看，沈阳汽车零部件及相关配套的优势企业主要集中在合资企业上。

虽然沈阳汽车零部件企业网络中具有影响力的企业主要是合资企业，但是综合分析影响力的大小以及沈阳本土企业在数量上所占的优势，笔者认为沈阳汽车零部件网络目前还是安全的。因此，可以将"汽配市场"视为"中国本土企业"的节点而纳入整个沈阳汽车产业网络安全性的判定中来。

在 33 个待观察的企业样本中，外商独资企业 1 家，比例约为 3%；中外合资企业 3 家，比例约为 9%；本土企业 18 家，比例约为 55%；其他企业 11 家，比例约为 33%。不同性质企业的构成如图 6-7 所示。

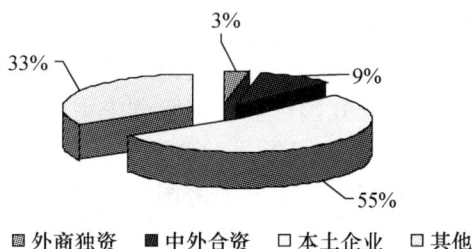

图 6-7　沈阳汽车产业网络 33 个样本节点企业性质比例结构图

根据 INC 方法提出的判定标准：（1）产业风险状态。外商独资企业所占的比例最大。（2）产业警戒状态。中外合资企业所占的比例最大。（3）产业安全状态。本土企业所占的比例最大。

通过对沈阳汽车产业网络 33 个节点企业性质的比例进行分析可以判定，沈阳汽车产业网络尚处于"安全状态"。

第四节　产业网络安全维护

针对研究对象的重要性和立足点，可以分为"战术"和"战略"两个层面的策略规划，战术是指进行战斗的具体原则和方法，常用于解决局部问题,具有极强的针对性;而"战略"是统筹筹划和指导战事全局的计划和方略,具有系统性和前瞻性的特点。对于产业网络安全的维护而言,不仅需要针对某种安全状态采取特定的应对措施,同时更需要高瞻远瞩地制定出产业网络安全的长远规划和全局方略,所以本书提出了针对沈阳汽车产业网络安全现状的"战术维护"和"战略维护"。

一、战术维护

"安全估算法"对产业网络三种安全状态进行了界定,分别是:产业风险状态、产业警戒状态和产业安全状态。根据这三种不同状态,本书提出了三种针对性的产业网络安全战术维护策略:

（一）产业风险状态:鼓励不同形式的竞争,优化市场结构

在产业风险状态下,外资已经攻占了产业网络中最为关键的几个节点,从根本上动摇产业的根基,使我们丧失产业创新发展的能力,严重弱化我国产业的竞争力,固化我国产业在国际分工中的不利地位。为了应对这种风险,应该采取"鼓励不同形式的竞争,优化市场结构"的战略思想,即培育有效竞争的环境,使不同的跨国公司之间形成竞争来制衡不同的利益集团。同时,通过恰当的产业政策引导外资并购向国别、股权分散化的方向发展,即处理好引进单个国家外资与多个国家外资之间的关系,尽可能分散引资的国别和股权,避免关键产业的控制力受到某个投资方母国政府的干预威胁,以形成竞争或寡头竞争的格局。

（二）产业警戒状态:加强跨国公司投资状况的调查,有效地抑制"合资变独资"

跨国公司从合资企业在中国的布局向独资企业进行整合的趋势正在不断加强,比如松下、飞利浦等公司已经开始大规模整合,这些跨国公司通过资本调整,把合资公司进行合并同类项,然后扩大股本金,把中国原来不太控股的地位收拾回来。因而,在这种情况下,应该建立产业安全评估系统,时时对外商投资的股权、整合战略等进行监控,经常对关键产业、核心产业产销集中度进行评价,避免外商实施"合资变独资"的战略。同时,要转变政府观念,一些地方政府一味追求招商引资,"拉郎配"式的盲目合资导致中国企业丢了市场,丧失优势,遭遇难以承受的合资之痛。更为重要的是,谨防跨国企业借合资吞掉老品牌,"制造大国、品牌

小国"，这就是中国品牌格局的现状①，因而必须树立品牌意识，做大做强中国民族品牌。

（三）产业安全状态：树立危机意识，重点选择和保护②关键节点企业，提高这些企业的国际竞争力

仅仅从静态的角度研究产业网络安全是不够的，虽然国家规定，在一些特殊行业需由中方控股，外方不能控制合资企业，或者某一个产业还尚未受到外资的攻击，但是随着时间的推移，不少外资企业会通过增资控股或者兼并等方式逐渐实现对关键企业节点的控制，当外资大举进入时，国内实力单薄的民族资本是很难保持对企业的控制地位的，所以必须在动态演进中来关注产业安全。因此，在一个产业处于安全状态时，也需要首先确定在产业网络中最为关键的节点，然后，中央、地方和企业三方面加大研发投入力度，提高自主创新意识，培育具有自主知识产权的核心竞争力，做大做强这些龙头企业。只有企业核心竞争力提高了，才能增强企业盈利能力，这样不但不会轻易地被跨国公司并购，而且还能与其展开竞争，打入全球市场，进而提升我国企业在世界的影响力和竞争力。

二、战略维护

针对某一种产业网络安全状态采取的"战术维护"策略无疑是一种有效的手段，但是却仅能使该产业暂时免受外来竞争的冲击，使之获得相对稳定的发展环境。但从长远来看，保护实际上只是一种权宜之计。在开放的经济体系中，随着全球经济一体化进程的不断推进与深化，只有不断提高该产业的国际竞争力，才能保证产业网络安全，也就是说，产业竞争力是产业网络安全的核心。提升产业国际竞争力才是维护产业网络安全的治本之策。因而，除了在不同产业安全状态下采取有针对性的战术维护外，还需要从全局和长远的角度出发通过实施"战略维护"来提升产业

---

① 美国《商业周刊》每年都会评选"全球最有价值的 100 个品牌"，但中国品牌的身影从未在这里出现过。在 2007 年前公布的"世界品牌 500 强"排行榜中，美国以 247 席几乎占据了其中的一半，而我国却仅仅有 12 个入选。与之形成鲜明对照的是中国世界第三大出口国的地位。

② 产业威胁可以分为两类：一种是合法威胁，即指市场经济的优胜劣汰规律和合理的世界贸易组织规则所导致的威胁；另一种是非法威胁，即指敌意国家蓄意对某国产业安全的一种破坏和由敌意国所左右而通过一些国际关系准则所导致的。本书提出的产业保护是指对产业非法威胁的保护。

网络的国际竞争力，以保证产业发展的长治久安。

第一，加快推进自主创新。支持国内企业加快对能够提升国内产业整体发展水平、对产业可持续发展具有支撑作用的核心技术、关键技术进行自主研发和产业化，通过自主创新提高国内企业应对外资并购的安全系数和生存空间。

第二，借鉴经验，加强产业安全立法。借鉴发达国家在保护国内产业方面有益的制度性安排，逐步形成具有中国特色的产业安全保障体系。中国的《反垄断法》已于2008年8月1日实施，这将有利于平衡和协调各种利益关系，普及竞争理念。今后我国还应该不断完善《公司法》、《反不正当竞争法》及相关购并的法规条例，以科学地规范指导外资引进问题。

第三，建立一个专门负责产业安全的专职行政机构，建立一整套产业安全损害预警体系。通过构建科学而系统的产业安全预警体系，相关的专职机构应该实时监控我国各个产业，尤其是关键产业的外商投资状况，动态性地监控产业安全状态的变化。

综上所述，通过 INC 方法的分析，笔者认为，在沈阳汽车产业网络中，具有重要影响力的集线器企业多是以"民族企业"为主，所以沈阳汽车产业网络目前尚处于"安全状态"，拥有一个相对稳定的发展环境。但是必须清醒地意识到，随着产业活动开放度的不断增大，沈阳汽车产业势必要进一步地融入全球价值链之中，因而沈阳汽车产业应该居安思危，树立危机意识，在现阶段客观选择和重点扶持那些已经具有相当竞争实力或者潜在竞争能力的关键企业，通过提升它们的企业核心竞争力来抵御现有的或即将出现的外部竞争冲击；从长远来看，必须以提升实现沈阳汽车产业整体的国际竞争力作为长远目标以保证产业持续稳健的健康发展。

第七章　沈阳汽车产业网络演进分析
——一个动态的分类体系

本章首先基于"AA—R—S"的逻辑思路给出了产业网络模式的分类标准，并在此基础上构建了一个包含 24 种产业网络模式的动态分类体系，在对沈阳汽车产业网络实证研究的基础上，对其产业网络模式进行了判断。然后，本章又从复杂网络的动力学分析视角入手，基于 AARS 范式对产业网络的演化进行了系统动力学的分析，并提出了一个经济学的演化模型。最后，本书研究了产业网络模式的动态转化路径，并对沈阳汽车产业网络模式的未来演进路径进行了预测。

第一节　产业网络模式的分类体系

一、分类标准

产业网络 AARS 范式的四个要素之间是有机联系、紧密结合的。不同的产业网络由于在"主体"、"行为"、"资源"和"安全"层面存在的差异，必然会呈现出多样化的模式特征。基于此，本书提出了以"AA①—R—S"为逻辑思路的分类标准，通过产业网络四要素的差异化组合来对产业

---

① 产业网络的"主体"和"行为"要素之间是高度相关的，主体的密度和主体之间的行为是互为决定因素的，即产业网络密度越高，主体之间的行为就越紧密，合作性越强。由于"行为"要素难以形成划分标准，所以本书将"主体"和"行为"要素结合成一个层面进行类型划分，即"AA"层面。

网络的不同模式进行判断和分析。

（一）主体—行为（AA）层面

产业网络的主体研究涉及"产业网络密度"和"产业网络主体影响力"的两个问题。因此，从主体层面出发，可以选取两个分类标准：

1. 产业网络的"密度"标准

根据产业网络密度的大小，产业网络可以分为"嵌入式"即"E式"① 产业网络模式和"浮游式"即"F式"② 产业网络模式。前者是指产业网络的密度较大、产业网络节点之间形成了紧密的网络关系，既存在企业之间紧密的合作，也存在政府、教育和科研机构等产业生态主体对企业的大量支持性合作；后者是指拥有较小产业网络密度的组织模式，由于网络关系的脆弱或是断裂，导致企业之间以及企业和产业生态主体之间缺乏有机的合作行为，难以形成合力。

2. 产业网络的"主体影响力"标准

根据产业网络中是否拥有"集线器企业"可以将其分为"主导式"即"L式"③ 产业网络模式和"主导真空式"即"V式"④ 产业网络模式。前者是指产业网络中存在"集线器"企业，即拥有"度"很大的节点，这些节点是产业网络的领导者；后者是指产业网络中缺乏"集线器"企业，即节点的"度"都很相近，不存在明显的领导与被领导的网络等级规则。

（二）资源（R）层面

根据产业网络传播临界值的大小，即产业网络资源传播和扩散效率的高低，可以将产业网络划分为"速流式"，即"H式"⑤ 产业网络模式以及"滞流式"，即"S式"⑥ 产业网络模式。前者是指拥有较高传播临界值，资源传播效率较高的产业网络模式；后者是指由于传播临界值较低，所以资源在产业网络中的传播和共享比较滞缓，效率较低的产业网络

---

① E 即取自英文 embedness 的第一个字母，即"嵌入"的意思。

② F 即取自英文 float 的第一个字母，即"浮游"的意思。

③ L 即取自英文 leader 的第一个字母，即"主导者"的意思。

④ V 即取自英文 leader void 的第二个单词的第一个字母，即"缺少主导者"的意思。

⑤ H 即取自英文 high efficient 的第一个单词的第一个字母，即"资源流动高效"的意思。

⑥ S 即取自英文 slow efficient 的第一个单词的第一个字母，即"资源流动低效"的意思。

模式。

（三）安全（S）层面

根据产业网络的安全状态，产业网络可以分为"安全式"即"G式"① 产业网络模式、"警戒式"即"Y式"② 产业网络模式和"危险式"即"R式"③ 产业网络模式。"安全式"产业网络模式是指产业网络的关键节点仍然为民族企业，尚未被"外资或合资"企业攻占的网络模式；"警戒式"产业网络模式是指这些关键节点已经多为"合资企业"，谨防合资变独资趋势发生的一种网络模式；而"危险式"产业网络是指这些关键节点已经多为"外商独资企业"，产业网络安全已经陷入危险的网络模式。

二、产业网络模式的分类体系

基于"AA—R—S"层面的分类标准，可以构建涵盖 24 种模式的产业网络分类体系，如图 7-1 所示。

（1）"ELHG 式"产业网络模式，即兼具"嵌入式"、"主导式"、"速流式"和"安全式"等特征的产业网络模式。此种产业网络的密度较高，即产业网络节点之间形成了紧密的网络关系，彼此之间存在有机合作；产业网络中具备拥有网络影响力和领导力的"集线器"企业；包括知识和技术等在内的各类资源在产业网络中可以实现高效地传播和共享；产业网络中的关键节点多为民族企业，产业安全尚未受到威胁。

（2）"ELHY 式"产业网络模式，即兼具"嵌入式"、"主导式"、"速流式"和"警戒式"等特征的产业网络模式。此种产业网络的密度较高，即产业网络节点之间形成了紧密的网络关系，彼此之间存在有机合作；产业网络中具备拥有网络影响力和领导力的"集线器"企业；包括知识和技术等在内的各类资源在产业网络中可以实现高效地传播和共享；产业网络中的关键节点则多为合资企业，产业安全处于警戒状态。

（3）"ELHR 式"产业网络模式，即兼具"嵌入式"、"主导式"、"速流式"和"危险式"等特征的产业网络模式。此种产业网络的密度较

---

① G 即取自英文 green 的第一个字母，即"绿灯代表安全"的意思。
② Y 即取自英文 yellow 的第一个字母，即"黄灯代表警戒"的意思。
③ R 即取自英文 red 的第一个字母，即"红灯代表危险"的意思。

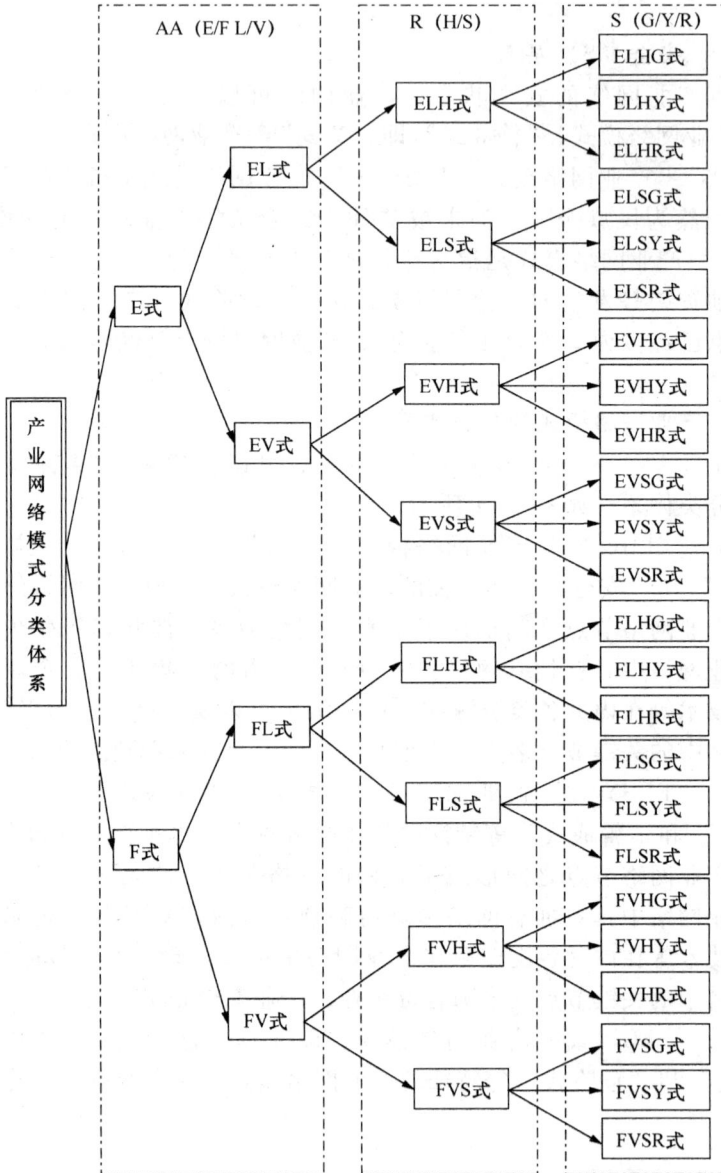

图 7-1 产业网络模式分类体系

高，即产业网络节点之间形成了紧密的网络关系，彼此之间存在有机合作；产业网络中具备拥有网络影响力和领导力的"集线器"企业；包括知识和技术等在内的各类资源在产业网络中可以实现高效地传播和共享；产业网络中的关键节点则已被"外商独资企业"攻占，产业网络处于危险状态。

（4）"ELSG 式"产业网络模式，即兼具"嵌入式"、"主导式"、"滞流式"和"安全式"等特征的产业网络模式。此种产业网络的密度较高，即产业网络节点之间形成了紧密的网络关系，彼此之间存在有机合作；产业网络中具备拥有网络影响力和领导力的"集线器"企业；包括知识和技术等在内的各类资源在产业网络中的传播效率很低，难以实现有效共享；产业网络中的关键节点多为民族企业，产业安全尚未受到威胁。

（5）"ELSY 式"产业网络模式，即兼具"嵌入式"、"主导式"、"滞流式"和"警戒式"等特征的产业网络模式。此种产业网络的密度较高，即产业网络节点之间形成了紧密的网络关系，彼此之间存在有机合作；产业网络中具备拥有网络影响力和领导力的"集线器"企业；包括知识和技术等在内的各类资源在产业网络中的传播效率很低，难以实现有效共享；网络中的关键节点多为"合资企业"，产业安全受到威胁，处于警戒状态。

（6）"ELSR 式"产业网络模式，即兼具"嵌入式"、"主导式"、"滞流式"和"危险式"等特征的产业网络模式。此种产业网络的密度较高，即产业网络节点之间形成了紧密的网络关系，彼此之间存在有机合作；产业网络中具备拥有网络影响力和领导力的"集线器"企业；包括知识和技术等在内的各类资源在产业网络中的传播效率很低，难以实现有效共享；产业网络关键节点则已被"外商独资企业"攻占，产业网络处于危险状态。

（7）"EVHG 式"产业网络模式，即兼具"嵌入式"、"主导真空式"、"速流式"和"安全式"等特征的产业网络模式。此种产业网络的密度较高，即产业网络节点之间形成了紧密的网络关系，彼此之间存在有机合作；产业网络中不具备拥有网络影响力和领导力的"集线器"企业，节点的度都比较相近，不存在领导与依附的鲜明的等级关系；包括知识和技术等在内的各类资源在产业网络中可以实现高效地传播和共享；产业网络中的关键节点多为民族企业，产业安全尚未受到威胁。

（8）"EVHY 式"产业网络模式，即兼具"嵌入式"、"主导真空式"、"速流式"和"警戒式"等特征的产业网络模式。此种产业网络的密度较高，即产业网络节点之间形成了紧密的网络关系，彼此之间存在有机合作；产业网络中不具备拥有网络影响力和领导力的"集线器"企业，节点的度都比较相近，不存在领导与依附的鲜明的等级关系；包括知识和技术等在内的各类资源在产业网络中可以实现高效地传播和共享；产业网络中的关键节点多为"合资企业"，产业安全受到威胁，处于警戒状态。

（9）"EVHR 式"产业网络模式，即兼具"嵌入式"、"主导真空式"、"速流式"和"危险式"等特征的产业网络模式。此种产业网络的密度较高，即产业网络节点之间形成了紧密的网络关系，彼此之间存在有机合作；产业网络中不具备拥有网络影响力和领导力的"集线器"企业，节点的度都比较相近，不存在领导与依附的鲜明的等级关系；包括知识和技术等在内的各类资源在产业网络中可以实现高效地传播和共享；产业网络关键节点则已被"外商独资企业"攻占，产业网络处于危险状态。

（10）"EVSG 式"产业网络模式，即兼具"嵌入式"、"主导真空式"、"滞流式"和"安全式"等特征的产业网络模式。此种产业网络的密度较高，即产业网络节点之间形成了紧密的网络关系，彼此之间存在有机合作；产业网络中不具备拥有网络影响力和领导力的"集线器"企业，节点的度都比较相近，不存在领导与依附的鲜明的等级关系；包括知识和技术等在内的各类资源在产业网络中的传播效率很低，难以实现有效共享；产业网络中的关键节点多为民族企业，产业安全尚未受到威胁。

（11）"EVSY 式"产业网络模式，即兼具"嵌入式"、"主导真空式"、"滞流式"和"警戒式"等特征的产业网络模式。此种产业网络的密度较高，即产业网络节点之间形成了紧密的网络关系，彼此之间存在有机合作；产业网络中不具备拥有网络影响力和领导力的"集线器"企业，节点的度都比较相近，不存在领导与依附的鲜明的等级关系；包括知识和技术等在内的各类资源在产业网络中的传播效率很低，难以实现有效共享；产业网络中的关键节点多为"合资企业"，产业安全受到威胁，处于警戒状态。

（12）"EVSR式"产业网络模式，即兼具"嵌入式"、"主导真空式"、"滞流式"和"危险式"等特征的产业网络模式。此种产业网络的密度较高，即产业网络节点之间形成了紧密的网络关系，彼此之间存在有机合作；产业网络中不具备拥有网络影响力和领导力的"集线器"企业，节点的度都比较相近，不存在领导与依附的鲜明的等级关系；包括知识和技术等在内的各类资源在产业网络中的传播效率很低，难以实现有效共享；产业网络关键节点则已被"外商独资企业"攻占，产业网络处于危险状态。

（13）"FLHG式"产业网络模式，即兼具"浮游式"、"主导式"、"速流式"和"安全式"等特征的产业网络模式。此种产业网络的密度较低，产业网络节点之间尚未形成紧密的网络关系，彼此之间缺乏有机合作；产业网络中具备拥有网络影响力和领导力的"集线器"企业；包括知识和技术等在内的各类资源在产业网络中可以实现高效地传播和共享；产业网络中的关键节点多为民族企业，产业安全尚未受到威胁。

（14）"FLHY式"产业网络模式，即兼具"浮游式"、"主导式"、"速流式"和"警戒式"等特征的产业网络模式。此种产业网络的密度较低，产业网络节点之间尚未形成紧密的网络关系，彼此之间缺乏有机合作；产业网络中具备拥有网络影响力和领导力的"集线器"企业；包括知识和技术等在内的各类资源在产业网络中可以实现高效地传播和共享；产业网络中的关键节点多为"合资企业"，产业安全受到威胁，处于警戒状态。

（15）"FLHR式"产业网络模式，即兼具"浮游式"、"主导式"、"速流式"和"危险式"等特征的产业网络模式。此种产业网络的密度较低，产业网络节点之间尚未形成紧密的网络关系，彼此之间缺乏有机合作；产业网络中具备拥有网络影响力和领导力的"集线器"企业；包括知识和技术等在内的各类资源在产业网络中可以实现高效地传播和共享；产业网络关键节点则已被"外商独资企业"攻占，产业网络处于危险状态。

（16）"FLSG式"产业网络模式，即兼具"浮游式"、"主导式"、

"滞流式"和"安全式"等特征的产业网络模式。此种产业网络的密度较低，产业网络节点之间尚未形成紧密的网络关系，彼此之间缺乏有机合作；产业网络中具备拥有网络影响力和领导力的"集线器"企业；包括知识和技术等在内的各类资源在产业网络中的传播效率很低，难以实现有效共享；产业网络中的关键节点多为民族企业，产业安全尚未受到威胁。

（17）"FLSY 式"产业网络模式，即兼具"浮游式"、"主导式"、"滞流式"和"警戒式"等特征的产业网络模式。此种产业网络的密度较低，产业网络节点之间尚未形成紧密的网络关系，彼此之间缺乏有机合作；产业网络中具备拥有网络影响力和领导力的"集线器"企业；包括知识和技术等在内的各类资源在产业网络中的传播效率很低，难以实现有效共享；产业网络中的关键节点多为"合资企业"，产业安全受到威胁，处于警戒状态。

（18）"FLSR 式"产业网络模式，即兼具"浮游式"、"主导式"、"滞流式"和"危险式"等特征的产业网络模式。此种产业网络的密度较低，产业网络节点之间尚未形成紧密的网络关系，彼此之间缺乏有机合作；产业网络中具备拥有网络影响力和领导力的"集线器"企业；包括知识和技术等在内的各类资源在产业网络中的传播效率很低，难以实现有效共享；产业网络关键节点则已被"外商独资企业"攻占，产业网络处于危险状态。

（19）"FVHG 式"产业网络模式，即兼具"浮游式"、"主导真空式"、"速流式"和"安全式"等特征的产业网络模式。此种产业网络的密度较低，产业网络节点之间尚未形成紧密的网络关系，彼此之间缺乏有机合作；产业网络中不具备拥有网络影响力和领导力的"集线器"企业，节点的度都比较相近，不存在领导与依附的鲜明的等级关系；包括知识和技术等在内的各类资源在产业网络中可以实现高效地传播和共享；产业网络中的关键节点多为民族企业，产业安全尚未受到威胁。

（20）"FVHY 式"产业网络模式，即兼具"浮游式"、"主导真空式"、"速流式"和"警戒式"等特征的产业网络模式。此种产业网络的密度较低，产业网络节点之间尚未形成紧密的网络关系，彼此之间缺乏有机合作；产业网络中不具备拥有网络影响力和领导力的"集线器"企业，节点的度都比较相近，不存在领导与依附的鲜明的等级关系；包括知识和技术等在内的各类资源在产业网络中可以实现高效地传播和共享；产业网络中的关键节点多为"合资企业"，产业安全受到威胁，处于警戒状态。

（21）"FVHR式"产业网络模式，即兼具"浮游式"、"主导真空式"、"速流式"和"危险式"等特征的产业网络模式。此种产业网络的密度较低，产业网络节点之间尚未形成紧密的网络关系，彼此之间缺乏有机合作；产业网络中不具备拥有网络影响力和领导力的"集线器"企业，节点的度都比较相近，不存在领导与依附的鲜明的等级关系；包括知识和技术等在内的各类资源在产业网络中可以实现高效地传播和共享；产业网络关键节点则已被"外商独资企业"攻占，产业网络处于危险状态。

（22）"FVSG式"产业网络模式，即兼具"浮游式"、"主导真空式"、"滞流式"和"安全式"等特征的产业网络模式。此种产业网络的密度较低，产业网络节点之间尚未形成紧密的网络关系，彼此之间缺乏有机合作；产业网络中不具备拥有网络影响力和领导力的"集线器"企业，节点的度都比较相近，不存在领导与依附的鲜明的等级关系；包括知识和技术等在内的各类资源在产业网络中的传播效率很低，难以实现有效共享；产业网络中的关键节点多为民族企业，产业安全尚未受到威胁。

（23）"FVSY式"产业网络模式，即兼具"浮游式"、"主导真空式"、"滞流式"和"警戒式"等特征的产业网络模式。此种产业网络的密度较低，产业网络节点之间尚未形成紧密的网络关系，彼此之间缺乏有机合作；产业网络中不具备拥有网络影响力和领导力的"集线器"企业，节点的度都比较相近，不存在领导与依附的鲜明的等级关系；包括知识和技术等在内的各类资源在产业网络中的传播效率很低，难以实现有效共享；产业网络中的关键节点多为"合资企业"，产业安全受到威胁，处于警戒状态。

（24）"FVSR式"产业网络模式，即兼具"浮游式"、"主导真空式"、"滞流式"和"危险式"等特征的产业网络模式。此种产业网络的密度较低，产业网络节点之间尚未形成紧密的网络关系，彼此之间缺乏有机合作；产业网络中不具备拥有网络影响力和领导力的"集线器"企业，节点的度都比较相近，不存在领导与依附的鲜明的等级关系；包括知识和技术等在内的各类资源在产业网络中的传播效率很低，难以实现有效共享；产业网络关键节点则已被"外商独资企业"攻占，产业网络处于危险状态。

第二节　沈阳汽车产业网络模式的判断

通过对沈阳汽车产业网络进行层层深入的理论探讨和实证研究后可以发现，沈阳汽车产业网络具备如下模式特征：

一、主体—行为（AA）层面

从主体层面来看，主要体现在"产业网络密度"和"主体影响力"两个维度。

沈阳汽车产业网络的密度较低，这主要体现在两个方面：一是沈阳汽车产业网络的"微观密度"较低。即说明沈阳汽车企业之间的合作程度，尤其是整车和零配件企业之间的合作程度不够紧密，网络关系比较松散，难以形成合力。二是沈阳汽车产业网络的"宏观密度"较低。通过专家打分以及与给定的标准网络相比，包括政府、教育和科研机构、中介组织以及金融机构在内的产业生态主体对汽车企业提供的外部支持不足，尤其是中介组织的发展，并没有受到政府以及业界的应有重视，产业共生关系亟待进一步改善和提升。

沈阳汽车产业网络存在一批"集线器企业"，包括汽配市场、华晨金杯、金杯车辆、一汽和沈阳航天三菱发动机等，尤其是汽配市场，节点度是最高的，对沈阳汽车产业网络的影响力最强。这些集线器企业在沈阳汽车产业网络中占据了关键的资源，是产业网络规则的"制订者"和"领导者"，尤其是"整车企业"，在同零部件企业的网络关系中居于"绝对主导"地位，零部件企业则多处于依附和从属地位。

再从沈阳汽车产业网络社团的行为来看，沈阳汽车零部件企业的发展"散"、"乱"、"弱"，产品附加值低，市场竞争力较差，除了掌握先进技术的发动机合资企业外，大部分本土化的零部件企业地位比较低，在网络中处于依附整车企业存在的附属地位；整车企业在沈阳汽车产业网络中处于"领导地位"，拥有众多网络资源，但是自主研发能力不强，产品交叉比较严重；沈阳目前尚未形成和谐的"整零关系"，本土零部件企业的弱小成为制约自主品牌汽车发展的"瓶颈"；沈阳市专用车企业虽然拥有较高的"市内配套率"，在沈阳汽车产业网络中拥有一定的影响力，但是彼此之间缺少合作，难以形成合力，民营企业为主的"小作坊"式生产模式更阻碍了专用车高端产品的开发，技术研发能力不强；汽配市场在沈阳汽车产业发展中重要作用不容忽视，起到了"辐射四方"的主导效果。

因此，从主体—行为（AA）层面来看，沈阳汽车产业网络兼具"浮游式"和"主导式"产业网络的模式特征，即属于"FL"式产业网络。

二、资源（R）层面

沈阳汽车产业资源传播效率的临界值 = 0.0634，虽然数值绝对量较小，但相对于 BA 无标度网络本身的性质而言，却比较高。这说明，沈阳汽车产业网络虽然存在资源的传播与扩散，但是传播效率不高。因此，沈阳汽车产业网络具备"滞流式"产业网络模式的特征，结合 AA 层面的模式判断，沈阳市汽车产业网络可以进一步确定为"FLS"式产业网络模式。

三、安全（S）层面

运用本书提出的 INC 方法对沈阳汽车产业网络的安全现状进行分析可以发现，产业网络中的一些关键节点多为沈阳本土的民族汽车企业，尚未被"合资企业"和"外商独资"企业攻占，所以可以判断，沈阳汽车产业网络目前尚处于"安全状态"，因此，沈阳汽车产业网络具备"安全式"产业网络模式的特征，即"G 式"产业网络模式。

综上所述，根据 AA—R—S 逻辑思路提出的分类标准，沈阳汽车产业网络属于"FLSG 式"产业网络模式，即兼具"浮游式"、"主导式"、"滞流式"和"安全式"等特征的产业网络模式。

第三节　产业网络模式分类体系的动态演进
——复杂网络的动力学分析

一、产业网络演进的系统动力学分析

动力学行为是复杂网络研究的一个重要内容之一。社会系统动力学是通过分析社会经济系统内部各变量之间的反馈结构关系来研究整个系统整体行为的理论。系统动力学认为，系统的行为是由系统的结构所决定的，而系统的结构是动态反馈的，国内外的许多学者用系统动力学的思想来研究产业组织等诸多产业经济学对象取得了显著的成果，所以本书将借鉴系统动力学①思想对产业网络的系统运行和演进进行研究和分析。

任何一个产业网络的组织结构在应对外部环境变化下的反应和调整过程中都会体现出一定资源配置效率的组织比较优势，本书将其界定为"产业网络竞争力"②，而产业网络的演进和发展的过程必然伴随着产业网

---

① 现实生活中需要进行运筹、决策、控制的大量问题具有这样一些特点：要么存在一些无法精确观测的特征量，不可能取得完备的精确数据资料；要么特征量之间的关系无法用明确的数学形式表达出来，不可能建立精确的数学模型；要么二者兼而有之。这些就是所谓的"结构不良"（或称病态结构）的系统问题，而与之对应的是建立在简单性基础上的所谓的"结构良好"的系统问题。对于结构不良的系统，若一味地追求精确化、定量化和公理化的描述是无效的，所以系统科学界开始由"把复杂性还原为简单性"的方法论转变为"把复杂性当做复杂性来处理"的思想，并建立了描述和处理复杂性的系统理论，系统动力学就是较早产生的一种。美国 MIT 的福里斯特（Forrester）教授于 20 世纪 50 年代首创复杂性研究的系统动力学，其中最基本的概念是反馈及反馈环。如果把开放的因果反馈关系首尾连接起来便构成所谓的因果关系反馈环。封闭的因果关系环能够解释事物发展的内因，这正是系统思考的最有力工具。如果反馈环路中有一个或奇数个负反馈节，那么整个反馈环称为"负反馈环"，并在环路的中心标负号；如果反馈环路中的负反馈节是偶数个或均为正反馈节，则整个反馈环称为"正反馈环"。正反馈环是一种无止境的发散过程，具有"滚雪球"的效应，负反馈则是一个动态的收敛过程，即系统状态朝着某种边界或某个目标不断前进，并不断缩小差距。一个真实的社会经济系统，由许多正负不同的反馈环组成，系统内部机制复杂而又协调。

② "竞争力"的分析包含"企业"、"产业"和"国家"三个层面的研究，其中，"产业竞争力"是属于"中观层次"的研究范畴。目前，对于"产业竞争力"内涵的界定尚未统一。很多外国学者侧重于单一的价格或者生产率，比如，博尔索（Boltho）认为产业国际竞争力是"与外部均衡相容的最大可能的生产率增长"。当然，也有很多学者侧重于利润率。戈登（Gordon，1994）认为，一个产业生产那些可交易的、有利可图的商品以拥有国际竞争力，那么竞争力降低就是利润率的降低。劳尔（Lall，2001）对产业竞争力的定义暗含了可持续和效率的问题，他认为，产业竞争力意味着可持续发展基础上的发展的相对效率。中国学者也从多个角度对产业竞争力的内涵进行了界定，比如，金碚认为，产业竞争力是在国际自由贸易条件下，一国的某一产业能够比其他国家的同类产业更有效地向市场提供产品或者服务的综合素质。张金昌的界定是个多维度的概念，他认为产业竞争力是产业内企业整体的竞争力，也是一个国家产业的竞争力。从比较角度来看，它是产业内企业能力的差异、产业发展所需的资源条件的差异和产业发展环境的差异的反映；从产业自身来看，它是产业组织结构、产业的市场竞争结构、产业整体素质和国家的产业政策的反映。蔡昉（2003）的定义是个动态的概念：产业竞争力为一个国家产业对于该国资源禀赋结构（表现为比较优势）和市场环境的反应和调整能力。主要体现为一个国家或地区某个产业的总体资源配置状况及其效果。产业竞争力的大小与其是否遵循比较优势原则直接相关。基于此，本书给出了产业网络竞争力的界定。

络竞争力的不断提升。基于此，本书绘制了 AARS 范式下产业网络竞争力的因果关系反馈回路图，以期发现产业网络竞争力与产业网络四要素（AARS）之间的互动关系及其演进发展模式，进而找出产业网络模式的演进路径，如图 7 - 2 所示。

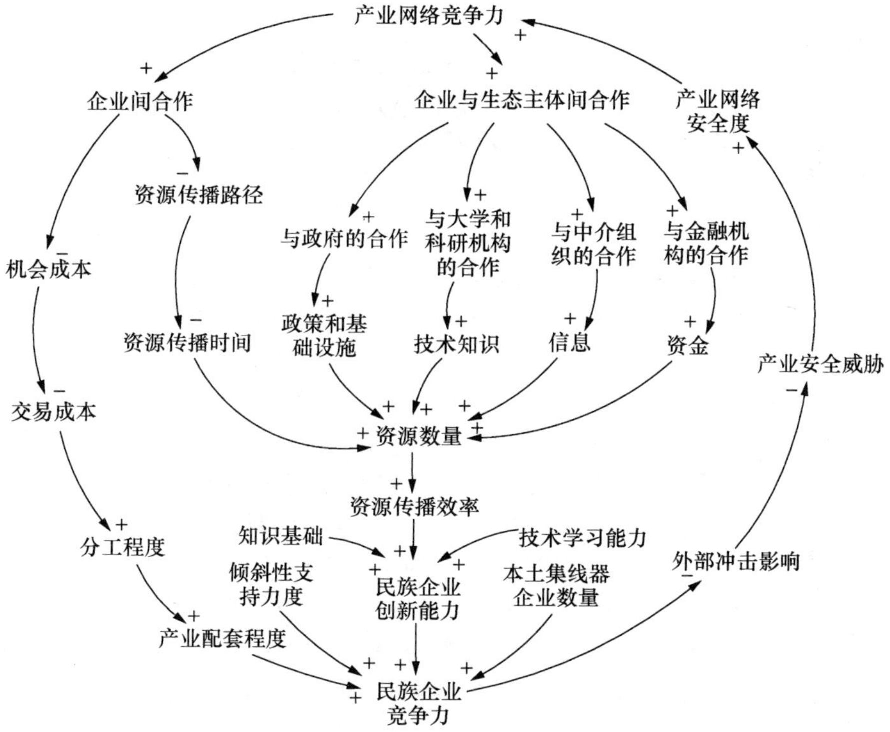

图 7 - 2　产业网络竞争力因果关系

在这个因果关系图中，共包含了 6 条反馈回路，全部都是"正反馈"回路：

（1）产业网络竞争力→企业间合作→机会成本→交易成本→分工程度→产业配套程度→民族企业竞争力→外部冲击影响→产业安全威胁→产业网络安全度→产业网络竞争力。

（2）产业网络竞争力→企业间合作→资源传播路径→资源传播时

间→资源数量→资源传播效率→民族企业创新能力→民族企业竞争力→外部冲击影响→产业安全威胁→产业网络安全度→产业网络竞争力。

（3）产业网络竞争力→企业与生态主体间合作→与政府的合作→政策和基础设施→资源数量→资源传播效率→民族企业创新能力→民族企业竞争力→外部冲击影响→产业安全威胁→产业网络安全度→产业网络竞争力。

（4）产业网络竞争力→企业与生态主体间合作→与大学和科研机构的合作→技术知识→资源数量→资源传播效率→民族企业创新能力→民族企业竞争力→外部冲击影响→产业安全威胁→产业网络安全度→产业网络竞争力。

（5）产业网络竞争力→企业与生态主体间合作→与中介组织的合作→信息→资源数量→资源传播效率→民族企业创新能力→民族企业竞争力→外部冲击影响→产业安全威胁→产业网络安全度→产业网络竞争力。

（6）产业网络竞争力→企业与生态主体间合作→与金融机构的合作→资金→资源数量→资源传播效率→民族企业创新能力→民族企业竞争力→外部冲击影响→产业安全威胁→产业网络安全度→产业网络竞争力。

在上述 6 个回路中有 3 个清晰的回路主线，分别是：

（1）企业间合作的自我增强反馈回路。即随着产业网络竞争力的提升，企业间合作的增加会降低互动活动中的机会成本和交易成本，从而提升企业的专业化效率和整个产业的配套程度，这必然会增强企业的竞争力，如果在政府加大对民族企业的扶持力度以及民族企业在集线器企业中占有数量优势的前提下，产业中的民族企业的整体竞争力将会提升，这必将促使民族企业在融入全球价值链的过程中更加有力地抵抗外部的冲击，降低威胁，从而保障产业的安全健康发展，并进一步推动产业网络竞争力的提升。

（2）企业间合作增强资源扩散效率进而提升产业网络竞争力的反馈回路。随着产业网络竞争力的提升，企业间的紧密合作会缩短资源传播路径，减少资源传播时间，扩大资源传播数量，进而增强资源传播效率，如果在政府加大对民族企业的扶持力度以及民族企业在集线器企业中占有数量优势的前提下，产业网络中民族企业发展最重要的推动力——创新能力就会得到提升，这势必会提升民族企业的整体竞争力，进而保障产业的安全健康发展，并进一步推动产业网络竞争力的提升。

（3）企业与产业生态主体之间的合作增强资源扩散效率进而提升产业网络竞争力的反馈回路。产业网络生态主体主要为企业的发展提供各种外部支持，所以随着彼此之间的合作不断加深，必然会增加企业从产业环境中获得的资源数量，进而增强资源传播效率，并同时进入与回路（2）相同的反馈路径中，即保障产业安全，最终提升产业网络的竞争力。

从这三个回路可以清晰看出，产业网络竞争力提升的机制始于产业网络 AARS 分析范式中第一个要素"主体"中的"产业网络密度"的增加，表现为第二个要素"行为"中的企业间和企业与产业生态主体之间合作行为的横向和纵向拓展，作用于产业网络功能的重要体现，即第三个要素"资源"传播效率的提升，保障了第四个要素"产业网络安全"的维护，并最终拉动了产业网络竞争力的提升，如图 7-3 所示。

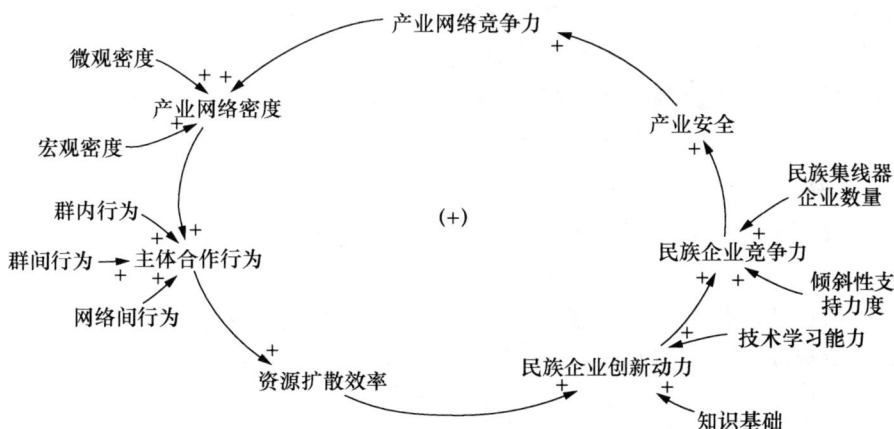

图 7-3 产业网络竞争力因果关系简化

二、产业网络演进的经济学模型

根据图 7-3 中的关系，在简化机理的基础上，可建立描述基于 AARS 范式的产业网络演进的经济学模型：

$$
\begin{cases}
INC_t = A \cdot INAD_t^{\alpha} \cdot INA_t^{\beta} \cdot INR_t^{\gamma} \cdot INS_t^{\lambda} \\
INC_t, INAD_t, INA_t, INR_t, INS_t > 0, \alpha, \beta, \gamma, \lambda > 0 \\
\Delta INAD_t = INAD_t - INAD_{t-1} = f_1(INC_{t-1}) + \pi_1 \\
\Delta INA_t = INA_t - INA_{t-1} = f_2(INAD_{t-1}) + \pi_2 \\
\Delta INR_t = INR_t - INR_{t-1} = f_3(INA_{t-1}) + \pi_3 \\
\Delta INS_t = INS_t - INS_{t-1} = f_4[g_2(g_1(INAD_{t-1})) + \pi_4]
\end{cases} \quad (7-1)
$$

其中，INC_t、$INAD_t$、INA_t、INR_t、INS_t 分别为产业网络竞争力、产业网络密度、主体合作行为、资源扩散效率及产业安全在第 t 期（$t-2$，3，4，…）时的状态量；f_1、f_2、f_3、f_4、g_1、g_2 分别为产业网络密度、主体合作行为、资源扩散效率、民族企业创新动力及民族企业竞争力的作用函数，并均为单调递增函数，以反映各因素间的正反馈作用关系；π_1、π_2、π_3、π_4 为偏差项，以表示影响各增量 $\Delta INAD_t$、ΔINA_t、ΔINR_t、ΔINS_t 变动的未计入等因素；A 为量纲调整系数，α、β、γ、λ 分别为产业网络密度、主体合作行为、资源扩散效率及产业安全的加速因子（用于刻画各要素对于网络竞争力提升的贡献率）。

为做进一步直观分析，将 7-1 式中的函数及参数具体化如下①：

$$
\begin{cases}
INC_t, \ INAD_{t_1}, \ INA_{t_1}, \ INR_{t_1}, \ INS_{t_1} = 1 \\
\pi_1, \ \pi_2, \ \pi_3, \ \pi_4 = 0 \\
f_i(x) = 0.2x + 0.1x^2 \ (i = 1, 2, 3, 4) \\
g_1(x) = x, \ g_2(x) = x
\end{cases}
$$

通过数值模拟，可绘制出 α，β，γ，λ 在 3 种典型取值下的 AARS 要素数值变动图（仅考虑 7 期）（见图 7-5 至图 7-7）。

分析图 7-4、图 7-5、图 7-6，可得出如下几点结论：

（1）当 $\alpha + \beta + \gamma + \lambda < 1$ 时，网络处于"负加速状态"，产业网络竞争力 INC_t 的提升速度将落后于产业网络密度 $INAD_t$、主体合作行为 INA_t、资源扩散效率 INR_t 及产业安全 INS_t 的提升速度，并且之间的差距随（$\alpha + \beta + \gamma + \lambda$）值的减少而扩大。

---

① 需要说明的是，函数的形式及参数的选取不会影响总体的趋势分析。

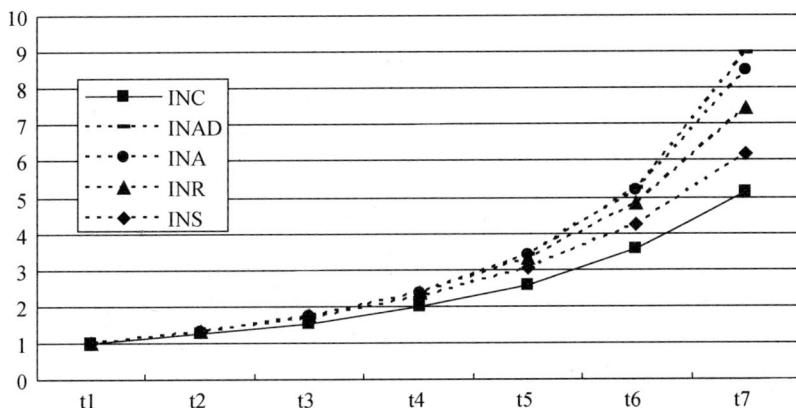

图 7-4 $\alpha = \beta = \gamma = \lambda = 0.2$，$\alpha + \beta + \gamma + \lambda < 1$ 时 AARS 要素数量模拟

（2）当 $\alpha + \beta + \gamma + \lambda = 1$ 时，网络处于"并行状态"，产业网络竞争力 INC_t 的提升速度与产业网络密度 $INAD_t$、主体合作行为 INA_t、资源扩散效率 INR_t 及产业安全 INS_t 的提升速度等同，曲线的轨迹重合。

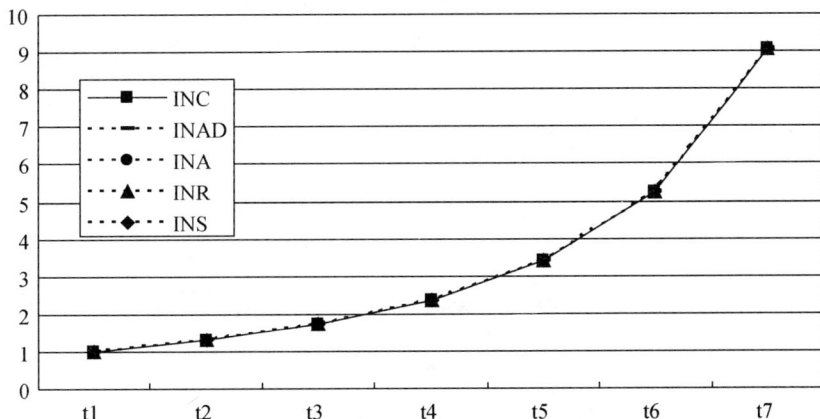

图 7-5 $\alpha = \beta = \gamma = \lambda = 0.25$，$\alpha + \beta + \gamma + \lambda = 1$ 时 AARS 要素数量模拟

（3）当 $\alpha + \beta + \gamma + \lambda > 1$ 时，网络处于"正加速状态"，产业网络竞争力 INC_t 的提升速度将领先于产业网络密度 $INAD_t$、主体合作行为 INA_t、资源扩散效率及产业安全 INS_t 的提升速度，并且之间的差距随（$\alpha + \beta + \gamma + \lambda$）值的增加而扩大。

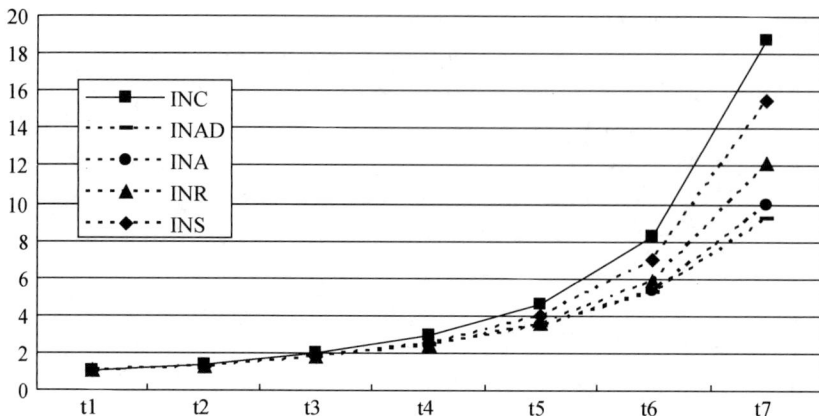

图 7 – 6　$\alpha = \beta = \gamma = \lambda = 0.3$，$\alpha + \beta + \gamma + \lambda > 1$ 时 AARS 要素数量模拟

　　归纳上述的分析，可得出如下判断：在保持产业网络 AARS 中各要素正常衔接的条件下（即 $(\alpha + \beta + \gamma + \lambda > 0)$ 时），产业网络竞争力具有"自提升"的演进特征；若辅之以良好的培育机制，强化 AARS 中各要素之间的良性交互作用，加强环节建设，产业网络竞争力将进入"正加速"[1] 的快速成长演进轨道，若干周期后，产业网络竞争力将持续地呈现出指数级的增长演进态势，产业网络的增长演进过程也代表了产业网络的不断发展演进的过程。

第四节　沈阳汽车产业网络模式的动态演化研究

一、产业网络模式的游离态和稳定态

　　在实际的经济发展过程中，很难会全部发现和找到这 24 种类型的产业网络模式的存在形态，这是由于某些模式的产业网络并不稳定，存在的时间很短，而某些模式的产业网络则可以相对长期稳定地存在于现实的经

---

　　[1]　即 $\alpha + \beta + \gamma + \lambda > 1$ 时。

济中。因此，本书提出了产业网络模式分类体系的两种状态，分别是"游离态"和"稳定态"。

"游离态"的产业网络模式存在的时间很短暂，稍纵即逝。某些产业网络呈现"游离态"是源于两个原因：一是由于这些类型的产业网络很难为网络内的行为主体提供良好的生存空间，企业很难从产业网络中获取资源支持而不得不选择退出网络，从而导致产业网络不断地萎缩直至消失，可以将具有此类特征的产业网络状态定义为"负游离态"。二是由于某些类型的产业网络在早期发展的过程中焕发了巨大的经济活力，而吸引了新的经济元素的加入，而促使产业网络向更高级和更利于企业生存的产业网络进行转化，可将这类产业网络状态定义为"正游离态"。

"稳定态"的产业网络在相当一个时间之内是以稳定的状态存在的，这是由于这类产业网络为网络主体提供了良好的生存空间，企业可以从产业网络中获取大量的资源支持，可以通过网络关系而实现合作共赢，每一个企业在产业网络中的合理定位和自身所拥有的网络资源都成为决定和提升企业竞争力的重要因素。虽然稳定态在一定时期内是以稳定状态存在的，但随着经济的不断发展和众多新兴经济要素的影响，"稳定态"的产业网络也势必会转化为"游离态"的产业网络，从而实现向更高级的"稳定态"进行转化。产业网络分类的"游离态"和"稳定态"之间呈现螺旋上升的转化特征，如图7-7所示。

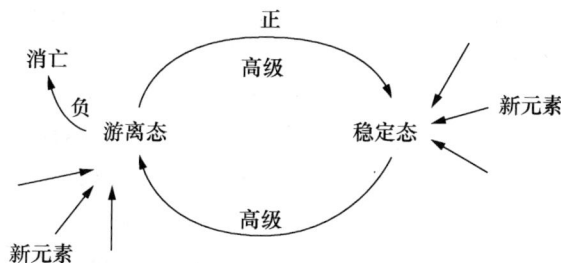

图7-7 产业网络模式的"游离态"和"稳定态"的演进关系

二、沈阳汽车产业网络模式的动态演化路径

在基于 AARS 范式的基础上对产业网络进行系统动力学分析后可以分

析得出以下几种产业网络模式从"游离态"向"稳定态"转变的动态演化路径，分别是：

（1）由"浮游式"产业网络模式向"嵌入式"产业网络模式的转化，即由"F式"向"E式"产业网络模式的转化。在缺乏产业生态主体提供的政策、资金和相关配套服务的支持下，"价值链主体"通过一段时间的生存和发展，焕发出巨大的经济活力和牵引力，从而吸引了包括政府、教育和科研机构、中介组织和金融机构等众多产业生态主体作为新的经济元素的加入，并开始逐渐为价值链主体提供各种资源和服务，进而实现二者之间有机的融合。而在这个转换路径中，企业之间的彼此合作也不断增加，从而在提升产业网络宏观密度的同时，产业网络的微观密度也会得到大幅度的提升。因此，由"浮游式"产业网络向"嵌入式"产业网络的转化路径也多是一个产业由幼稚期向成长、成熟期进行发展和转化的过程。

（2）由"主导真空式"产业网络模式向"主导式"产业网络模式的转化，即由"V式"向"L式"产业网络模式的转化。"主导真空式"产业网络模式中的价值链主体多是由中小企业组成，由于不具备与大企业相抗衡的经济实力，所以这些企业多依靠合作来谋求自身的发展，所以彼此之间处于平等的地位。但是随着企业的不断成熟和发展，由于在经济基础、市场机遇、企业战略、领导者才能等诸多因素的影响下，企业之间势必会形成迥然不同的经营绩效和竞争实力。在企业差异化的发展中，也势必会有一个或几个企业不断发展壮大而成为原有群体中的佼佼者，一跃成为经济实力雄厚的"集线器"企业。此时，价值链主体之间由于"平等"的制度被打破，转而形成以"主导和依赖"为特征的等级制度。所以由"主导真空式"产业网络模式向"主导式"产业网络模式的转化过程亦是某些小企业不断发展壮大而成为具有影响力的集线器企业的发展历程。

（3）由"滞流式"产业网络模式向"速流式"产业网络模式的转化，即由"S式"向"H式"产业网络模式的转变。随着产业网络的不断发展，即当由"浮游式"产业网络模式向"嵌入式"产业网络模式的转化过程中，必然伴随着产业网络节点之间网络关系不断趋于紧密合作的显著倾向，所以随着产业网络密度的提升，必然会缩短产业网络中的资源传播路径，减少资源传播时间，扩大资源传播数量，进而增强资源传播效率，而产业网络中的节点也必然会由于知识基础和吸收能力的提升而进一步推动产业网络中资源的溢出，从而带动新一轮资源扩散与共享过程，这个不断强化的资源效率提升路径将会推动"速流式"产业网络模式的形成。

（4）从"安全"层面来看，当一个产业网络处于封闭的经济环境下，产业网络势必处于"安全"状态，即可以理解"产业网络安全"是起始状态。随着产业发展而带来的开放度的不断扩大，产业网络的安全势必会受到一定程度的冲击与威胁，这里隐含了两个层面的动态转换路径：

其一，由"安全式"向"警戒式"然后再向"安全式"产业网络模式转化的演化路径，即经由"G—Y—G"式演化的产业网络模式转换路径。在这个转换路径中，随着网络开放度的提升，产业网络的安全受到了一定的威胁，处于安全警戒状态，但是如果产业界、政府等企业和组织机构能够及时监测并进行适当地安全维护措施，则会消除产业网络所遭受的外部威胁，并最终回归"产业网络安全状态"。这是个螺旋上升的过程，即在产业网络回归安全状态的过程中产业网络的整体竞争力得到了大幅度的提升。

其二，由"安全式"向"警戒式"然后向"危险式"再向"安全式"产业网络模式转化的演化路径，即经由"G—Y—R—G"式演化的产业网络模式转换路径。这个转换路径同第一个转换路径相区别之处在于，产业界、政府等企业和组织机构没有能够监测到产业网络的"警戒状态"，故没有及时采取适当的安全维护措施而任由其转化为"产业危险"状态，才引起重视，并通过采取相应的安全维护措施而使其重回"安全"状态。虽然这个转换路径也最终回归到"产业网络安全状态"，并伴随了整体竞争力的提升，但是与第一个转换路径相比，安全维护的成本就高很多了。

根据 AA—R—S 逻辑思路提出的分类标准，沈阳汽车产业网络属于"FLSG 式"产业网络模式，即兼具"浮游式"、"主导式"、"滞流式"和"安全式"等特征的产业网络模式。根据上述的产业网络模式的动态转换路径，可以对沈阳汽车产业网络的转换路径进行如下预测：

首先，随着沈阳汽车产业的不断发展和壮大，产业网络的"浮游式"特征会随着沈阳汽车企业之间以及沈阳车企和政府、教育和科研机构、中介组织以及金融机构的合作不断推进和加深而向"嵌入式"产业网络模式转变,即实现由"F式"向"E式"产业网络模式的动态演化。

其次,由于沈阳汽车产业网络已经具备"主导式"的稳定态的模式特征,所以短期之内,这种模式特征不会发生太大的改变。

再次,随着企业之间以及企业和产业生态主体之间的合作不断增加,网络关系不断加深,沈阳汽车产业网络的资源传播效率必然会得到提升,这不仅包括企业和企业之间的资源溢出会增加,同时也包括产业生态主体对企业的发展提供的资源支持与服务的数量和质量都得到提升,即沈阳汽车产业网络由"滞流式"向"速流式"模式转化,也就是由"S式"向"H式"的动态转化路径。

最后,从安全层面出发,沈阳汽车产业网络目前尚处于"安全"状态,但是同上海、北京、天津、广州等开放度较高的地区相比,地处东北地区内陆城市沈阳市的对外开放程度必将进一步扩大。所以,随着开放度的不断提升,沈阳汽车产业网络的安全在未来极有可能受到一定程度的冲击与威胁,如果沈阳汽车企业、政府等众多组织机构能够实时对产业安全进行监测并致力于沈阳汽车产业竞争力的持续提升,则沈阳汽车产业应该可以抵御住外部威胁的冲击与影响,确保产业安全。

综上所述,笔者认为,沈阳汽车产业网络将按照以下路径进行演化:首先由"浮游式、主导式、滞流式、安全式"产业网络模式先向"嵌入式、主导式、滞流式、安全式"产业网络模式转化,然后向"嵌入式、主导式、速流式、安全式"产业网络模式转化,再次向"嵌入式、主导式、速流式、警戒式"产业网络模式转化,最后向"嵌入式、主导式、速流式、安全式"进行转变,即"FLSG 式—ELSG 式—ELHG 式—ELHY式—ELHG 式"的转化路径①,在这个转化过程中,沈阳汽车产业的竞争力将得到提升。

---

① 虽然沈阳汽车产业网络也可能经由"FLSG 式—ELSG 式—ELHG 式—ELHY 式—ELHR式—ELHG 式"的转换路径,但是考虑到目前产业安全问题已经引起业界、政府以及学术界的普遍关注,所以在面对产业威胁时,沈阳汽车产业对产业安全状态进行准确监测和安全维护的可能性很大,所以笔者认为沈阳汽车产业网络模式的演进更可能遵循"FLSG 式—ELSG 式—ELHG式—ELHY 式—ELHG 式"的演化路径。

第八章 结论与研究展望

本章对前文研究得到的结论进行了系统的梳理，并对未来的研究做进一步的展望。

第一节 研究结论

通过层层深入的理论探讨和实证研究，本书得到的主要创新性论断如下：

（1）沈阳汽车产业网络的密度处于较低水平，即网络节点之间的联系比较松散，尚未形成紧密的网络关系，这主要体现在两个层面：其一，通过平均路径长度和聚类系数以及与现有的实际网络统计特性进行对比得出，沈阳汽车产业网络的微观密度很低，即沈阳汽车企业之间的合作程度不够，网络关系比较松散，尚未形成合力。其二，借鉴模糊信息集结的思想，本书通过专家打分进行判断得出，沈阳汽车产业网络的宏观密度也很低，这说明，包括政府、教育和科研机构、中介组织以及金融机构在内的产业生态主体对汽车企业提供的外部支持不足，良好的产业共生关系还亟待发展。

（2）在对沈阳汽车产业网络主体节点影响力的研究中得出，沈阳汽车产业网络存在一批"集线器企业"，包括汽配市场、华晨金杯、金杯车辆、一汽和沈阳航天三菱发动机等，尤其是汽配市场，节点度是最高的，对沈阳汽车产业网络的影响力最强。所以针对当前存在的"是否应该限制汽配市场发展"的争论，笔者提出了明确的意见，即汽配市场是适合当前经济发展水平和汽车市场需求的，有着不可替代的作用，应该放松对汽配市场的行业管制，降低门槛，提供方便。

（3）在对沈阳汽车产业网络类型进行判定的研究中，通过度分布判定和比较判定得出结论，沈阳汽车产业网络拓扑结构最趋近于"BA（m = 2）无标度网络"，这种网络拓扑模型具备的两个显著特征就是：增长性和择优性。增长性，即沈阳汽车产业网络的规模将随着产业网络的不断进化而不断扩大；择优性，即表现为那些具有网络影响力的汽车企业将进入一种正反馈的发展通道中，拥有更多的资源和网络控制力，就是所谓"贫者越贫、富者越富"的马太效应。

（4）在沈阳汽车产业网络行为的研究中，用聚类分析的思想得到了四个社团：零部件社团、整车企业社团、发动机企业社团和汽配市场社团。通过"群内"、"群间"和"网络间行为"分析，本书得出了以下结论：沈阳汽车零部件企业的发展"散"、"乱"、"弱"，产品附加值低，市场竞争力较差，除了掌握先进技术的发动机合资企业外，大部分本土化的零部件企业地位比较低，在网络中处于依附整车企业存在的附属地位；整车企业在沈阳汽车产业网络中处于"领导地位"，拥有众多网络资源，但是自主研发能力不强，产品交叉比较严重；沈阳目前尚未形成和谐的"整零关系"，本土零部件企业的弱小成为制约自主品牌汽车发展的"瓶颈"；沈阳市专用车企业虽然拥有较高的"市内配套率"，在沈阳汽车产业网络中拥有一定的影响力，但是彼此之间缺少合作，难以形成合力，民营企业为主的"小作坊"式生产模式更阻碍了专用车高端产品的开发，技术研发能力不强；汽配市场在沈阳汽车产业发展中的重要作用不容忽视，要大力推动沈阳汽配市场承担汽配流通领域的主要服务渠道作用和责任。

（5）在沈阳汽车产业网络资源的研究中，本书通过计算临界值为0.0634，可以得出结论：沈阳汽车产业网络存在资源的传播与扩散，但是由于临界值相对偏高，所以传播的效率不高。在此基础上本书分析了"整体度增量"和"局部度增量"的不同策略采用效果，并找出了沈阳汽车产业网络资源扩散与共享效率的提升路径：在短期内可以通过"局部度增量"提升传播效率，在此基础上以"整体度增量"为长远效率提升的策略选择，即循序渐进地采用"局部度提升—整体度提升"的螺旋发展式提升策略。这个结论是符合网络化组织的发展进程的。

（6）全球化背景下，产业安全问题的争论一直在持续。笔者认为，对于汽车这种具有重要战略作用的关键产业，未雨绸缪地认识到汽车产业安全受到的威胁不仅是推动汽车产业健康持续发展的必要前提和保证，同时也是避免我国国民经济体系受到冲击，确保我国经济安全的重要组成部分。通过 INC 方法的分析，笔者认为沈阳汽车产业网络目前尚处于"安全状态"，拥有一个相对稳定的发展环境。针对安全现状，本书提出了"战术"和"战略"两个层面的产业安全维护：从战术层面看，随着产业活动开放度的不断增大，沈阳汽车产业应该居安思危，树立危机意识，在现阶段客观选择和重点扶持那些已经具有相当竞争实力或者潜在竞争能力的关键企业，通过提升它们的企业核心竞争力来抵御现有的或即将出现的外部的竞争冲击；从长远来看，必须以提升沈阳汽车产业整体的国际竞争力作为长远目标以保证产业持续稳健地发展。

（7）根据 AA—R—S 逻辑思路提出的分类标准，在对沈阳汽车产业进行实证研究的基础上得出结论：沈阳汽车产业网络属"FLSG 式"产业网络模式，即兼具"浮游式"、"主导式"、"滞流式"和"安全式"等特征的产业网络模式。利用复杂网络的动力学理论，本书提出，产业网络的演化与产业网络竞争力的提升是同一个发展演化进程。在此基础上，本书对沈阳汽车产业网络的路径演化进行了预测：即由"浮游式、主导式、滞流式、安全式"产业网络模式先向"嵌入式、主导式、滞流式、安全式"产业网络模式转化，然后向"嵌入式、主导式、速流式、安全式"产业网络模式转化，再次向"嵌入式、主导式、速流式、警戒式"产业网络模式转化，最后向"嵌入式、主导式、速流式、安全式"进行转变，即"FLSG 式—ELSG 式—ELHG 式—ELHY 式—ELHG 式"的转化路径。在这个转化过程中，沈阳汽车产业网络的竞争力将得到提升。

第二节　研究展望

本书在所能收集信息的基础上力求翔实、客观地剖析沈阳汽车产业网络发展的现状以及运行机理，但是由于产业网络的复杂性以及信息获取渠道的有限性等原因，势必在研究中难以囊括所有的信息。因此，笔者将在未来的研究中力争通过多样化的调研方法和手段以期更加全面、系统、动态性地对沈阳汽车产业网络进行进一步的深入研究，比如将无向无权的汽车产业网络图形发展成为有向有权的网络拓扑图形等。

在对产业网络生态主体研究过程中，由于涉及的组织机构繁多，关系非常复杂，而且很多信息（金融机构的贷款信息、政府尚未出台的法律法规等）涉密性较高，所以本书采用了模糊信息集结的方法，这在很大程度上依赖于专家的主观判断，为了研究的严谨性和科学性，笔者将在未来力求探索出针对产业网络生态主体分析的更加客观而科学的研究方法。

本书首次提出产业网络 AARS 范式，并首次应用于沈阳汽车产业网络的实证研究。这种"开拓性和探索性"的尝试势必使得研究中所获得的论断缺乏已有的和成熟的标准作为参照和判断，比如产业网络的密度、资源传播效率等。所以本书将致力于对该领域的不断探索，在现有理论成果及未来进行的大量实证分析的基础上，力求构建起产业网络的数据库，以期提出产业网络研究和分析的标准体系。

从复杂网络视角出发对产业网络进行系统性的研究承托和支持是产业经济学和复杂理论很好的一个结合点，新问题和研究成果必将不断涌现。鉴于复杂网络理论体系的丰富性和多样性，笔者将在对复杂网络理论进行不断深入学习和应用的基础上，力争将更多科学而适用的复杂网络理论方法应用于产业网络的研究中来，以期不断拓展和完善产业网络的研究体系。

附 表

沈阳汽车产业网络数字节点说明

节点	企业名称	节点	企业名称
1	沈阳晨发汽车零部件有限公司	53	沈阳鸿本机械有限公司
2	沈阳航天三菱汽车发动机制造有限公司	54	采埃伦福德汽车系统（沈阳）有限公司
3	沈阳华汇汽车零部件有限责任公司	55	沈阳兴远东汽车零部件有限公司
4	沈阳曲轴厂	56	中车集团沈阳七四〇七工厂
5	沈阳新光华晟汽车泵业制造有限公司	57	沈阳汽车滤清器厂
6	沈阳中航飞汽车部件制造有限公司	58	沈阳金杯汽车散热器有限公司
7	沈阳市雅克汽车部件制造有限公司	59	沈阳开普乐汽车零部件有限公司
8	沈阳航天新光三菱重工气门有限公司	60	沈阳汽车暖风机厂
9	沈阳博龙汽车部件制造有限公司	61	沈阳伍享工业有限公司
10	沈阳科翔汽车零部件有限公司	62	沈阳金和胜汽车部件有限公司
11	沈阳日新汽化器有限公司	63	沈阳金杯广振汽车部件有限公司
12	沈阳市前进汽车半轴厂	64	沈阳市东陵汽车锁厂
13	沈阳汽车齿轮厂	65	沈阳金杯恒浩汽车零部件制造有限公司
14	沈阳弹簧厂	66	沈阳福达汽车零部件有限公司
15	沈阳市永隆汽车减振器制造有限公司	67	沈阳汽车内饰有限公司
16	沈阳金杯三花汽车部件有限公司	68	沈阳金杯江森自控汽车内饰件有限公司
17	沈阳金杯制动泵有限公司	69	沈阳上发汽车零部件有限公司
18	沈阳市鸿业汽车制动器制造厂	70	沈阳奇隆汽车零件制造有限责任公司
19	沈阳市东旺商用汽车离合器厂	71	沈阳金杯汽车模具制造有限公司
20	沈阳富桑齿轮制造有限公司	72	沈阳名华模塑科技有限公司
21	沈阳森鑫通汽车零部件制造有限公司（沈东消音器）	73	沈阳华晨东兴汽车零部件有限公司
22	沈阳田丰汽车轴件制造公司	74	沈阳双福机械股份有限公司
23	沈阳汽车传动轴厂	75	沈阳李尔汽车坐椅有限公司
24	沈阳金杯三环离合器有限公司	76	沈阳市亚通汽车橡塑厂
25	沈阳金杯恒瑞汽车部件有限公司	77	沈阳新通电器制造厂

节点	企业名称	节点	企业名称
26	沈阳金杯华集汽车部件有限公司	78	沈阳市天星汽车电器有限公司
27	沈阳市汽车半轴厂	79	沈阳永兴汽车电器厂
28	沈阳市通达汽车传动轴厂	80	辽宁金通电器厂
29	沈阳金杯齿轮制造有限公司	81	沈阳市振宁汽车电器厂
30	沈阳市新百汽车转向臂厂	82	沈阳中达汽车电器有限公司
31	沈阳三爱汽车部件制造有限公司	83	沈阳金杯锦恒汽车安全系统有限公司
32	沈阳华铁汽车散热器有限公司	84	沈阳因派克汽车部件有限公司
33	沈阳市建华汽车弹簧厂	85	沈阳华晨安泰线束有限公司
34	辽宁金杯军丰汽车部件有限公司	86	沈阳东海三明电装有限公司
35	沈阳黎明增压器制造有限公司	87	沈阳华晨东润电束线有限公司
36	沈阳盈好机械有限公司	88	德科斯米尔（沈阳）汽车配件有限公司
37	沈阳一东四环离合器有限责任公司	89	辽宁和昌华宝汽车电子有限公司
38	沈阳汽车制动器厂	90	沈阳汽车紧固件有限公司
39	沈阳锦德机械有限公司	91	沈阳市天南汽车部件厂
40	泰利福（沈阳）汽车零部件制造有限公司	92	沈阳椿城汽车零部件制造有限公司
41	沈阳市航空汽车部件制造有限公司	93	沈阳港迪汽车部件有限公司
42	沈阳市金通轻型汽车配件厂 （金通汽车零部件制造有限公司）	94	沈阳聚合源汽车部件有限公司
43	沈阳金亚汽车传动轴有限公司	95	辽宁亚泰汽车附件制造有限公司
44	沈阳汽车消音器厂	96	沈阳慧文汽车附件有限公司
45	沈阳金杯统一汽车部件有限公司	97	沈阳神龙汽车配件有限公司
46	沈阳上汽金杯汽车变速器有限公司	98	沈阳东环汽车部件有限公司
47	沈阳市华铁异型材有限公司	99	玉盛汽车部件（沈阳）有限公司
48	沈阳金杯恒隆汽车转向系统有限公司	100	沈阳市通达汽车部件厂
49	中车集团沈阳汽车车桥制造有限公司	101	沈阳世博科迪工程机械有限公司
50	沈阳金发汽车钢圈制造有限公司	102	新民市华星机械工业有限公司
51	沈阳三花都瑞轮毂有限公司	103	沈阳丰达汽车零部件
52	沈阳都瑞轮毂有限公司		

参 考 文 献

1. Albert R. , Albert I. , Nakarado G L. Structural Vulnerability of the North American Power Grid [J] . *Physical Review E*, 2004, 69 (2): 025103.

2. Albert R. , Barabasi A – L, Statistical Mechanics of Complex Networks. *Reviews of Modern Physics* [J] . 2002, 74 (1): 47 –97.

3. Albert R. , Jeong H, Barabasi A. L.. Attack and Error Tolerance in Complex Networks [J] . *Nature*, 2000, 406: 387 –482.

4. Albert R. , Jeong H, Barabasi A – L. Diameter of the World Wide Web [J] . *Nature*, 1999, 401: 130 –131.

5. Amaral L. A. N. , Ottino J. M.. Complex Networks: Augmenting the Framework for the Study of Complex Systems [J] . *The European Physical Journal B.*, 2004, 38: 147 –162.

6. Anderson J. , Hakansson H. , Johanson. Dynamic Business Relationships within a Business Network Context [J] . *Journal of Marketing*, 1994, 58: 1 –15.

7. Anindya Sen. *Industrial Organization* [M] . Oxford: Oxford University Press, 1996.

8. Anshuman Khare. Strategic Advantages of Good Supplier Relations in the Indian Automobile Industry [J] . *Technovation*, 1997, 17 (10): 557 –568.

9. Barabasi A – L, Bonabeau E. Scale – Free Networks [J] . *Scientific American*, 2003, 45 (2): 167 –256.

10. Battistion S. , Catanzaro M. Statistical Properties of Corporate Board and Director Networks [J] . *European Physical Journal* B. , 2004 (438): 345 –352.

11. Boccaletti S. , Latora V. , Mereno Y. et al. Complex Networks: Structure and Dynamics: Physics Reports [J]. 2006, 424: 175 – 308.

12. Caldarellia G. , Gatanzarob M.. The Corporate Boards Networks [J]. Physica A. , 2004, 338: 98 – 106.

13. Carlson J. , Doyle J. Complexity and Robustness [J]. *PNAS*, 2002, 99: 2539 – 2545.

14. Carlson J. , Doyle J. Highly Optimized Tolerance: Robustness and Power Laws in Complex Systems [J]. *Phys. Rev. Lett*, 2000, 84 (11): 2529 – 2532.

15. Charles C.. Snow, Raymond E. Miles, Henry J. Coleman Jr. Managing 21st Century Network Organizations [J]. *Organizational Dynamics*, 1992, 20 (3): 5 – 20.

16. Christer, Karlsson. The Development of Industrial Networks: Challenges to Operations Management in an Extraprise [J]. *International Journal of Operations and Production Management*, 2003, 23 (1): 44 – 61.

17. Clauset A. , Newman M. E. J. , Moore C. Finding Community Structure in very large networks [J]. *Phys. Rev. E.* , 2004, 70 (6): 066111.

18. Davis G. F. , Greve H. R.. Corporate Elite Networks and Governance Changes in the 1980s [J]. *Amer. J. Sociol.* , 1997, 103: 1 – 37.

19. Dorogovisev S. N. , Mendes J F F. Evolution of Networks [J]. *Advances in Physics*, 2002, 51 (4): 1079 – 1187.

20. Dorogovtsev S. N. , Mendes J FF. Language as an Evolving Word Web [C]. Proceedings of the Royal Society of London Series B: Biological Science. 2001, 268 (1485): 2603 – 2606.

21. Erdos P. , Renyi A.. On the Evolution of Random Graphs [J]. Publ. Math. Inst. Hung. Acad. Sci. , 1960, 5: 17 – 60.

22. Faloutsos M, Faloutsos P. , Faloutsos C. , On Power – law Relationships of the Internet Topology [J]. Comput. Commun. Rec. 1999, 29: 251 – 260.

23. Francisco Veloso, Sebastian Fixson. Make – Buy Decisions in the Auto Industry: New Perspectives on the Role of the Supplier as an Innovator [J]. *Technological Forecasting and Social Change*, 2001, 67: 239 – 257.

24. Gadde, L. E. , Mattsson, L. G. , Stability and Change in Network Relationships [J] . *International Journal of Researching Marketing*, 1987, 4 (1): 29 – 41.

25. Guimera R. , Amaral LAN. Modeling the World – wide Airport Network [J] . *The European Physical Journal* B, 2004, 38: 381 – 385.

26. Guimera R. , Mossa S. , Turtschi A. , et al. The Worldwide Air Transportation Network: Anomalous Centrality, Community Structure, and Cities' Global Roles [C] . Proc. Natl. Acad. Sci. USA, 2005, 102 (22): 7794 – 7799.

27. Hakansson, H. & J. Johanson (1992), A Model of Industrial Networks, Industrial Networks: A New View of Reality [M] . London: Routledge Press, 1992.

28. Hakansson, Hakan. Evolution Process in Industiral Networks [A] . in B. Axelsson and G. Easton eds *Industiral Networks: A New View of Reality* [M] . London Roultedge, 1992.

29. Harold C. Livesay, Partrick G. Porter, Vertical Integration in American Manufacturing 1899 – 1948 [J] . *The Journal of Economic History*, 1969, 29 (3): 494 – 500.

30. Home P. , Huss M. , Jeong H. Subnetwork Hierarchies of Biochemical Pathways [J] . *Bioinformatics*, 2003, 19 (4): 532 – 538.

31. Jarillo. On Strategic Network [J] . *Strategic Management Journal*, 1988, 9 (1): 31 – 41.

32. Jeong H. , Mason S. , Barabasdi A – L et al. Lethality and Centrality in Protein Networks [J] . *Nature*, 2001, 411: 41 – 42.

33. Jeong H. , Tombor B. , Albert R. et al. The Largescale Organization of Metabolic Networks [J] . *Nature*, 2000, 407: 651 – 654.

34. Johnson, J. L. G. Matson. Interorganizational Relations in Industrial System: A Network Approach Compared with the Transaction – Cost Approach [J] . *International Studies of Management & Organization*, 1987, 17: 34 – 48.

35. Kinney R. , Crucitti P. , Albert R. , et al. . Modeling Cascading Fail-

ures in the North American Power Grid [J] . *The European Physical Journal B.* , 2005, 46: 101 – 107.

36. Meyer, A. Adapting to Environmental Joints [J] . *Administration Science Quarter*, 1982, 27: 515 – 537.

37. Motter A. E. , Moura A. P. S. , Lai Y. C. , et al. . Topology of the Conceptual Network of Languge [J] . *Physical Review E.* , 2002, 65 (6): 065102.

38. Newman M. E. J. , Givan M.. Finding and Evaluating Community Structure in Network [J] . *Phys Rev E.* , 2004, 69 (2): 026113.

39. Newman M . E. J.. Fast Algorithm for Detecting Community Structure in Networks [J] . *Phys. Rev. E.* , 2004, (69): 066133.

40. Newman M. E. J.. Models of the Small World. *Journal of Statistical Physics* [J], 2000, 101: 819 – 841.

41. Newman M. E. J.. The Structure and Function of Complex Neworks [J] . *SIAM Review*, 2003, 45 (2): 167 – 256.

42. Newman M. E. J.. The Structure of Scientific Collaboration Networks. Proc. Natl. Acad. Sci. USA, 2001, 98: 404 – 409.

43. Padmore T. , Gibson H. Modelling Systems of Innovation: Ⅱ . A Framework for Industrial Cluster Analysis in Regions [J] . *Foreign Affairs*, 1998, 26: 625 – 641.

44. Render S. How Popular is Your Paper? An Empirical Study of the Citation Distribution [J] . *The European Physical Journal* B. , 1998, 4: 131 – 134.

45. Sigman M. , Cecchi GA. Global Organization of the Wordnet Lexicon. Proc. Natl. Acad. Sci. USA, 2002, 99 (3): 1742 – 1747.

46. Smon Croom. Supply Chain Management and Analytical Framework for Critical Literature Review [J] . *European Journal of Purchasing & Supply Management*, 2000, 6: 67 – 83.

47. Therelli, H. B. Networks: Between Markets and Hierarchies [J] . *Strategic Management Journal*, 1986, 7: 37 – 51.

48. Tichy, N. M. , M. L. Tushman, & C. Fombrun. Social Network A-

nalysis for Organization ［J］. *Academy of Management Review*, 1979, 4（4）: 507 - 519.

49. Timothy J. Sturgeon, and Lester, R. *The New Global Supply - base*: *New Challenges for Local Suppliers in East Asia* ［C］. Oxford: Oxford University Press, 2004.

50. Trogatz S. H.. Exploring Complex Networks ［J］. *Nature*. 2001, 410: 268 - 276.

51. Wang X. F.. Complex Networks: Topology Dynamics and Synchronization ［J］. *International Journal of Bifurcation and Chaos*, 2002, 12（5）: 885 - 916.

52. Watts D. J., Strogatz S. H.. Collective Dynamics of "Small World" Networks ［J］. *Nature*, 1998, 393（6684）: 440 - 442.

53. Watts D. J.. Six Degrees: The Science of a Connected Age ［M］. New York: Norton, 2003.

54. Williamson. Olive E. Markets and Hierarchies, Analysis and Antitrust Implications: A Study in the Economics of Internal Organization ［M］. New York: Free Press, 1975.

55. Xu T., Chen R., He Y., et al.. Complex Network Properties of Chinese Power Grid ［J］. *International Journal of Modern Physics B.*, 2004 （18）: 2599 - 2603.

56. 安娜·格兰多里:《企业网络:组织和产业竞争力》,刘刚等译, 中国人民大学出版社 2005 年版。

57. 蔡金汉:《略论加入 WTO 对武汉汽车产业的影响》,《学习与实践》2001 年第 2 期。

58. 曹建海:《经济全球化与中国汽车产业发展》,《管理世界》2003 年第 4 期。

59. 陈守明:《现代企业网络》,上海人民出版社 2002 年版。

60. 成思危、冯芷艳:《复杂性科学探索》,民主与建设出版社 1999 年版。

61. 程贵孙、叶燕:《我国汽车产业组织现状分析》,《汽车工业研究》2003 年第 9 期。

62. 大卫·布林尼：《生态学》，生活·读书·新知三联书店 2003 年版。

63. 戴福祥、晏敬东：《我国汽车产业集群发展的政策与经验借鉴》，《科技创业月刊》2008 年第 12 期。

64. 邓少军、朱振达：《产业网络环境下企业知识共享与保护的权衡机制》，《科技进步与对策》2007 年第 1 期。

65. 邓永进、范叶：《WTO 与湖南汽车工业》，《湖南大学学报》（社会科学版）2001 年第 6 期。

66. 邓智团：《新经济条件下产业网络化发展及其启示》，《上海经济研究》2008 年第 12 期。

67. 杜朝晖：《现代产业组织学理论与政策》，高等教育出版社 2005 年版。

68. 多纳德·海、德里克·莫瑞斯：《产业经济学与组织》，钟鸿钧等译，经济科学出版社 2001 年版。

69. 方海峰、杨沿平、唐杰：《我国汽车产业可持续发展面临的主要问题及对策研究》，《上海汽车》2007 年第 4 期。

70. 盖文启：《创新网络：区域经济发展新思维》，北京大学出版社 2002 年版。

71. 盖翊中、隋广军：《基于契约理论的产业网络形成模型：综合成本的观点》，《当代经济科学》2004 年第 9 期。

72. 盖翊中：《IT 业空间集聚、产业网络与厂商行为的关联性研究》，暨南大学，2005 年。

73. 盖翊中：《产业网络内的厂商行为模型》，《国际经贸探索》2008 年第 7 期。

74. 顾丽英：《信息化与产业组织创新》，《毛泽东邓小平理论研究》2006 年第 5 期。

75. 郭南芸、隋广军：《基于领导企业行为的产业网络及其动态性研究》，《企业管理》2008 年第 5 期。

76. 郭淑清：《我国汽车产业循环经济分析》，《商场现代化》2008 年第 35 期。

77. 侯铁珊、王新波：《跨国投资的后向联系效应分析：以汽车产业为例》，《现代管理科学》2004 年第 12 期。

78. 胡卫中：《产业网络的结构及其环境适应性》，《浙江经济》2004
年第 19 期。

79. 胡小莉：《全球价值链下我国汽车产业发展战略》，华中科技大
学，2005 年。

80. 黄守坤、李文斌：《产业网络及其演变模式分析》，《中国工业经
济》2004 年第 6 期。

81. 黄守坤：《产业网络的组织结构分析》，山东大学，2006 年。

82. 黄体鸿、胡树华：《汽车产业的关联性分析》，《科技进步与对
策》2008 年第 5 期。

83. 黄欣荣：《复杂性科学的方法论研究》，重庆大学出版社 2006
年版。

84. 金吾伦：《生成哲学》，河北大学出版社 2000 年版。

85. 柯颖、王述英：《模块化生产网络：一种新产业组织形态研究》，
《中国工业经济》2007 年第 8 期。

86. 科斯、诺思、威廉姆森：《制度、契约与组织——从新制度经济
学角度的透视》，经济科学出版社 2003 年版。

87. 蒯因：《从逻辑的观点看》，中国人民大学出版社 2007 年版。

88. 冷菊芳、吴秀波：《促进汽车产业自主创新的税收政策研究》，
《上海汽车》2005 年第 5 期。

89. 礼龙、周德群：《汽车产业网络组织结构的演化机理研究——一
个社会资本视角的分析》，《企业经济》2007 年第 7 期。

90. 李建会：《与真理为友——现代科学的哲学追思》，上海科技教育
出版社 2002 年版。

91. 李强：《汽车行业集团管控下的自主研发模式》，《汽车科技》
2008 年第 6 期。

92. 李守伟、钱省三、沈运红：《基于产业网络的创新机制研究》，
《科研管理》2007 年第 4 期。

93. 李守伟、钱省三：《产业网络的复杂性研究与实证》，《科学学研
究》2006 年第 4 期。

94. 李文瑛：《跨国公司独资化对我国产业安全的负面效应及对策》，

《经济问题探索》2008 年第 1 期。

95. 李晓华：《产业组织的垂直解体与一体化》，《中国工业经济》2005 年第 7 期。

96. 李新春：《企业联盟与网络》，广东人民出版社 2000 年版。

97. 李兴文：《我国汽车产业自主创新的 SWOT 分析》，《汽车工业研究》2006 年第 4 期。

98. 李作奎：《中国汽车产业组织研究》，东北财经大学，2005 年。

99. 刘斌：《产业集聚竞争优势的经济分析》，中国发展出版社 2004 年版。

100. 刘东：《企业网络论》，中国人民大学出版社 2003 年版。

101. 刘洪德：《中国汽车产业组织系统研究》，哈尔滨工程大学，2004 年。

102. 刘婷、胡宝清：《基于聚类分析的复杂网络中的社团探测》，《复杂系统与复杂性科学》2007 年第 4 期。

103. 刘易斯·卡布罗：《产业组织导论》，胡汉辉等译，人民邮电出版社 2002 年版。

104. 罗一鸣、毛力平：《产业网络的 CAS 模型》，《商场现代化》2006 年第 3 期。

105. 马歇尔：《经济学原理》，朱志泰译，商务印书馆 1964 年版。

106. 马歇尔：《经济学原理》，廉运杰译，华夏出版社 2005 年版。

107. 茅宁：《产业网络与企业国际化经营战略选择》，《外国经济与管理》1996 年第 10 期。

108. 欧志明、张建华：《企业网络组织的演进及类型研究》，《决策借鉴》2002 年第 1 期。

109. 派恩：《大规模定制：企业竞争的新前沿》，操云甫等译，中国人民大学出版社 2000 年版。

110. 钱学森、于景元、戴汝为：《一个科学新领域——开放的复杂巨系统及其方法论》，《自然杂志》1990 年第 1 期。

111. 邵小芬：《基于全球价值链的浙江地方纺织产业网络升级研究》，浙江工业大学，2006 年。

112. 斯蒂芬·马丁：《高级产业经济学》，史东辉等译，上海财经大学出版社 2004 年版。

113. 苏东水：《产业经济学》，高等教育出版社 2000 年版。

114. 隋映辉：《产业集群成长、竞争与战略》，青岛出版社 2005 年版。

115. 孙东升：《谈汽车产业的可持续发展》，《汽车工业研究》2007 年第 6 期。

116. 泰勒尔：《产业组织理论》，张维迎译，中国人民大学出版社 1997 年版。

117. 唐春晖：《中国汽车企业技术能力与技术创新模式——以沈阳华晨金杯为例》，《沈阳师范大学学报》（社会科学版）2006 年第 6 期。

118. 唐晓华：《产业组织与信息》，经济管理出版社 2005 年版。

119. 唐晓华：《产业集群辽宁经济增长的路径选择》，经济管理出版社 2006 年版。

120. 唐晓华、张丹宁：《典型产业网络的组织结构分析》，《产业经济评论》2008 年第 1 期。

121. 田硕：《我国汽车产业自主创新模式研究》，吉林大学，2007 年。

122. 拓东梅：《加入 WTO 对中国汽车产业的影响及对策研究》，河北工业大学，2001 年。

123. 瓦托夫斯基：《科学思想的概念基础——科学哲学导论》，（香港）求实出版社 1983 年版。

124. 汪晓帆、李翔、陈关荣等：《复杂网络理论及其应用》，清华大学出版社 2006 年版。

125. 王建军：《分工和产业组织演进与优化的经济学分析》，复旦大学，2006 年。

126. 王景东：《汽车俱乐部的成长》，机械工业出版社 2008 年版。

127. 威廉姆森：《资本主义经济制度》，段毅才、王伟译，商务印书馆 2002 年版。

128. 魏江：《产业集群——创新系统与技术学习》，科学出版社 2003 年版。

129. 文娉、曾刚：《全球价值链治理与地方产业网络升级研究》，《中国工业经济》2005 年第 7 期。

130. 吴金闪、狄增如：《从统计物理学看复杂网络研究》，《物理学进展》2004 年第 1 期。

131. 吴思华：《策略九说——策略思考的本质》，复旦大学出版社 2002 年版。

132. 小艾尔弗雷德·D. 钱德勒：《看得见的手》，重武译，商务印书馆 1987 年版。

133. 薛芳锦：《WTO 与湖北汽车产业市场竞争力分析》，武汉理工大学，2002 年。

134. 杨磊：《沈阳汽车产业现状分析及发展战略研究》，大连理工大学，2006 年。

135. 杨莹、张莉：《汽车产业自主知识产权与自主品牌》，《科学学与科学技术管理》2007 年第 2 期。

136. 姚灿中、杨建梅：《幂律拟合的进展及其在产业网络中的应用》，《管理学报》2008 年第 3 期。

137. 叶东晖、宣国良：《加入 WTO 后中国汽车产业的对策》，《上海综合经济》2000 年第 7 期。

138. 余小华、魏晓宁：《对中国汽车产业集中度的实证分析》，《统计与信息论坛》2003 年第 5 期。

139. 俞宁、廖林清、何周继：《面向汽车产业链的产学研合作教育模式和运行机制》，《重庆工学院学报》2008 年第 3 期。

140. 约翰·斯科特：《社会网络分析法》，重庆出版社 2007 年版。

141. 詹乔、陈静宇：《加入 WTO 对重庆汽车产业的影响及对策》，《重庆大学学报》（社会科学版）2002 年第 2 期。

142. 张丹宁、唐晓华：《产业网络组织及其分类研究》2008 年第 2 期。

143. 张洪：《加入 WTO 中国汽车工业发展战略研究》，武汉理工大学，2002 年。

144. 张建华、欧志明：《企业网络组织的比较与启示》，《科技进步与对策》2003 年第 21 期。

145. 张丽莉：《全球价值链下长春汽车产业集群发展研究》，东北师范大学，2006 年。

146. 张明：《WTO 与中国汽车产业》，《上海财税》2000 年第 5 期。

147. 张占斌：《比较优势：中国汽车产业的政策模式战略》，清华大学出版社 2004 年版。

148. 张湛彬：《全球化与国际汽车产业经济特征及竞争趋向》，《经济经纬》2003 年第 5 期。

149. 赵中伟、邵来安：《小企业集群竞争优势形成机理与地方政府促进其发展的措施》，《经济问题探索》2002 年第 10 期。

150. 郑君君、柯辉：《基于供应链的产业集群研究——以汽车产业为例》，《商场现代化》2007 年第 1 期。

151. 郑如霞、杨燚：《产业网络合作关系决定因素研究》，《生产力研究》2006 年第 10 期。

152. 钟胜光、朱华：《面对加入 WTO 发展我国汽车产业的对策分析》，《汽车工业研究》2000 年第 4 期。

153. 左培文：《汽车产业"整零关系"发展模式探讨》，《汽车工业研究》2006 年第 5 期。

后　记

　　本书获得了我的博士导师唐晓华教授主持的国家社科基金重大项目"我国先进装备制造业发展路径研究"（批准号 08&ZD040）的资助，是该课题的中期研究成果之一。

　　本书的完成在研究思路、框架设计和研究方法等方面都得到了我的导师唐晓华教授的悉心指导。在辽宁大学攻读博士学位期间，通过追踪产业组织理论的发展趋势和前沿问题，在导师的建议和指导下，我将自己的研究方向定位于产业网络领域。近年来，导师唐晓华教授带领我们团队在装备制造业的研究中取得了丰硕的成果，通过参与课题研究，认识到汽车产业是装备制造业重要的组成部分，它的发展对于提高装备制造业水平，优化产业结构，增强经济实力具有举足轻重的作用。因而，我选择"汽车产业"作为我博士论文的研究领域。鉴于近年来复杂网络理论研究的方兴未艾以及产业网络自身具备的系统复杂性特征，我将论文定位于复杂性科学与产业组织理论的交会处，即从复杂网络视角切入，构建了产业网络 AARS 分析范式，并对沈阳汽车产业进行了实证分析，尝试在理论和实践中有所创新和建树。本书正是在我博士论文基础上修改而成的，本书的完成倾注了导师的心血，凝聚着导师的劳动，再次表示衷心的感谢。

　　同时，感谢中国社会科学出版社为本书出版所付出的辛勤工作，特别是要感谢卢小生先生，正是由于他的精心策划和大力支持，本书才得以如此迅速地出版。

　　在此，我还要感谢我的家人长期给予我的鼓励、支持和爱护。

　　应用复杂网络理论探讨产业经济学发展变化的规律是一种新的尝试，本书只是做了初步的探索，难免存在不足和疏漏之处，请各位专家学者和广大读者予以批评指正。我期望本书的出版能够起到抛砖引玉的作用，促进该领域的研究得到更多的关注和更加深入的探讨。

张丹宁

2009 年 5 月